JN151487

大学における
キャリア教育の
社会学

偏差値序列に対する
適応と抵抗のストラテジー

菊池 美由紀

大学教育出版

大学におけるキャリア教育の社会学
―偏差値序列への適応と抵抗のストラテジー―

目　次

序　章 ………………………………………………………………………… 1
　　1．問題の所在　1
　　2．本書の構成と分析の視点　10

第1部　先行研究の整理と本研究の分析枠組み

第1章　大学におけるキャリア教育科目 ……………………………… 15
　　1．キャリア教育の導入経緯とキャリア教育科目の実施状況　15
　　2．キャリア教育科目の内容と大学の序列の関連　17
　　3．卒業生の進路がキャリア教育科目に及ぼす影響　19
　　4．キャリア教育科目担当者の特徴　20
　　5．キャリア教育科目を通じた学生の水路づけ　22
　　6．キャリア教育科目に対する学生の評価　23
　　7．小　括　24

第2章　学生の多様化と教員の対応 …………………………………… 26
　　1．大学と学生の多様化　26
　　2．入試難易度の高低による学生の違い　28
　　3．ボーダーフリー大学における学生の特徴　30
　　4．ボーダーフリー大学生に対する教員の対応　31
　　5．小　括　32

第3章　本研究の分析枠組み …………………………………………… 34
　　1．社会化とは何か　34
　　2．大学における社会化と学生文化　36
　　3．予期的社会化とチャーター　40
　　4．抵抗のストラテジー　47
　　5．小　括　50

第4章　調査の方法と概要 ……………………………………………… 53
　　1．大学の序列と企業の序列の捉え方　53
　　2．分析対象とする大学の所在地・学部・授業　55

3．教員インタビュー　*56*

　4．学生インタビュー　*58*

　5．授業観察・フィールドワーク　*61*

第2部　偏差値序列への適応のプロセス

第5章　教員の学生に対する認識と授業実践上の工夫・配慮 …………… *65*

　1．はじめに　*65*

　2．調査概要　*65*

　3．学生に対する教員の認識　*66*

　4．教育実践上の工夫や配慮　*70*

　5．大学における典型的な就職先の認識　*74*

　6．キャリア教育科目の目的　*77*

　7．小括　*82*

第6章　授業実践 ……………………………………………………………… *84*

　1．はじめに　*84*

　2．A大学とX大学の授業概要　*84*

　3．キャリア教育科目の目的　*85*

　4．キャリア教育科目の内容　*91*

　5．授業実践上の工夫・配慮　*97*

　6．授業中の学生の様子　*101*

　7．学生の典型的な就職先に関する教員の発言　*105*

　8．小括　*109*

第7章　学生による授業評価 ………………………………………………… *112*

　1．はじめに　*112*

　2．調査概要　*113*

　3．キャリア教育科目に対する学生の評価　*114*

　4．大学における良かった授業・印象に残っている授業　*120*

　5．大学における学習経験がキャリア教育科目の評価に及ぼす影響　*126*

6. 学生の就職内定先の違い　*129*

7. 進路志望の違いがキャリア教育科目の評価に及ぼす影響　*130*

8. 小　括　*132*

第8章　学生の進路選択に影響を及ぼす要因　………………………… *136*

1. はじめに　*136*

2. 入試難易度別に見た進路選択に影響を及ぼす要因の違い　*136*

3. 親の影響　*143*

4. 大学の先輩・友人の影響　*146*

5. 学内企業説明会の影響　*151*

6. チャーターによる進路の拘束　*156*

7. 小　括　*160*

第3部　偏差値序列への抵抗

第9章　ボーダーフリー大学におけるキャリア教育科目担当教員の
ストラテジー　………………………………………………… *167*

1. はじめに　*167*

2. 調査概要　*168*

3. X大学のキャリア教育科目担当教員が抱える困難　*170*

4. X大学のキャリア教育科目担当教員の対応　*174*

5. アカデミック教員と実務家教員の対応の違い　*176*

6. 授業や教員に対する学生の評価と効果　*178*

7. 考　察　*180*

8. 小　括　*183*

第10章　"ボーダーフリー・エリート"のストラテジー　……………… *185*

1. はじめに　*185*

2. 調査概要　*188*

3. "ボーダーフリー・エリート"の特徴と直面する困難　*189*

4. "ボーダーフリー・エリート"のストラテジー　*195*

5. ストラテジーの効果　*200*

　　6. 考　察　*204*

　　7. 小　括　*207*

終　章 ………………………………………………………………………… *210*

　　1. 得られた知見の要約　*210*

　　2. キャリア教育に対する示唆　*218*

　　3. 高等教育政策に対する示唆　*220*

　　4. 理論に対する貢献　*223*

　　5. 今後の課題と展望　*225*

参考文献 ……………………………………………………………………… *228*

初出一覧 ……………………………………………………………………… *238*

あとがき ……………………………………………………………………… *239*

序　章

1. 問題の所在

　本研究の目的は、偏差値序列への適応のプロセスと、抵抗のストラテジーを明らかにすることである。そのために、以下三つの問いを立てて分析を行う。第一に、キャリア教育はいかにして学生を大学の序列と対応した進路へと水路づけていく（適応させる）のか。第二に、水路づけに抵抗することは教員や学生にいかなる困難をもたらすのか。第三に、抵抗のために教員や学生が採り得るストラテジーとはいかなるものなのか。本研究では、序列の異なる大学におけるキャリア教育の授業実践、教員、学生に対する調査を通じて、これらの問いに答えていく。

　なお、偏差値序列とは偏差値を判断基準としてランキングされた大学の序列である。大学の序列は、研究機能や設置時期など様々な指標で捉えられており、標準的な分類が決まっているわけではない。しかし実際は、大学の入試難易度を反映した分類を用いることが多い（吉田 2020）。よって、本研究においても、大学の序列を偏差値で捉えることとする。また、環境に合わせて自分を変えていくことを「適応」、自分が正しいと思う方向へと環境を変えていくことを「抵抗」（本田 2009）と定義する。

1.1. 大学の序列と対応した進路への水路づけ

　日本では入試難易度に基づく大学の序列と就職先の対応関係が明確であり、大学の序列が高いほど大企業へ就職する割合が大きく（濱中 1998）、どの大学に入学するかによって就職のチャンスに差の生じることが指摘されている（天野 1984）。入試難易度の高い有名大学では大企業に就職する者の比率が高く（樋口 1994, 平沢 2005）、「ホワイトカラー上層」へのキャリア展開が可能な、組織の中核を担う人材を輩出する一方で、選抜性を著しく低下させた大学では「ホワイトカラー上層」へのキャリア展開が期待できない「販売・サービス職」へと卒業生を送り出さざるを得ないのが現状である（居神 2010）。

　こうした大学の序列と就職先との対応関係は、主に企業による学生の選抜の結果として、企業の立場に基づく理論を用いて説明されてきた。具体的には、入試難易度の高い大学の学生ほど入社後の訓練費用が安く抑えられるからという訓練可能性説や、入試難易度の高い大学ほど職務で必要な技能を高めるような教育を受けているからという人的資本論ないしは技術的機能主義、大学入試によってもともと潜在的能力の高い者が選別されているからというスクリーニング論ないしはシグナリング論である（平沢 2005）。

　しかし、企業による学生の選抜は学生が就職先としてその企業を選択し、応募することなしには成り立たない。また、企業が内定を出したとしても、学生がそれを受け入れなければ就職にはつながらない。企業による学生の選抜が機能するためには、学生が自身の所属する大学にふさわしい就職先を妥当な進路として受け入れる必要がある。特に日本では、多くの人々にとって望ましいとされる就職先は、「福祉供与能力」が高く（植上 2011）、雇用安定性の高い（吉田 2020）、大企業だと認識されている。そのような中、大企業以外（中小企業）への就職が妥当な進路であると学生に認識させるためには、大学によって何らかの働きかけが行われているのではないだろうか。

　大学による進路の水路づけは、入試難易度の低い大学ほど行われていると考えられる。Clark（1960）によると、アメリカのジュニアカレッジは2年制の大学で、入試による選抜がなく、希望すれば誰でも入学することができる。また、制度的には4年制大学への編入の道が開かれていることから、入学時点で

は学力の低い学生も含め、多くの学生が4年制の大学に編入して学士号を得たいと思っている。しかし、ほとんどの学生が編入するためのプログラムから職業訓練プログラムに移り、ジュニアカレッジで学位を終える。これは、学生による自発的な選択の結果だけではなく、大学の学生に対する働きかけの結果でもあることを Clark は明らかにした。大学は、入学前の学力テストやコース選択のためのカウンセリング、職業計画オリエンテーション、成績の悪い学生に対する改善通知などを通じて、学生の非現実的な野心を冷却し、現実的な進路へと誘導している、と Clark は主張する。他方、選抜性の高いエリート大学の学生たちは、学内の企業説明会や大学のインフォーマルな学生文化を通じてエリート企業を志向していく（Rivera 2016）。教員やカウンセラーが積極的に介入しなくても、エリート大学の学生たちは自分の所属する大学にふさわしいとされる進路を自ら選択するのである。これらの知見を踏まえれば、大学による働きかけ（水路づけ）は、入試難易度の低い大学で、学生の非現実的な野心を冷却するために行われていると考えられる。

　もちろん、学生が大学にふさわしい就職先を妥当な進路として受け入れるだけでは、内定は得られない。応募先企業が学生に求める能力を身につけ、企業から選ばれる必要がある。ここで重要な点は、学生に求める能力が企業規模や業種によって異なることである。求人情報サイトの分析を行った麦山・西澤（2017）によると、大企業と中小企業では新卒者に求める能力が異なっており、大企業では主として新たな課題や価値を作り出し、解決していく自律的な能力が求められているのに対し、中小企業では真面目さや規律の遵守と結びついた能力が求められている。また、企業の採用サイトの分析を行った岩崎・西久保（2012）は、業種によって求める人材像は異なり、電気機器や情報通信は、論理的思考力や専門性を磨き、個の価値を高めようとする自己成長志向の高い人材（「地力型人材」）を求める傾向があるのに対し、小売やサービス業は、コミュニケーション能力や素直さ、協調性の高い人材（「協働型人材」）を求める傾向があることを明らかにしている。

　それでは、学生が自らの所属する大学にふさわしい就職先を妥当な進路として受け入れ、応募先企業に求められるような能力を身につけるうえで、大学教

育はどのように機能しているのだろうか。将来従事する、または現在従事している職業の地位・役割達成に必要とされる知識・技術・価値規範を習得し、その職業への一体化を確立していく過程を職業的社会化というが（今津 1985）、教育機関における学生の職業的社会化を扱った研究は、教員養成学部や看護学校、建築学部といった特定の専門職を養成するための大学・学部を対象に行われることが多い（例えば、藤村 1995、大澤他 2005、松村 2021）。他方、文系学部のように職業的レリバンスの低い学部（本田 2004）を対象にした研究は充分とはいえない。文系の学問が職務遂行に役立っていることを大規模な量的調査から実証することによって、教育効果を検証する研究は行われているが（椿・和田 2020、小山 2019、本田編 2018）、これらの研究は職務遂行に直接役立つ知識や技術の習得という側面に重点が置かれ、大学卒業後に参入する職業社会を妥当なものとして受け入れ、参入する職業社会に適合的な価値規範を習得するという職業社会化の側面については十分に議論されていないのである。

　一方、専門職養成学部の1つである建築学部を対象とした松村（2021）は、大学における建築教育が建築界に適合的な「建築家のエートス」を涵養するように機能していると主張する。設計技術や図面、模型の作成方法といった最低限の専門知識を身につけるだけならば、工業高校や専門学校で行われる教育の方が合理的で効率的である。しかし、この「建築家のエートス」を身につけさせるということが、建築家を技術者ではなく建築家たらしめる大学教育の特徴であるという。松村の主張を踏まえれば、大学教育の効果は知識や技術の習得だけではない。むしろ、職業人としての「エートス」や価値規範の習得こそが重要であるといえる。よって、職務を遂行するうえで必要となる知識やスキルを習得したからといって、文系学部の存在意義を主張するのは充分ではない。有田（2017）もまた、日本の新規大卒者採用では、「個人の努力によって改善しうる可視化／指標化が可能な条件よりも、個人の性格に関わるもののように容易には指標化されづらく、短期間での改善も難しい条件の方が重視されがちである」と述べている。これらの知見を踏まえれば、大学教育の効果は知識や技術の習得だけではなく、価値規範の習得も含めた社会化という観点からも評価する必要があると考えられる。

大学における社会化については、カレッジ・インパクト研究（CIS）の領域に多くの知見の蓄積がある。CISとは、大学内部の経験が学生の意識変容・行動変容に及ぼす影響を明らかにしようとするものである（山内 2004）。CISの代表的な研究者であるAstin（1993）はI-E-Oモデルを作り、学生の大学入学前から有する特徴（Input：親の職業・収入、高校での履修科目や進学理由など）が、大学内の要因（Environment：大学の特徴、学生のピアグループや教員の特徴、カリキュラムなど）によって、どのように変化・成長するのか（Outcome）を、大規模な学生調査から明らかにしている。アウトカムとしては、学生の成績や学習成果、学位取得を用いることが多い（山田 2010）。日本でもCISとして、学部の組織構造や教育プログラムが学生の学習に対するエンゲージメントに及ぼす影響を分析した小方（2008）や、アメリカの学生調査（CSS）と同一の調査項目を持つ日本の学生調査（JCSS）を用いて日米の学生の学習・生活行動の様態、ラーニングアウトカムの自己評価を比較検討した山田（2008）、学生の社会化に影響を与える大学の要因を分析した作田（1999）などがある。

　しかしAstinのI-E-Oモデルでは、相関関係を説明できても因果関係を説明できないということ（山内 2004）、学生に対するあらゆる学校効果を学校の内部構造のみで説明しようとしており、大学を外部社会との関連で捉えるという視点を欠いていること（丸山 1981、中西 1998）などが課題として指摘されている。さらに、大学は社会に出る前の最後の教育段階であることを考慮すれば、成績や学習成果、学位取得だけではなく、卒業後に参入する社会に向けた社会化も重要だと考えられる。大学の序列と就職先の対応関係は明白であり（濱中 1998）、入口が出口を規定するのであれば、大学にふさわしい進路へと学生を水路づけ、就職先に適合的な価値観や態度を身につけさせることによって、学生の内定可能性を高めることや、学生の職業への移行をスムーズにすることも、重要な大学教育のアウトカムの一つといえるだろう。しかし、I-E-Oモデルに依拠したCISでは、大学教育を通じた予期的社会化、職業的社会化のプロセスが十分に検討されてきたとはいえない。

　以上の課題を踏まえ、本研究では学生が大学の序列と対応した進路へと水路

づけられていくプロセスと大学教育が果たす役割について、価値規範の習得も含めた予期的社会化、職業的社会化といった観点から、職業的レリバンスの低い文系学部（本田 2004）を対象にした調査を通じて明らかにしていく。その際、就職に向けた社会化に直接関わる大学教育の取り組みとして、キャリア教育を正課科目として教えている授業（以下、キャリア教育科目）の実践に着目する。これにより、一つ目の問いである「キャリア教育はいかなるプロセスを通じて学生を大学の序列と対応した進路へと水路づけていく（適応させる）のか」に答える（第2部）。

1.2. 水路づけに対する教員と学生の抵抗

　他方、すべての教員が学生の進路を水路づけたり、学生に適合的な教育を行ったりすることを受け入れるわけではないだろう。近年、入試による選抜が機能しないほど選抜性を失った一部の大学では、基礎学力や学習習慣、学習への動機づけの欠如といった学習面での問題を抱えた学生を多く受け入れており（葛城 2018）、エリート段階の大学で行われていたような学生の自律的な知的探求（金子 2007）を前提とする教育（以下、従来型の大学教育）はもはや成り立たなくなっている。そのような大学では、学生の受講態度を厳格に管理する（葛城 2017）、懇切丁寧に教える（櫻田 2007、居神 2015）、学習意欲を高めるために歌や踊りを使う（松本 2015）といった教育・対応が行われている。このような初等中等教員と類似した対応は、授業中の逸脱行為を抑制し、学生の学習意欲に火をつけるものとして肯定的に評価され（松本 2015）、教員に対しては「エール」も送られている（葛城 2015）。しかし、すべての教員がそのような取り組みに対して肯定的であるとは限らない。従来型の大学教育が成り立たず、初等中等教員と類似した対応が称賛される大学においても、何とか従来型の大学教育を維持しようとする教員や、従来型の教育を維持できないことに葛藤を抱えている教員も存在すると考えられる。児玉（2012）は、入試難易度の低い大学で盛んに行われているリメディアル教育や手厚い学習支援策が、学生の主体性を損ない大学本来の姿に見合わないと主張する人も学内にはいることから、心のどこかでは「リメディアル教育は大学教育なのだろう

か」という自問自答を繰り返している教員がいることを明らかにしている。このような教員は、＜変わらなければいけない＞状況下で（松本 2015）、＜変われない教員＞として否定的に評価されてしまい、＜変わらない教員＞が、どのような困難を抱えているのか、なぜ従来型の大学教育を維持しようとしているのかは十分に検討されることなく批判されてしまう可能性がある。従来型の大学教育が成り立たなくなっている状況においても、それを維持しようとする大学教員はいるのだろうか。もしもいるとすれば、彼らはいかなる葛藤を抱え、どのように抵抗し、その帰結として何がもたらされているのだろうか。

　大学教員だけではなく、学生の中にも大学による水路づけを受け入れない学生は存在すると考えられる。ダイヤモンド社（2020）では、入試難易度の低い大学から年収 700 万円を超える有名大企業に就職する学生を輩出する大学を「高レバレッジ大学」「おトクな大学」として紹介している。また卒業生の就職実績を各大学のウェブサイトで確認すると、入試難易度の低い大学であっても就職先として有名大企業名が掲載されていることも多い。つまり、入試難易度の低い大学から有名大企業に就職する学生は確実に存在するのである。そのような学生には、他の学生とは異なるどのような特徴があるのだろうか。

　学生が大学における非典型的な進路に進むためには、大学における主流文化から距離を置く必要があると考えられる。高校を対象とした知見ではあるが、序列の低い学校では、入学時には意欲が高かった生徒も卒業時には消極的な適応の姿勢が増大するという「低位」同質的社会化が生じる、と竹内（2016）は述べている。大学であっても高校と同じように「低位」同質的社会化は生じる可能性がある。学生は「〇〇大学生」という周囲の目及び自己規定によりその大学の学生文化の特質を 4 年間で身につけてしまう、と武内（2008）も指摘する。消極的な適応の姿勢が増大すると、選抜の厳しい有名大企業への就職は難しくなるため、大学の主流文化から距離を置き、「低位」同質的社会化から自らを守る必要があると考えられる。

　さらに、有名大企業に就職するためには、何らかの方法で大企業に適合的な価値観や能力を身につけて、企業に選ばれる必要がある。Rivera（2016）は、選抜性の高いエリート大学の学生の多くが、コンサルティング会社、法律事務

所、投資銀行のようなエリートプロフェッショナルサービス企業（以下、エリート企業）に就職する理由として、大学と企業の文化的類似性を挙げている。すなわち、採用担当者は学生を採用する際、学生が洗練されていること（polish）に加えて、職場に馴染むかどうかという文化的適合性（cultural fit）を重視する。エリート企業では、エリート大学出身の採用担当者が同じ文化を有する学生を採用する。これにより、大学の序列と企業の序列の対応関係は維持されるというものである。エリート大学の文化は、出身階層の高い学生が家庭の文化を持ち込むことによって形成・維持されることが多いが、たとえ学生の出身階層が低くても、学生は学内の友人の振る舞いを模倣したり、大学生活に適応する過程で自然とエリート文化を習得したりする。その結果、出身階層の低い学生であっても、エリート大学に在籍することでエリート企業に就職する可能性は高まるとRivera（2016）は主張する。

　Rivera（2016）の知見を踏まえれば、入試難易度の低い大学の学生が大企業に就職できないのは、大学にエリート文化がないからだと考えることもできる。エリート大学の学生は、自律的、意欲的、社交的であるのに対し（Rivera 2016）、非エリート大学（入試難易度の低い大学）の学生は、依存的、他律的、消極的であることが指摘されている。武内ほか（2015）は、基礎学力が低く、学習意欲の乏しい学生が多く入学している大学では、学校が与え、課すものを依存的、他律的にこなす「生徒化」した学生が多いことを指摘している。また、選抜性の高い大学の学生に比べて、選抜性の低い大学の学生は、就職活動の開始時期が遅く、活動量も少ない（濱中 2007）。このような依存的、他律的、消極的な学生の特徴が、大企業総合職に就くことを難しくしている可能性がある。非典型的な就職を実現するためには、大学における典型的な文化ではなく、エリート大学の学生が身につけているような自律的、意欲的、社交的な態度（Rivera 2016）を身につける必要があると考えられる。

　しかし、従来の学校を対象とした社会化研究において、社会化客体である生徒・学生は、主流文化に社会化されるという受動的な存在として描かれることが多く、いかにして主流文化に抵抗するのか、抵抗する際にはどのような葛藤が生じるのか、抵抗によって何がもたらされるのか、については十分に検討さ

れてこなかった。主流文化に社会化されない学生は存在するにもかかわらず、彼らの特徴や抵抗の様態については看過されてきたのである。

そこで本論文の第3部では、大学の主流文化に社会化されない教員と学生に注目する。これにより、本研究の問いである、「教員や学生が水路づけに抵抗することはいかなる困難をもたらすのか」「抵抗のために教員や学生が採りうるストラテジーとはいかなるものなのか」に答える。第2部と第3部を通して、キャリア教育を中心とする大学教育を通じた学生における大学の序列への適応のプロセスと、序列に適応しない教員及び学生の抵抗のストラテジーを明らかにする。

1.3. キャリア教育科目への注目

本研究では大学教育の中でもキャリア教育科目に着目する。キャリア教育は、教育課程全体を通して行われることになっており（中央教育審議会 2011）、専門教育や正課外教育、個別相談（キャリアカウンセリング）やインターンシップなど、キャリア教育科目以外の様々な方法で行われている。このように多様な方法で行われ得るキャリア教育の中でも、正課科目として行われているキャリア教育科目に注目する理由は三つある。

第一に、正課科目として行われているキャリア教育科目は、単位認定が行われていることから、教育内容に対する正当性が大学から付与されているとみなすことができる。

第二に、キャリア教育科目には伝統的な科目とは異なり、科目固有のディシプリンが存在しない。さらに、教育の具体的内容については定められていないため、大学や教員の裁量が大きい（浮村・浦坂 2019, 宮田 2020）。このような科目には大学の就職観や、教員の学生観、キャリア教育観が強く反映されると考えられる（宮田 2020）。

第三に、正課科目は15回の授業で構成されるため、単発の就職セミナーよりも体系的な教育が可能であり、かつ、個別相談よりも教員が教育内容をコントロールしやすいと考えられる。よって、本研究ではキャリア教育科目に着目する。

2. 本書の構成と分析の視点

　本書は、三つの部で構成されている。第1部（第1章から第4章）では、本研究に関連する先行研究の整理と、分析の枠組みの提示を行う。第1章では、大学のキャリア教育科目に関する先行研究を整理し、大学における伝統的な科目とは異なるキャリア教育科目の特徴を提示する。第2章では、大学のユニバーサル化に伴う学生の多様化の現状と、学生の多様化に対応する大学教員の対応について整理し、従来型の大学教育では授業が成り立たなくなっている大学の現状と、変わらざるを得ない大学教員の状況を示す。第3章では、本研究全体の分析枠組みとして、大学における社会化と学生文化を扱った研究を整理し、初等中等教育とは異なる社会化の特徴を抽出する。さらに、社会化を促進するチャーター（卒業生の進路に関する社会的イメージ）と、社会化に抵抗するための方略としてストラテジーに関する先行研究を確認する。第4章では、本研究で行う調査の概要を述べる。

　第2部（第5章から第8章）では、本研究における一つ目の問い「キャリア教育はいかなるプロセスを通じて学生を大学の序列と対応した進路へと水路づけていく（適応させる）のか」に答えていく。第5章では、学生の特徴や典型的な就職先に関する教員の認識、教育実践上の工夫や配慮が入試難易度（偏差値）の高低によってどのように異なるのかを、複数の教員に対するインタビュー調査から明らかにする。第6章では、第5章で明らかになった教員の認識が授業にどのように表出しているのかを、入試難易度の高いA大学と、低いX大学の授業観察から明らかにする。その際には、授業の目的がどのように語られていたか、授業内容や方法はどのように異なるのか、大学における典型的な就職先はいかに語られていたか、学生の受講態度は入試難易度の高低によってどのように異なるのかに着目する。第7章では、キャリア教育科目に対する学生の評価やニーズが、入試難易度の高低によってどのように異なるのかを、就職活動を終えた学生に対するインタビューから明らかにする。調査の際には、キャリア教育科目に対する評価だけではなく、大学で受けてきたキャリア

教育科目以外の授業の特徴（授業内容や課題の特徴）や、学生の学習観、就職内定先企業にも注目する。第8章では、学生の進路選択に影響を及ぼした要因を学生インタビューの結果に基づいて検討する。分析の際には、入試難易度の高低による要因の違い、学内企業説明会や大学の先輩、友人などの学内の要因が学生の進路選択に影響を及ぼすプロセスにも注目する。さらに、大学における典型的な進路を望まなかった学生がどのような葛藤を抱え、いかなる進路選択を行うのかを分析することにより、大学における文化が学生の進路選択に影響を及ぼしていることを示す。

　第3部（第9章から第10章）は、本研究の二つ目と三つ目の問いである「教員や学生が水路づけに抵抗することはいかなる困難をもたらすのか」「抵抗のために教員や学生が採りうるストラテジーとはいかなるものなのか」に答えることを目的とする。そのために、入試難易度が低く、授業を成立させることすら困難な状況にあるボーダーフリー大学において、大学における典型的な教育文化に抵抗を試みる教員と、典型的な就職先を望まない学生を対象とした調査を行う。第9章では、X大学（いわゆるボーダーフリー大学）において、専門外のキャリア科目を担当している教員がいかなる葛藤を抱え、どのようなストラテジーを用いながら授業を行っているのかについて、授業観察とフィールドワークから明らかにする。分析の際には、学生の受講態度や、学生に対する教員の関わり方に注目する。また、入試難易度の高いA大学の授業と比較することによってボーダーフリー大学であることの困難を、実務家教員の語りと比較することによって学術専門性を有する教員が自らの専門とは異なる教育を担うことの困難を示す。第10章では、ボーダーフリー大学から大企業総合職や公務員という、大学では非典型的な就職先に進んだ学生に対する調査を通じて、彼らがいかなるストラテジーを用いて所属する大学の主流文化から距離を置き、大企業総合職や公務員就職に適合的な価値観や能力を身につけたのかを明らかにする。分析の際には、学生の大学やまわりの学生に対する認識と、非典型的な就職を可能にした教員の対応に着目する。

　終章では、各調査から得られた知見を要約し、本研究の三つの問いである（1）キャリア教育はいかなるプロセスを通じて学生を大学の序列と対応した

進路へと水路づけていくのか、(2) 教員や学生が水路づけに抵抗することはいかなる困難をもたらすのか、(3) 抵抗のために教員や学生が採りうるストラテジーとはいかなるものなのか、に答える。これにより、教員と学生の偏差値序列への適応と抵抗のストラテジーを明らかにする。さらに、本研究の知見に基づいて、大学のキャリア教育と高等教育政策に対する含意、本研究の理論的貢献、残された課題と今後の展望を述べる。

第1部
先行研究の整理と本研究の分析枠組み

　第1部（第1章から第4章）では、本研究に関連する先行研究の整理と、分析の枠組みの提示を行う。

　第1章では、大学のキャリア教育科目に関する先行研究を整理し、大学における伝統的な科目とは異なる特徴を提示する。

　第2章では、大学のユニバーサル化に伴う学生の多様化の現状と、教員の対応について整理する。そのうえで、ボーダーフリー大学と呼ばれる一部の大学では、従来型の教育方法では授業が成り立たなくなっている現状と、学生に合わせて変わらざるを得ない大学教員の状況を示す。第1章と第2章を通じて、大学のキャリア教育科目を大学の序列という観点で分析することの意義を述べる。

　第3章では、本研究の分析枠組みである、大学における社会化と学生文化を扱った先行研究を概観し、初等中等教育とは異なる社会化の特徴を抽出する。さらに、学生文化を構成する要因の一つであるチャーターを用いた先行研究を整理するとともに、学生文化への抵抗という主体的な側面を捉えるために、ストラテジー概念を用いた先行研究を確認する。

　第4章では、本研究で行う調査の方法と対象を提示する。まず、本研究において、大学の序列と就職先の序列をどのように捉えるのか、

を述べる。次に、調査対象とした大学、学部、科目を示す。最後に教員インタビュー、学生インタビュー、授業観察・フィールドワークの概要を示す。

第1章

大学におけるキャリア教育科目

1. キャリア教育の導入経緯とキャリア教育科目の実施状況

　従来、日本型雇用慣行（年功序列制、終身雇用制度、企業別労働組合の重視）は日本の経済成長を支えるものとして、また若者の学校から職業へのスムースな移行を支えるものとして、概ね肯定的に評価されてきた。高卒であれば高校と企業との「実績関係」に支えられた就職斡旋システムが、大卒であれば一般の労働市場からは分離された「新規学卒労働市場」が若者たちの就職を支えてきた。若者たちの多くは、学校卒業と同時に企業への就職を果たし、就職した後には、"企業丸抱え"の形で庇護されることで、就職訓練や失業補償などを必要としないほどに、「おとなへの移行」プロセスをスムースに、かつ直線的に実現していたのである（児美川 2007）。

　しかし、1990年代のバブル崩壊に始まる経済状況の悪化に伴い、日本型雇用慣行のあり方は変化を余儀なくされ（村上 2014）、従来の「企業内教育」の機能を前提とする学校と企業社会との接続様式では立ち行かなくなっていく（児美川 2007）。新規学卒での採用の間口は大きく縮小し、学卒無業、就職後早期離職の常態化、フリーター志向などが目立ってきた（寺田 2014）。そのような中、学校教育と職業生活との円滑な接続（移行）を図る「移行の架け橋」の必要性が認識されるようになり（寺田 2014）、学校はより直接的に子どもたちの「将来への準備教育」の実質を担うことを求められるようになった（児美

川 2007)。この「移行の架け橋」としての役割を期待されたのが、「キャリア教育」と称される取り組みである。

　「キャリア教育」という言葉が文部省関連の公式文書で初めて登場したのは、1999年の中央教育審議会答申「初等中等教育と高等教育との接続の改善について」である（日本キャリア教育学会編 2008）。キャリア教育は「児童生徒の職業観・勤労観育成」のための取り組みであるといわれてきたように、主として初等中等教育段階を念頭に置いていた（村上 2014）。その後、政策による後押しや大学設置基準においてキャリアガイダンスの実施が制度化されたことにより、大学においても急速に普及していく。中でも、正課科目として行われるキャリア教育科目は、大学全体の97％が開講している（文部科学省 2020）。開講大学数だけではなく受講経験者数も増加しており、2007年と2018年に実施された「全国大学生調査」を比較すると、受講経験者数は回答者全体の48％から63.1％に増加している（東京大学大学院教育学研究科 大学経営・政策研究センター 2019）。キャリア教育科目は名実ともに普及してきたといえる。

　しかしキャリア教育の普及に伴い、キャリア教育が有する意味内容は変化しつつある。キャリア教育は当初、学校教育と職業生活との接続に関わる課題を解決するための方策として提示されたものであり、職業観・勤労観育成の重要性を改めて見つめ直し、改善しようとするものであった。ところが今では、「新卒学生の就職率向上の処方箋」としての機能を期待されつつある（村上 2010）。キャリア教育の意味内容が変化した理由として、村上（2010）はキャリア教育に対する定義が曖昧であることを指摘している。キャリア教育は「一人一人の社会的・職業的自立に向け、必要な基盤となる能力や態度を育てることを通して、キャリア発達を促す教育」（中央教育審議会 2011）と定義されるに留まり、具体的な教育内容については定められていない。さらに、「各高等教育機関に期待される教育機能や学生・生徒の実態は多様であり、すべての高等教育機関に画一的な取組を求めるものではない」と記されているように（中央教育審議会 2011）、キャリア教育の具体的な内容については各大学の裁量に任されている（浮村・浦坂 2019）。加えて、キャリア教育科目はその新規性ゆえに一定のディシプリンが存在せず、授業者の裁量が大きい（宮田 2020）。つ

まり、いかなる目的のもとで、どのような授業を行うのかは、大学や授業を担当する教員次第といえる。

そのため、キャリア教育科目では様々な内容が扱われている。50大学のシラバスからキャリア教育科目の授業内容を分析した中里（2011）は、キャリア教育科目として（1）大学生活の充実、（2）自己理解・自己分析、（3）職業観の育成、（4）社会認識・社会情報の収集、（5）キャリアプランの作成、（6）社会人基礎力の育成、（7）キャリア論の理解、（8）就職支援の内容、が行われていたことを明らかにしている。一口にキャリア教育科目といっても、様々な内容が授業で扱われているのである。

また、キャリア教育科目はどのような教育効果があったのかが十分に検証されることなく、教員のキャリア教育観や学生観に基づいて実施されている、と宮田（2020）は指摘する。そもそも、キャリア教育は教育効果を捉えることが難しい。それは、キャリア教育が「キャリア発達のため」に行われる教育であり、知識の量や行動の変化のように外側から測定・観察できるような内容ではないからである（柴田 2007）。よって、授業の効果測定は、授業実施者が授業開始期と終了期に質問紙調査を行い、授業を通じて受講者にどのような内面的変化が生じたのかを量的調査で捉えるものが多い（例えば、森山 2008、松尾 2013、山本・松坂 2020）。しかし、これらの調査で捉えられるのは、何ができるようになったと思うか、どのような能力が身についたと思うか、を本人に評定させて質問紙に回答させるという、態度や能力についての本人の印象に基づいた効果測定に留まる（柴田 2007）。また、効果測定の多くは授業終了後という一時点で測られる効果であり、進路選択にどのような影響を及ぼしたのか、について充分に検証されているとは言い難い。

2. キャリア教育科目の内容と大学の序列の関連

前述の通り、多様な内容が扱われているキャリア教育科目ではあるが、どのような内容を扱うのかは大学の序列の違いによって一定の傾向がある。50大学のシラバスからキャリア教育科目の内容と入試難易度の関連を分析した中里

(2011) によると、入試難易度（偏差値）の高い大学では、キャリア理論や社会人基礎力のための授業を実施する大学が多いのに対し、入試難易度の低い大学ではエントリーシートの作成支援や面接対策といった就職支援的要素を取り入れた授業を実施する大学が多い。宮田（2018）もまた、複数の大学のシラバスを分析した結果、入試難易度の高い大学では、社会認識に関する内容を扱うことが多く、国立大学において就職支援を意識した内容を扱うことは皆無である一方で、入試難易度の低い大学ほど、就職支援を意識した内容を授業で扱う傾向があると指摘している。両者の知見に共通するのは、入試難易度の高い大学に比べて、入試難易度の低い大学では就職技法中心の授業が行われているということである。

しかし、キャリア教育科目の授業内容が就職技法中心であることに対しては批判もある。川喜多（2007）は、就職技法偏重の教育によって学生たちは自分の「心底の力や価値観への洞察に留意を払わなくなってしまう」と述べている。また、日本学術会議（2010）は、就職対策的なキャリアガイダンスがかえって学生たちを浮き足だたせ、追い詰める結果にもなりかねないと指摘する。このような批判があるにもかかわらず、なぜ入試難易度の低い大学では就職技法的なキャリア教育が行われるのだろうか。

先行研究に鑑みれば二つの理由が考えられる。第一に、キャリア教育科目が大学の経営上の問題解決のための手段になっているということである。18歳人口の減少に伴い、知名度の低い私立大学を中心に、一部の大学では入試による選抜機能が機能しないほど定員割れした状態にある。そのような大学の中には、入学者確保のためにキャリア教育・支援に取り組む大学も多い（上西2007）。キャリア教育が「生き残り競争」の道具になっているとの指摘もある（児美川 2013）。大学の就職支援によって卒業生が良好な就職機会を捉えることができれば、大学の「就職力」によって、入学希望者の増加につながる可能性もある（上西 2007）。大学の「就職力」は「就職率」や「大手企業への就職者数」などの指標で評価されることから（上西 2007）、特に就職率の悪い、あるいは、いわゆる「よい会社」に学生を送り込めない大学では、履歴書の書き方から面接術までの就職技法を教える「就職技法教育」を強化している、と川

喜多（2007）は指摘する。これらを踏まえれば、入試難易度が低く、入学希望者の少ない大学ほど、入学者数を増やすという経営上の課題を解決するために、キャリア教育が就職支援的内容になると推測される。

　第二に、入試難易度の低い大学の学生は、授業に「役立つこと」を求める傾向があるということである。児島（2015）は、学生に対する質問紙調査から、学習への意味づけの違いを比較したところ、上位（偏差値50以上）の大学に属する学生は「社会生活には役立たないが興味深い内容を学べる」「将来高い収入や地位を得る上で役立ちそうだ」ということを重視する割合が、下位（偏差値49以下）の大学に属する学生よりもおよそ10ポイント以上高く、下位の大学に属する学生は「自分自身が就きたい職業について学べる」「社会生活を送る上で必要な知識等が学べる」ことを重視する割合が、上位の大学に属する学生よりも20ポイント近く高いことを明らかにしている。この知見は、入試難易度の高低によって、学生が大学教育に期待する内容は異なることを示している。さらに、児島は下位の大学に属する学生にとって大学は職業・社会生活と結びついたものであり、それを学んでいるという実感が自信にも結びついているのではないかと推測している。近年、学生の授業評価を踏まえて授業改善を図ろうとする大学は多いが、児島の知見を踏まえれば、入試難易度の低い大学において学生のニーズに対応した授業を行おうとすることが、結果として就職技法的なキャリア教育にしている可能性がある。

3. 卒業生の進路がキャリア教育科目に及ぼす影響

　入試難易度の高低によって、キャリア教育科目が就職技法的な内容になるかどうかは異なる一方で、卒業生による講話を授業に取り入れている大学は、入試難易度の高低にかかわらず多い（例えば、松塚・白松2010、山本2016）。それは卒業生の存在が、学生のキャリア形成に大きな影響を与えるからだと考えられる。学生は卒業生の進路情報を通じて、卒業後獲得することになる役割や進路にふさわしい知識や態度を身につけ、大学にふさわしい進路を選ぶこと（中西1998）、卒業生の進路や体験談はキャリア教育に効果を持つこと（武内

2011）が指摘されている。児島ほか（2008）では、卒業後の見通しを与えてくれる先輩や OB がいなかったことにより、新設学部の学生たちが就職活動中に不安を抱えていたことも明らかにされている。卒業生は在学生にとって身近な存在であり、ロールモデルとして学生の予期的社会化を促す。だからこそ、卒業生の講話を取り入れる大学は多いと考えられる。

　卒業生の進路は、学生のキャリア形成だけではなく授業内容にも影響を及ぼす。居神（2015）は、入試難易度の低いノンエリート大学に属する学生の多くは、大学卒業後には非正規雇用で働くことになる。彼らは、低処遇や不安定さといった「しんどさ」に直面することが予測されるため、ノンエリート大学におけるキャリア教育では、「しんどさ」に対抗できるだけの知識を身につける、具体的には非正規の働き方の多様な形態や次のステップへの見通しの立て方、公的な職業訓練や求職者支援制度などに加えて、「まっとうでない現実への『異議申し立て力』」を育むことが必要だと主張している。児島・石川（2017）は、入試難易度の低い大学（偏差値 50 未満）の学生は、難易度の高い学生（偏差値 50 以上）に比べて、卒業後は規模の小さな会社で働く者が多く、販売・サービス業で働く者、非正規で働く者が多いことから、キャリア教育科目の授業では現代社会の労働に関する基本知識の獲得と、そうした状況を批判的に考えられるようになることを目的とした授業を行っているという。これらの知見は、大学の序列によって規定される卒業生の進路が、キャリア教育科目の内容に影響を及ぼしていることを示しているといえるだろう。

4. キャリア教育科目担当者の特徴

　キャリア教育科目の授業内容に対する授業者の裁量は大きいとの指摘があるが（宮田 2020）、キャリア教育科目はどのような専門性を有する者が担っているのだろうか。三菱 UFJ リサーチ＆コンサルティング（2011）によると、キャリア教育の授業を担う者として最も多いのは「キャリア形成を専門としない教員」（37.0％）であり、「キャリア形成を専門とする教員」が担当することは 25.1％ にすぎないという。多くのキャリア教育科目が、「キャリア形成」を

専門としないと自認している教員によって担われているのである。

　大学教育であるにもかかわらず、専門外の教員であっても担当できてしまう理由は、キャリア教育の特異性にある。キャリア教育に関する政策文書を分析した安藤（2017）によると、キャリア教育は自分のキャリアを語ることさえできれば「誰でも可能」という教員の専門性に関する「極めて無限定な認識がなされて」おり、「キャリア教育固有の専門性の核心は企業勤務経験である」と認識されているという。つまり、「政策関連文書は総じてキャリア教育の独立した専門性を不問に付してきた」（安藤 2017）のである。専門性が求められない教育を大学で行うということは、学校教育法第92条の「大学教員は専攻分野の知識・能力・実績に基づいて教育を行う」という大学教員の前提に鑑みればかなり異質だといえる。実際、キャリア教育科目はキャリアセンターの職員（キャリア・コンサルタント等）や、就職支援機関に所属している講師（以下、外部講師）によって担われることも多い（渡邊 2017, 児美川 2020）。外部講師が多い理由として、キャリア教育という新しい教育を担うことに対して学内で十分な理解や協力を得られなかったことが挙げられている（渡邊 2017）。また、大学においてキャリア教育の普及が進んだ2006年以降、人材・教育系の事業者が各大学におけるキャリア教育科目の授業設計や教材等についてのコンサルティングを請け負うとともに、キャリア教育科目の担当者を派遣しはじめ、その数を増加させていった（児美川 2020）。このことが、キャリア教育における外部講師の増加につながっていると考えられる。

　外部講師には就職支援機関や人事などの企業経験を有しているという強みがある一方で、アカデミックディシプリンをくぐらずに社会人経験を経て大学に雇用された者の場合には、教える内容に学問的担保がないという指摘もある（渡邊 2017）。外部講師に対するインタビュー調査を行った白井（2017）によると、外部講師の授業の場合、授業内容が担当部署（発注者であるキャリアセンターなど）の要望や問題意識によって左右されやすく、ビジネスの現場や社会人としての経験を伝えることが、理論を教えることよりも優先されること、キャリアに関連した専門性がなかったとしても、担当部署の要望や問題意識に依拠し、自分自身の社会人経験を織り交ぜれば、キャリア教育としてプログラ

ム化できると思っている者もいることを明らかにしている。

このように、キャリア教育科目は、キャリア教育を専門としない教員や、学術的専門性を有していない教職員がキャリア教育科目を担うこともあるという点において、大学の伝統的な科目とは異なる特徴があるといえる。

5. キャリア教育科目を通じた学生の水路づけ

大学の伝統的な科目とは異なるもう一つの特徴として、キャリア教育科目には特定の知識の習得ではなく、「社会的・職業的自立」（中央教育審議会 2011）が目指されているということが指摘できる。しかし、「社会的・職業的自立」のための教育とはいかなるものなのかは明確ではない（村上 2010）。授業を通じて学生を大学の序列と対応した進路へと水路づけることさえ、「社会的・職業的自立に向け、必要な基盤となる能力や態度を育てる」という名目で正当化されてしまう可能性がある。

新谷（2016）は、芸術系大学と人文系大学でキャリア教育科目を担当している教員にインタビュー調査を行った結果、学部によって目指される就職のあり方は異なり、芸術系大学では専門性を活かした就職が勧められる一方で、人文系大学では求人の少ない業界・職種への志望を諦めさせ、求人のある職種を大卒者にふさわしい職とすることによって学生を求人のある職種へと水路づけていたことを明らかにしている。もちろん、すべての人が望み通りのキャリアを実現することは不可能であり、どこかの時点で学生のアスピレーションをうまく冷却し、現実的な進路へと水路づけることは重要である（望月 2021）。実際にカウンセラーが学生の進路を水路づけていたことは、Clark（1960）やCicourel & Kitsuse（訳書 1980）においても指摘されている。しかし、カウンセリングが個々の生徒・学生の能力、適性、属性等に基づいて行われているのに対し、一斉授業として集団を対象に行われるキャリア教育科目は、個人の能力や適性ではなく、集団の特徴に基づいて進路の水路づけを行っているという点において大きく異なる。新谷の知見は、「一人一人の社会的・職業的自立に向け、必要な基盤となる能力や態度を育てる」というキャリアの個別性が重

視されるはずのキャリア教育科目が、学生の特徴ではなく、大学という集団の特徴に基づいて学生の進路を水路づけている可能性を暗示する。

6. キャリア教育科目に対する学生の評価

最後に、学生はキャリア教育科目をどのように評価しているのかを確認しておく。キャリア教育科目に対する学生の評価は、いくつかの大規模学生調査における項目の一つとして問われており、調査結果にはキャリア教育科目に対する学生の評価が肯定的なものもあれば、否定的なものもある。「全国大学生調査」(東京大学大学院教育学研究科 大学経営・政策研究センター 2019) では、キャリア教育科目の有用感を尋ねており、70％を超える受講生が「非常に有用だった」「有用だった」と評価している。しかし、「大学生のキャリア意識調査」(電通育英会 2020) では、キャリア教育科目が今の自分に「かなり影響を及ぼしている」「まあまあ影響を及ぼしている」と答えた3年生は、40.1％にすぎない。「学生満足度と大学教育の問題点」(ベネッセ総合研究所 2007) においても、キャリア教育(正課外含む)に対する学生の満足度は29.2％であり、特に入試難易度の高い大学において学生の満足度は低いことが明らかにされている。

これらの大規模調査は、大学のキャリア教育科目が学生にどのように受け止められているのかを量的に示しているという点において意義がある。しかし、キャリア教育科目に対する有用感を尋ねている「全国大学生調査」(東京大学大学院教育学研究科 大学経営・政策研究センター 2019) では、いかなるキャリア教育科目を学生は有用だったと判断しているのか、どのような学生がキャリア教育科目を有用だったと評価しているのかについては明らかにされていない。キャリア教育科目の影響度を尋ねている「大学生のキャリア意識調査」(電通育英会 2020) では、キャリア教育科目が学生に影響を及ぼすとはいかなる状態なのかについては述べられていない。キャリア教育科目に対する満足度を尋ねているベネッセ総合研究所 (2007) の調査では、入試難易度の高い大学に所属する学生の満足度が低いことは明らかにされているものの、なぜ入試

難易度の高低で学生の満足度は異なるのかについては分析されていない。つまり、キャリア教育科目では多様な内容が扱われているにもかかわらず（中里2011）、どのような学生が、いかなるキャリア教育科目を肯定的／否定的に評価しているのかについては充分に検討されていないのである。

7. 小　　　括

　本章では、大学のキャリア教育科目に関する先行研究の整理を通じて、伝統的な科目とは異なるキャリア教育科目特有の特徴を検討してきた。その結果、キャリア教育には特定のディシプリンがなく、大学や教員の意図が授業内容に強く影響を及ぼしているということ（宮田 2020）、キャリア教育科目は大学の正課科目として行われているにもかかわらず、キャリア形成を専門としない教員や（三菱 UFJ リサーチ＆コンサルティング、2011）、外部講師によって担われることも多いということ（渡邊 2017）、大学の入試難易度によって授業内容は異なるということ（中里 2011、宮田 2018）、一人ひとりの個別性が重視されるはずのキャリア教育科目が、内定獲得可能性の高い職種へと学生を水路づけている場合もあること（新谷 2016）が明らかになった。

　しかし、これらの研究にはいくつかの課題もある。具体的には、キャリア教育科目担当教員の属性は授業内容にいかなる違いをもたらすのか、大学の入試難易度によってなぜ授業内容は異なるのか、大学の入試難易度によって学生のキャリア教育科目に対する評価はどのように異なるのか、である。

　また、大学の序列は職業の序列と対応しているにもかかわらず、大学の序列という観点でキャリア教育科目を分析した研究は少ない。中里（2011）や宮田（2018）は複数の大学のシラバスを分析することによって、入試難易度の高低と授業内容の関連を分析している。しかし、シラバスの内容と実際に行われている授業では内容の異なることがあるという宮田（2018）の指摘を踏まえれば、実際の授業を分析する必要性があるだろう。大学の序列によってキャリア教育科目の目的、授業内容や方法はどのように異なっており、いかなる結果がもたらされるのかを分析することによって、従来の研究では充分に検討さ

れてこなかった大学の序列が大学教育に及ぼす影響や、キャリア教育を通じて学生が大学の序列と対応した就職先を受け入れるプロセスを解明できると考えられる。

第2章

学生の多様化と教員の対応

1. 大学と学生の多様化

　大学進学率の上昇に伴い、大学や学生、教育のあり方は大きく変容している。アメリカの高等教育研究者であるTrowは、大学進学率の上昇に伴い、大学の目的や機能、学生の特徴や提供される教育がどのように変化するのかを、エリート型（進学率15％未満）、マス型（進学率15％〜50％）、ユニバーサル・アクセス型（進学率50％以上）という概念を作って説明している（表2参照）。大学に進学することが少数者の特権であったエリート段階では、小規模のエリート集団に対して、エリート・支配階級の精神や性格の形成を主要な機能としながら、高度に構造化したカリキュラムを個人指導・師弟関係重視のチューター制・ゼミナール制で教えていた。その後、マス段階になると、エリートの範囲は拡大し、社会のあらゆる技術・経済組織体のリーダー層を含むようになる。そして教育の重点は人間形成から、特定の専門分化した役割を果たすエリートの養成に、教育の主眼は技術と知識の伝達に移り、大学は拡大したエリートに対して、構造化しつつも弾力化したカリキュラムを、非個別的な多人数講義や補助的ゼミで教えるようになる。さらに、ユニバーサル段階になると、全国民を教育の対象として、多数の学生に高度産業社会で生きるのに必要な準備を与えることに向けられる。教育の構造性は失われ、新しい、より複雑なものの見方を幅広く身につけさせることが教育の中心となり、教員と学生

表2 高等教育制度の段階移行にともなう変化

高等教育システムの段階	エリート型	マス型	ユニバーサル・アクセス型
全体規模（該当年齢人口に占める大学在籍率）	15%まで	15%～50%まで	50%以上
高等教育の機会	少数者の特権	相対的多数者の権利	万人の義務
大学進学の要件	制約的（家柄や才能）	準制約的（一定の制度化された資格）	開放的（個人の選択意思）
高等教育の目的観	人間形成・社会化	知識・技能の伝達	新しい広い経験の提供
高等教育の主要機能	エリート・支配階級の精神や性格の形成	専門分化したエリート養成＋社会の指導者層の育成	産業社会に適応しうる全国民の育成
教育課程（カリキュラム）	高度に構造化（剛構造的）	構造化＋弾力化（柔構造的）	非構造的（段階的学習方式の崩壊）
主要な教育方法・手段	個人指導・師弟関係重視のチューター制・ゼミナール制	非個別的な多人数講義＋補助的ゼミ、パートタイム型・サンドイッチ型コース	通信・TV・コンピュータ・教育機器等の活用
高等教育機関の特色	同質性（共通の高い基準をもった大学と専門分化した専門学校）	多様性（多様なレベルの水準を持つ高等教育機関、総合性教育機関の増加）	極度の多様性（共通の一定水準の喪失、スタンダードそのものの考え方が疑問視される）
高等教育機関の規模	学生数2000～3000人（共通の学問共同体の成立）	学生・教職員総数3万～4万人（共通の学問共同体であるよりは頭脳の都市）	学生数は無制限的（共通の学問共同体意識の消滅）
社会と大学との境界	明確な区分 閉じられた大学	相対的に希薄化 開かれた大学	境界区分の消滅、大学と社会との一体化
最終的な権力の所在と意思決定の主体	小規模のエリート集団	エリート集団＋利益集団＋政治集団	一般公衆
学生の選抜原理	中等教育での成績または試験による選抜（能力主義）	能力主義＋個人の教育機会の均等化原理	万人のための教育保証＋集団としての達成水準の均等化
大学の管理者	アマチュア大学人の兼任	専任化した大学人＋巨大な官僚スタッフ	管理専門職
大学の内部運営形態	長老教授による寡頭支配	長老教授＋若手教員や学生参加による"民主的"支配	学内コンセンサスの崩壊？学外者による支配？

Trow（天野・喜多村訳（1976）『高学歴社会の大学』）において喜多村が図表化したものを引用。

の直接的な人間的つながりは主ではなく従となる。また、TV やコンピュータなど新しい教育工学的な教育形態が積極的に活用されるようになる（Trow 訳書 1976）。

　日本でも、大学・短期大学の進学率が上昇し、1963 年にはマス段階（15.4％）に、2005 年にはユニバーサル段階（51.5％）に到達している（杉谷 2015）。大学への進学が「万人の義務」となったユニバーサル段階では、進学しないことへの不利益やうしろめたさを回避するために進学する学生も存在しており、不本意就学者や不適応学生への対応を余儀なくされている大学もある（杉谷 2015）。

2. 入試難易度の高低による学生の違い

　大学がユニバーサル段階に入っている日本では、大学や学生は多様化している。入学試験による選抜が機能している入試難易度の高い大学では、学生の自律的な知的探求を前提とする従来型の大学教育（金子 2007）が維持されている一方で、入試難易度の低い一部の大学では、そのような前提が通用しない状態にある。

　入試難易度の高低に基づく学生の多様化の現状としては、まず、学生の出身階層の違いが挙げられる。児島（2015）は、複数の大学に所属する学生に対する質問紙調査から、入試難易度の高い大学では父親の学歴が大卒以上であり、父親がホワイトカラー職（管理的・専門的・技術的職業）に就いている者の割合が高いのに対し、入試難易度の低い大学では父親の学歴が大卒以上の者は少なく、父親がブルーカラー職（技能的職業、保安的職業、生産工程、運輸従事者）に就いている者の割合が高いことを明らかにしている。このような親の学歴や職業の違いは、学生が大学に適応できるかどうかに影響を及ぼす。学校教育にどう適応していくかは、学生がそれまで家族の中でどのようなパーソナリティ特性、価値、期待をつくりあげてきたかによって決まってしまう、とBowles（訳書 1980,p.178）は述べている。さらに、両親が非大卒者である大学第一世代の学生たちは、そうでない学生に比べて 4 年制大学に資格取得や就

職に有利になることを求める傾向（実利志向）があり、大学在学中に退学を考えたことがある、勉学面での悩みを抱えている、大学での出来事を両親に話せない、など大学からの離脱につながりやすい傾向があるという（河野 2003）。

　次に、学習に対する姿勢や教員観の違いが挙げられる。三宅（2011）は、高校時代の試験勉強として、入試難易度の高い大学の学生の多くが「試験の前日にしっかりと勉強した」から「試験前よりかなり前から準備していた」と幅広く答えていたのに対し、入試難易度の低い大学の学生は一夜漬けのパターンが基本であったことを明らかにしている。これは、試験勉強に対する考え方や、努力をして成果を出すことへの積極性に違いがあることを示している。また、入試難易度の高い大学の学生は、入試難易度の低い大学の学生と比べて、知識や教養に対する関心から教員を畏敬の対象として捉える者が多い一方で、入試難易度の低い大学の学生は、教員の存在は自分とは無縁であると考える者が多い（三宅 2011）。

　最後に、大学教育に対するニーズの違いが挙げられる。児島（2015）は、入試難易度の高い大学では、「社会生活には役立たないが興味深い内容を学べる」「将来高い収入や地位を得るうえで役立」つことを重視する学生が、入試難易度の低い大学よりも 10 ポイント以上高い一方で、入試難易度の低い大学では「自分たちが就きたい職業について学べる」「社会生活を送る上で必要な知識等が学べる」ことを重視する学生は入試難易度の高い大学よりも 20 ポイント近く高いことを明らかにしている。

　このように、大学の入試難易度の高低によって学生の出身階層や大学教育に対する構え、大学教育に対するニーズは異なる。山田・葛城（2007）は、近年、盛んに行われている大学改革の取り組みが、大学の状況や実際の学生のニーズとは無関係に一元的に行われる傾向があることを問題視しており、研究大学のような基幹大学だけでなく、底辺を支える大学の実情を踏まえた大学改革を行うことの必要性を主張している。

3. ボーダーフリー大学における学生の特徴

　入試難易度の低い大学の中でもボーダーフリー大学と称される大学は、伝統的な大学とは大きく異なる特徴がある。ボーダーフリー大学とは、河合塾による大学の格づけであり、「受験すれば必ず合格するような大学、すなわち、事実上の全入状態にある大学」と定義されている（葛城 2015）。このような大学では、入試による選抜機能が働かないため、基礎学力や学習習慣、学習への動機づけの欠如といった学習面での問題を抱えている学生を多く受け入れており、小学校レベルの基礎学力を身につけさせることすら容易ではない（葛城 2015）。学生にとって最大の関心事の一つといえる「就職」でさえ、学習への外発的動機づけの手段として期待できない（葛城 2018）。

　葛城（2018）は、ボーダーフリー大学生の特徴として基礎学力の欠如、学習習慣の欠如、学習への動機づけの欠如、の3点を挙げている。実際、あるボーダーフリー大学では、リメディアル教育として「正しい仮名遣いと送り仮名」（国語）、「整数の計算」（数学）、「アルファベットの書き方・読み方」（英語）が授業で教えられている（ダイヤモンド社 2011）。これは、基礎学力の欠如を表すものだといえる。基礎学力を欠いた学生の多くは、学習に対する自尊心を失っていることが多い。よって、授業を行う際には、適切なレベルの課題や楽しい課題を与えるだけではなく、自尊心を高めるような配慮も必要となる（清田 2010）。また、大学入学前に学習習慣が身についていない学生も多い。ボーダーフリー大学生の高校時代の一日の授業外学習時間は平均39.8分であり、授業外学習時間が0分だった学生が35.3％もいたことが明らかにされている（葛城ほか 2018）。試験前であっても学習する習慣はなく、試験勉強を行わなければならないとすら思わない者や、努力の必要性を認識していない者もいる（葛城 2015）。加えて、ボーダーフリー大学には大学進学はミスセレクションであったと思いながら入学した学生や、学習動機の欠如した学生が多いということ、授業内容の理解を通してではなく、授業への出席を通して単位を取るための義務を果たしたと考える傾向（疑似達成傾向）のあることが明らか

にされている（三宅 2011）。

　このような基礎学力、学習習慣、学習動機の欠いた学生を対象に授業を行うことは、困難を極める。葛城（2015）は、ボーダーフリー大学における授業中の私語は「カラオケボックス」並みに騒がしく、携帯電話で通話している学生や、ゲームをしたり、大音量で音楽を流したりする学生、椅子に一直線になって睡眠している学生や、電子タバコを喫煙する学生が存在すること、教員が注意すると暴言を吐き、椅子を蹴って教室を出る学生がいることなど、教員への反抗が著しいことを報告している。大学や学生は非常に多様化しており、大学や学生を一元的に捉えること、あらゆる学生に対して従来型の大学教育を行うことはもはや不可能だと言わざるを得ない。

4. ボーダーフリー大学生に対する教員の対応

　授業を成立させることすら困難な状況下で、ボーダーフリー大学教員は様々な方法を用いて授業を成立させ、学生の学習意欲を高める努力をしている。あるボーダーフリー大学では、授業中のマナーの悪さへの対策として、受講マナーを記した文書の配布や、教員による厳格な対応を行っており、それらが有効であると認識されている（葛城 2017）。その他にも、私語をしたり机にうつぶせになって眠ったりしている学生がいれば、そばまで行って肩を叩き、「社会では、人の話を聞く態度を身につけているかが問われるよ」など、現時点の態度を改めることが将来プラスになることを告げ、態度改善の動機づけとしていることや、科目担当教員が出席率の低い学生や単位取得状況の悪い学生に対して電話やメールによるフォローを行ったり、定期試験時には教員同士で学生の受験状況や単位取得状況に関して情報交換し、学生の状況確認と励ましのために電話を入れたりしている教員もいる（櫻田 2007）。学力に問題を抱えている学生のために、公文式の算数プリントを活用したリメディアル教育や、歌や踊りを使った英語の授業などを行っている大学もある（松本 2015）。

　ボーダーフリー大学において重要なことは、初等教育の時点でつまずいていることによる「わからなさ」にとことん付き合うことだと居神（2014）は述

べている。実際、ボーダーフリー大学教員の中には、初等中等教員と類似した対応を行っている者もおり、それらの対応が授業中の逸脱行為を抑制し、学生の学習を動機づけるうえで効果があると認識されている。また、このような対応を行っている教員に対しては「エール」が送られ（葛城 2015,p.46）、学生のやる気に火をつけるものとして肯定的に評価されている（松本 2015）。しかしその一方で、リメディアル教育や手厚い学習支援策は学生の主体性を損ない、そもそも大学本来の姿に見合わないと主張する人も学内にはいることから、心のどこかでは「リメディアル教育は大学教育なのだろうか」という自問自答を繰り返している教員もいる、と児玉（2012）は指摘する。ボーダーフリー大学教員の中には、従来型の大学教育を維持するという理想と、それができない現実との間で葛藤している教員のいることが推測される。

5. 小　　括

　本章では、大学のユニバーサル化に伴い多様化している大学や学生の様態を、先行研究に基づいて整理した。これにより、大学の入試難易度の高低によって、学生の出身階層、大学教育に対する構え、大学教育に対するニーズが異なることを示した。さらに、入試による選抜が機能しなくなっているボーダーフリー大学では、従来型の大学教育、すなわち自律的な知的探求を前提とする大学教育（金子 2007）を行っても、授業が成り立たない状況にあることが明らかになった。ボーダーフリー大学において効果があると認識されている教育・対応とは、授業中のマナー違反に対する厳格な対応や、学習意欲を高めるためのきめ細やかな対応など、初等中等教員と類似した方法であり、それらが肯定的に評価されていることも確認された。

　これらの知見を踏まえれば、序列の異なる大学を一元的に扱うことには無理があると言わざるを得ない。山田・葛城（2007）は、現在の大学や学生は多様化しており、社会的な役割も異なるにもかかわらず、大学改革が大学の状況や実際の学生のニーズとは無関係に一元的に行われる傾向があり、大学が提供するカリキュラムと学生が求める知識・技能がミスマッチを起こしている可能

性があると述べている。よって、近年ではボーダーフリー大学を対象とした研究も盛んに行われている（山田・葛城 2007、葛城 2015、2018 など）。

　しかし、これまでのボーダーフリー大学を扱った研究は、ボーダーフリー大学における現状を示すに留まり、従来型の教育で授業を行っている大学、端的にいえば序列の高い大学の授業との比較の視点を欠いているため、ボーダーフリー大学における学生の学習行動はボーダーフリー大学特有のものなのか、時代の変化によるものなのかが定かではない。さらに、ボーダーフリー大学にも真面目に勉強に取り組む学生や（葛城 2012）、入試難易度の低い大学から有名大企業に就職する学生は存在する（ダイヤモンド社 2020）にもかかわらず、彼らの大学経験については充分に解明されていない。彼らは初等中等教員と類似した大学の授業や教員の対応をどのように受け止めているのだろうか。大学は義務教育ではないため、退学して他の大学に入り直すという選択肢もあることから、ボーダーフリー大学における真面目な学生は、大学を辞めてしまう、もしくは、学生文化に適応して不真面目になってしまうことも考えられる。

　さらに、ボーダーフリー大学であっても従来型の大学教育を維持している、あるいは維持しようとする教員は存在すると考えらえる。近年の大学は学生の多様化に伴い、授業改善に取り組むことが求められている。そのような中、なぜ教員の中には、効果があるとされる初等中等教員と類似した教育方法ではなく、自律的な知的探求を前提とした従来型の大学教育（金子 2007）を維持しようとする教員もいるのだろうか。また、従来型の大学教員像を維持するということは、いかなる葛藤と帰結をもたらすのだろうか。これらについては、第3部で検討を行う。

第3章

本研究の分析枠組み

1. 社会化とは何か

　社会化は様々に定義されており、多少の食い違いがあるものの基本項として取り出されるのは、次の4点である（柴野 1985）。①社会化は、成員性の習得である。②社会化は、基本的に学習である。③社会化は、他者との相互作用を通してパーソナリティを社会体系に結びつける過程である。④社会化は、社会体系の維持・存続に関わる機能的要因である。つまり、社会化とは自分の所属する社会に適応するために、その社会における規範や価値、その社会が必要とする知識や技能、その社会が要請する行動のありかたなどを習得するプロセスといえる。社会化に関する研究は、構造＝機能主義理論に基づいて組み立てられているという特徴があるため（柴野 1977）、教育社会学では社会化を「個人がその所属する社会や集団のメンバーになっていく過程」と定義しており、その条件として制度的価値ないし文化の内面化を挙げることが多い（阿部 2011）。

　Brim（1966）によると、社会とパーソナリティの関係を扱った研究には二つの側面があるという。第一に、個人はどのように社会に適応していくのか。第二に、社会がどのように個人を社会化するのか（生物学的な人間という素材を、社会の活動を遂行するのに適した人間へと変化させるのか）。社会化に関する研究の出発点は、社会がどのようにして存続し、発展し続けることが可能

なのか、である。よって、いつの時代においても、問いとなるのは社会がどのように人を変えるのかであって、人がどのように社会を変えるのかではない。また、社会化の機能とは社会の原料となる人間を優れた労働者に変えることであり、その内容には、社会の地位構造の理解や、この構造における様々な立場に関連する役割規定と行動が含まれると考えることができる。

　社会化の担い手としては、家庭、学校、同輩関係、マスメディアなどが挙げられる。第一次社会化では、家族が社会化の主要な担い手であり、子どもたちは家庭との関わりを通じてその後の学習にとっての基礎を形成する言語や基本的行動様式を学習する。第二次社会化では、家族から社会化の責任を一部引き継ぐ形で、学校や同輩集団（同じような年齢の人たちから構成されるインフォーマルな集団）、様々な組織体、メディア、職場などが社会化の担い手となる（Giddens 訳書 2009）。

　第二次社会化では、学校が社会化エージェントとして重要な役割を担う。学校は知識や技術を教えるのみならず、当該社会に支配的な「主流文化」である思考と行動の型を教え、将来の成員として機能するために必要となる認知的・規範的・道徳的なルールを身につけさせる「社会化」を行っているからである（渡邉 2021）。また、学校は同輩集団を形成する場であり、年齢によって子どもたちを学年分けするシステムが同輩集団の影響力を補強する（Giddens 訳書 2009）。同輩関係を通じた社会化は、親や教員による社会化のように、価値観や行動様式を受動的に学習するのではなく、他者との相互行為や集団で行う社会活動を通じて社会化されていく点に特徴がある（Giddens 訳書 2009）。

　学校における社会化を扱った研究は、初等教育を対象として行われることが多い。初等教育段階が、訓練・教育・社会化に不可欠な時期だからである（Margolis et al. 2001）。子どもたちは、学校での生活を円滑に行うために、家庭とは違う学校の価値規範を身につけることが期待される（武内・岩田 2011）。よって、初等教育段階を対象とした研究では、いかにして「児童」としての振る舞いを身につけるのかという「学校的社会化」のプロセスが検討される（粕谷 2018）。一方、中等教育段階を対象とした研究では、反学校文化の生成メカニズムや学力形成に着目することが多い（大多和 2019）。それは、年

齢が上がるにつれて独自の生徒文化を形成し始める（麻生 1974）からだと考えられる。

　安部（2002）によると、1970年代までの高等学校は教員と生徒の縦関係が明白で、家族や地域社会も学校・教員を全面的に支援しており、生徒は教員や学校の規範を無条件に受け入れていた。よって、学校は次世代を担う人を育成する教育機関としての機能を有していたといえる。しかし、1980年以降は生徒の学校離れが進み、教員の権威を使って学校の価値を押しつけることに生徒は馴染まなくなっていく。よって、学校が社会化の場として機能するためには、教員による生徒への一方的な働きかけだけではなく、生徒が直接出会い、長時間生活を共にするという、学級の集団化を図ることが必要だと安部は主張する。紅林（2018）もまた、社会化論は1970年代に一大ムーブメントとなった「新しい」教育社会学を契機として大きく発展し、社会化を「相互的なプロセス」として捉えるようになった、と述べている。これらの知見は、学校における社会化の様態を、教員に注目するだけではなく、生徒同士も含めた集団に注目して捉えることが重要であることを示唆する。

2. 大学における社会化と学生文化

　大学における社会化には、初等中等教育における社会化とは異なる次のような特徴がある。第一に、大学における社会化は初等中等教育段階における社会化の上に行われるため、これまでの社会化を無視できないということである。溝上（2018）は、縦断調査から大学生のキャリア意識は変わりにくいこと、大学1年生が有するキャリア意識の半数は、中学生から高校生前半で考えられ始めるということ、半数近くの人が高校2年時の資質・能力を大学1年次まで変化させていないことなどを明らかにしており、入学してきた学生の資質・能力を、大学教育によってゼロベースから育てることは難しいと述べている。大学における社会化は白紙の状態から始まるわけではない。大学入学までにどのような社会化がなされてきたのかを考慮する必要がある。

　第二に、大学生の社会化には学内外の様々な要因が影響を及ぼしているとい

うことである。Weidman（1989）や武内（2008）は、大学生の社会化をモデル化しており、学生が入学前から有する特徴は（「学生の属性」）、大学内での経験や（「大学経験」）、大学外での経験（「親による社会化」「大学外の準拠集団」）を通して変容し、その結果として職業選択を行ったり、価値観を形成したりすることを示している（図3-1、図3-2）。どちらのモデルでも、大学生の社会化には学内の環境要因だけではなく、入学前の属性や学外の要因も影響を及ぼしているということ、社会化の効果として学生の職業選択や、特定の価値観を身につけることが示されている。しかし武内モデルでは、入学前の学生の特徴として出身高校や学力を考慮しているという違いがある。日本では、高校入学に際して学力に基づく選抜が行われるため、学生の学力は学内では比較的均質である一方で、上位ランクの高校と下位ランクの高校では、生徒の学力の違いだけではなく、勉強に対する構えも異なることが指摘されている（荒川 2009）。また、大学入学前の学習経験や大学教育に対する構えによって、大学教育の効果は異なるとの指摘もある（金子 2007）。大学における社会化モデルを作る際に、出身高校の序列が重要な意味を持つ点に、日本らしさが表れてい

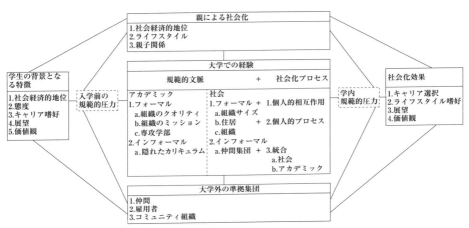

図3-1 「学部生の社会化モデル」
（Weidman 1989, p.299, "A Conceptual Models of Undergraduate Socialization" を引用し、筆者翻訳）

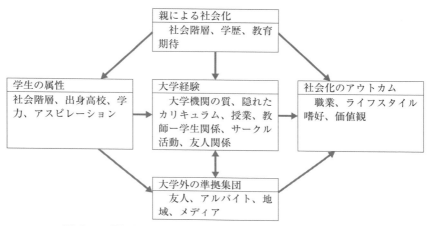

図 3-2 「学生の社会化のモデル」(武内 2008,p.11 より引用)

る、といえるのではないだろうか。

　第三に、大学生は独自の学生文化を有しているということである。初等教育段階では教員＝大人の文化に支配され、顕在化していなかった子ども独自の文化は、年齢が上がるにつれて独自の生徒文化を形成し始める（麻生 1974）。大学の場合、学生はもはや大学や教員の教えに従う受動的な存在ではなく、大学の伝統や制度に規定されながらも学生独自の文化を作り、自ら考え、行動する主体的な存在なのである（武内 2003）。さらに、それぞれの大学には、同じような特性を備えた学生が集まってくることから、大学によって異なる学生文化が形成される（武内 2003）。Clark & Trow（1966）は、学生文化を"Vocational（職業型）"、"Academic（学問型）"、"Collegiate（大学適応型）""Nonconformist（大学非適応型）"に分類している。また、金子（2013）は、学生を「高同調型」「独立型」「受容型」「疎外型」の四つに類型化し、類型別に学習経験の特徴と効果があると考えられる授業方法を示している。金子の知見は、どのようなタイプの学生が多いかによって、効果的な授業方法や大学における社会化のプロセスは異なることを示唆する。

　Weidman（1989）や武内（2008）の社会化モデルにおいて、大学での経験は図の中心部に置かれている。このことは、大学の授業や教員との関わりと

いった学内での経験が学生の社会化に重要な影響を及ぼすことを暗示する。Komarovsky（1985）はアメリカの女子大学生を対象とした調査から、学生たちがコース選択を通じて自分の能力や興味を探索していたこと、成績評価が自分の適性を判断するうえで役に立っていたこと、教員との関わりの強さが知的関心を高めるように機能していたことを明らかにしている。また、Acker（2001）は白人・男性モデルに基づく指導教員の個別指導が、性別と人種に基づく差別を助長すると主張する。さらに、Ehrensal（2001）は、ビジネススクールでは、ホワイトカラーの仕事はブルーカラー労働者の仕事とは違うということ（ブルーカラー労働者に対する「他者性」の構築）、ホワイトカラーの仕事は仕事そのものが面白く、やりがいのあるものだということ、学生は金銭的な報酬にかかわらず自分の仕事に誇りを持つべきだということが教えられていることを明らかにした。このような教育を通じて、ビジネススクールは、キャリアのためには実際に支払われる賃金よりも多くの時間働くべきであるという経営者側にとって都合の良い規範を身につけるように学生を社会化している、と述べている。

　このように、大学における授業や教員との関わりは学生の社会化に大きな影響を及ぼす。ところが、日本の大学における社会化を扱った研究では、アルバイト経験（三保 2013、関口 2010、杉山 2007）やクラブ・サークル活動（柴野 1969）には注目しているものの、正課内教育が学生の社会化に及ぼす影響について明らかにした研究は管見の限りない。柴野（1969）は、大学社会の中で学生の態度変化や意見形成に対してより効果的な機能を持つものは、講義・研究などの課程内活動よりも、それ以外の課外活動（extra-curricular activity）であると述べている。しかし、近年では学生の授業参加率が高まり、学生の真面目化の進展が指摘されている（武内ほか 2015）。よって、大学の正課教育や教員との関わりが学生の社会化に及ぼす影響も強くなっているのではないだろうか。

　第四に、学校段階が上がるにつれて社会化の目的は変化し、大学と初等中等教育段階では社会化の目的が異なるということである。初等教育では家庭と学校の違いを認識させることが重要であるのに対し、大学は自立した大人になる

ための通過儀礼(イニシエーション)の場であり、アイデンティティを確立し、社会に出るための準備を行うことが重要になる(武内・岩田 2011)。中等教育は初等教育と高等教育の中間に位置づき、両者をつなぐ役割を果たすものだと考えられる。社会に出る前の最後の教育段階である大学では、職業社会に向けた社会化が求められる。大学生は卒業後を見据えた決断を頻繁に行わなければならず、将来のために望ましい目標を設定し、それを達成するための準備をしなければならないというプレッシャーに晒されていること、大学は学生の価値観や職業志望に影響を与える予期的社会化の場であることも指摘されている(Weidman 1989)。

このように、大学における社会化の特徴として、これまでの社会化を考慮する必要があること、学内外の様々な要因が学生の社会化に影響を及ぼすこと、所属する大学によって異なる学生文化が形成され、異なる社会化がなされること、職業社会に向けた予期的社会化がなされることが指摘できる。

3. 予期的社会化とチャーター

予期的社会化とは、将来参加するであろう社会システムの価値や規範、あるいは将来、付与されたり獲得したりするであろう地位・役割に関する知識や態度、技能などを学習することを意味する(Merton 訳書 1961)。予期的社会化が効果的に機能するためには、集団に属したいという本人の意志が必要となる。Merton(訳書 1961)によると、集団に所属することにまったく無関心でその見込みのなさそうな人や、その集団に所属する適格者であっても、様々な動機から所属しようとしない人たちに対して社会化を行うことは難しい。現在の所属する集団からはその諸価値を放棄したということで排除され、自分が所属しようとする集団からは受け入れてもらえなくなる可能性もある。また、予期的社会化は移動の余地のある、比較的開放的な社会構造の場合にのみ、個人にとって機能的となる。開放的な構造でない場合、地位の変化を見越して態度や行動を整えても、たいていの場合、実際の地位の変化がそれに伴わないからである。さらに、個人の立場からすれば将来を見越した社会化であっても、当

人が成員として所属している集団から見れば、背反、非同調だとみなされてしまう。個人が別の集団と自分を同一視すればするほど、当人は自分の集団から自分を疎外することになってしまうのである（Merton 訳書 1969）。

　予期的社会化は、集団への参入後の適応のためだけではなく、集団に参入するためにも必要となる。山口（2004）は、就職活動において企業が要求する価値観や態度を採用試験の面接担当者にアピールすることは、内定を得るうえで有効に機能するが、このアピールができるかどうかは、大学で学ぶ専門教育が職業と直結しているかどうかによって異なる、と述べている。卒業生の大半が同一の職業に就くような専門学校や専門職の養成を目的とする学部では予期的社会化はさほど困難ではない。しかし、職業資格とうまくリンクしない専門領域を学ぶ学生の場合、進路志望そのものが不明確な場合が多く、どのような集団のいかなる価値・行動様式を先取りすべきかが明確でない。さらに、大学で要求される知識や態度と、採用試験の面接担当者が要求する知識や態度とは必ずしも一致しないため、職業生活への予期的社会化は困難となる（山口 2004）。つまり、学生の予期的社会化の成否は、大学における専攻や専門教育の内容にも依存するのである。

　専攻や専門教育だけではなく、大学の序列もまた学生の進路を「予期」させるように機能している可能性がある。日本では入試難易度に基づく大学の序列と就職先の対応関係が明確であり（濱中 1998）、選抜性の高い有名大学ほど大企業に就職する者が多く（樋口 1994、平沢 2005）、選抜性の低い大学からは大企業に就職することは難しい。よって、学生は大学の序列に対応した進路に進むことを「予期」して、自ら社会化している可能性がある。

　専門教育や大学の序列が学生の進路を「予期」させるのは、卒業生が特定の進路に進むという特権が社会から付与されているからだと考えることもできる。このような特権を Meyer（1970）はチャーターと名づけた。チャーター（Charter）とは、特定の権利や権限、特権や機能を付与する公式な文書のことであり（Britannica ウェブサイト）、教育機関の設置に際して国家や教会から授与される免許状を語源とする（藤村 1995）。Meyer（1970）はこの用語を、プロダクトに対する社会的定義、具体的には、卒業生が特定の地位に就く

ことに対する社会的特権・認可として用いた。

チャーターは①卒業生の実際の供給、②この供給に対する社会の認知や信念、③卒業生が特定の地位に就くことの正当性（正当な権利）によって構成される（Meyer 1972）。序章で言及した Astin の I-E-O モデルも、Meyer のチャーターモデルも、大学の効果を明らかにしようとするものであるが、Astin は大学の環境という内部効果に着目しているのに対し、Meyer は大学というブランド力、機関名からもたらされる外部効果に焦点をあてているという違いがある（山田 2010）。しかしチャーターには社会化効果がないわけではない。むしろ、学校や卒業生が社会的に定義されているという文脈効果を背景として、学校内部の社会化効果を強化する（ギア効果を有する）、と竹内（2016）は主張する。志水（1987）もまた、チャーター理論のポイントは、学生が大学チャーターを内面化することによって「自己社会化」をもたらす点にある、と述べている。大学のチャーターは、大学や学生の特性とともに学生文化を形成し、学生の進路に影響を及ぼすのである（武内 2003）（図3-3）。

よって、チャーターを無視した社会化は機能しない可能性が高い。大学ではなく高校についての言及ではあるが、竹内（2016）は進学校のチャーターがないときに、進学のための熱心な授業をする教員や勉強に励む生徒が生徒仲間から浮いてしまうのは、生徒仲間集団が自分たちのチャーターをよく知っているからであり、チャーターに合致しない内部的社会化は、効果を半減するか失効すると述べている。高校と同様に、大学における社会化も社会的文脈を考慮せずに行えば、期待する効果を得ることは難しいと考えられる。

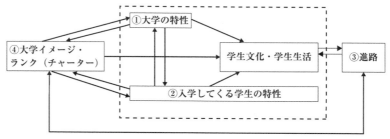

図 3-3 「学生文化の規定要因」（武内 2003,p.171 より引用）

チャーターは、医者を生産する学校というように法律で規定されている場合から、エリート学校というような漠然と世評として存在している場合まで多岐にわたるが、特定の学校の卒業生のように、誰もが適切な職や地位に就くことに失敗しない場合や、他の人はその職に就けないことが法律や慣習で決まっている場合（例えば、メディカルスクールなど）、学校は学生に最大限のインパクトを与えることになる（竹内 2016）。また、大学のチャーターは、就ける職を制限することによって、大学に行かないということの社会的意味を暗示する。専門職や管理職、公務員、軍人、知識人もしくは"教養人"といった特定の地位が、大卒者であることによって得られるということは、大学に行かなかった人たちに対してはこれらの地位が得られない、という定義を同時に与える（Meyer 1972）。つまり、特定の地位を獲得するうえで、非大卒者よりも大卒者の方が特権を有するということを社会的に認めさせることになる。

大卒者の特権は、入試難易度の低い大学においても存在する。島（2021）は、卒業生の就職先情報に基づき、入試難易度の高い大学（偏差値60以上）と低い大学（偏差値40以下）で期待収益率の平均と分散がどのように異なるのかを分析した。その結果、入試難易度の高い大学の方が低い大学よりも経済効果は大きいということ、しかし入試難易度の低い大学においても大学教育の経済効果は存在しているということ、入試難易度の低い大学の方が分散は大きく、大学の教育投資に失敗している者が一定の割合で存在している一方で、入試難易度の高い大学の平均値を超える期待収益率を得ている者も一定数存在することを明らかにしている。入試難易度の低い大学の場合、「ホワイトカラー職」ではなく、販売職や保安・サービス職などの「グレーカラー職」（山内 2014）に就く者は多いが（山内 2014, 居神 2010）、それでも高卒者に比べれば、相対的に期待収益率の高い職業に就いている者は多い。豊永（2023）もまた、年間収入から見た高卒と大卒の学歴間格差は若年層ほど拡大傾向にあり、高学歴化による影響力が大きく生じているはずの若年層をみても大卒学歴の価値は低下していないこと、入試偏差値の低い私立大学群を卒業した者であっても高卒者との格差はかなり大きいことを指摘している。これらの知見を踏まえれば、入試難易度の高い大学が持つ特権（大企業ホワイトカラー職に就

くというチャーター）とは異なるものではあるが、入試難易度の低い大学においても大卒者としての一種の特権（高卒者よりは期待収益率の高いグレーカラー職や、中小企業ホワイトカラー職に就くというチャーター）があると考えることができる。では、入試難易度の高低によってチャーターが学生に及ぼす影響力の強さは異なるのだろうか。

　丸山（1980、1981）は、入試難易度の異なる5大学の経済学部4年生に対して質問紙調査を行い、希望する企業の規模、就業に対する価値観が大学の入試難易度とどのように関連しているのかを分析した。その結果、入試難易度の高い大学の学生ほど、父親の学歴や職業、出身高校のタイプといった過去の属性にかかわらず、大企業を志向し、組織で活動することに魅力を感じていたのに対し、入試難易度の低い大学の学生ほど独立志向が強く、過去の属性の影響を受けやすいことを明らかにしている。さらに、入試難易度の高い大学では、学生の企業選択に対する大学の影響力は大きい一方で、入試難易度の低い大学では、学生の企業選択は過去の属性の影響を受ける傾向があることを明らかにしている。この結果を踏まえて丸山は、大学のチャーターが学生の進路選択に及ぼす影響は、入試難易度の高い大学の方が大きいと結論づけている。

　チャーター概念を用いた先行研究には一定の蓄積があるものの、その多くは大学を卒業することで特定の職業に就くための特権を得られるような専門職養成学部や大学を対象としたものが中心で、人文社会系学部のように職業的レリバンスの低い学部や（丸山1980, 1981を除く）、序列・威信の低い学校・大学を対象とした研究は少ない。

　威信の低い学校を対象とした数少ない研究としては、高校の教育困難校における教育実践を分析した古賀（2001）がある。古賀は、学校に対して外部社会から付与されたレッテルを「負のチャーター」として捉え、それが学校内部の世界を規定していたことを明らかにしている。また、大学を対象とした研究としては、Deil-Amen & Rosenbaum（2004）がある。Deil-Amen & Rosenbaumは7つの公立コミュニティ・カレッジと7つの私立職業大学に対する質的調査を行い、職業大学がどのようにして「地域のための職業大学」というチャーターを形成・維持し、準学士を付与する教育機関としての地位を高

めようとしていたのかを検討している。アメリカにおけるコミュニティ・カレッジと職業大学は、共に2年制の大学であり、社会階層や学力の低い学生が多く、学士号よりも低い準学士号しか授与できないという点において、伝統的な4年制大学よりも威信が低い。さらに私立の職業大学は、公立のコミュニティ・カレッジよりも大学規模が小さく、提供できるカリキュラムも少ないうえに、授業料が割高であるという点において、より不利な状況にある。にもかかわらず、調査対象とした7つの職業大学では、スキルの向上が見込まれる安定した職に卒業生を斡旋し、卒業生の職業地位向上に貢献していた。

　それができたのは、準学士号を授与する職業大学というチャーターに加えて、地域の企業に有能な学生を輩出する大学というチャーターを新たに形成していたからだとDeil-Amen & Rosenbaum（2004）は主張する。調査対象とした職業大学は特定の職種に対する供給機関としてのチャーターを獲得するために、雇用主と関わる機会を頻繁に設けて企業側のニーズを捉えると共に、雇用主が卒業生に期待するようなスキルを習得できるようなカリキュラムを開発し、学生に提供していた。また、企業の人材需要に対して即座に適切な人材を供給できるような就職斡旋の仕組みを学内に作っていたのである。他方、比較対象としたコミュニティ・カレッジは、学位授与を主な責務と考え、職業大学が行っているような取り組みを行う必要はないと信じていた。コミュニティ・カレッジは伝統的な大学に比べて社会的威信が低いにもかかわらず、伝統的な大学と同じようなチャーターを持っているかのように振る舞い続けていたのである。

　その結果、コミュニティ・カレッジは存在価値を高めることにも、学生の社会化にも失敗していた。コミュニティ・カレッジが維持・形成しようとしていたチャーターは、社会が認識しているチャーターとは一致していなかったため、学生に対してインパクトを与えることができなかったのだとDeil-Amen & Rosenbaum（2004）は考察している。

　Meyerほか（訳書2015）もまた、コミュニティ・カレッジが卒業生に対してポジティブな効果をあまり与えないと述べているが、それはコミュニティ・カレッジが認識しているチャーターと、社会・学生が認識しているチャーター

にずれがあるからだという可能性がある。伝統的な大学と同じようなチャーターを持っていない大学が、伝統的チャーターを持っているかのように振る舞うことは、大学の存在価値を高めることにも学生の社会化にも失敗することにもつながってしまう。他方、Deil-Amen & Rosenbaum（2004）が対象とした職業大学では、チャーターの範囲内で大学独自の強みを強調し、従来とは異なる新たなチャーターを形成しようとしていた。

　ここで重要な点は、新たにチャーターを形成しようとする際にも、社会が認識しているチャーターを完全には無視できないということである。大学が望ましくないチャーターを社会から付与されたとしても、それを完全に変えることは難しいのである。もちろん、威信の高い学校でもチャーターを維持するための取り組みは行われている（例えば、大学ではなく高校についての言及ではあるが、名門ボーディングスクールにおけるチャーター維持のための取り組みを明らかにしたPersell & Cookson 1985など）。しかし、望ましいチャーターを有していない大学が新たなチャーターを作る方が、望ましいチャーターを維持するよりも困難であると考えられる。新たなチャーターは、大学に対する社会の認識から大きく外れない範囲内でありながら、大学に付加価値をもたらすものでなければならないからである。既存のチャーターを維持することよりも、変えることの方が困難であると考えられる。

　このように、職業的レリバンスの低い学部や、序列・威信の低い大学を対象とした研究はわずかに存在する。また、丸山（1980、1981）は入試難易度の高低でチャーターの影響の強さは異なることを明らかにしている。しかし、影響の強さが異なる理由や、学生がチャーターを内面化するプロセスについては充分に検討していない。さらに、Deil-Amen & Rosenbaum（2004）の研究は威信の低いコミュニティ・カレッジと職業大学を扱っているが、どちらも2年制の大学であり、4年制の大学でも同様の結果が得られるのかどうかは分からない。威信の低い4年制大学では、コミュニティ・カレッジのように伝統的大学と同様のチャーターを採用するのか、職業大学のように新たなチャーターを形成することによって地位を高めようとしているのか、いずれにも該当しない新たな方法を用いているのかを明らかにする必要があるだろう。

4. 抵抗のストラテジー

　大学のチャーターや大学の文化は、教員や学生の社会化の方向性を規定する一方で、すべての教員や学生が大学の文化に適応するわけではない。社会化されない教員や学生も存在すると考えられる。具体的には、ボーダーフリー大学において従来型の大学教育を維持する教員や、ボーダーフリー大学における「学習面で優秀な学生」（葛城 2012）、就職が難しいと言われている大企業ホワイトカラー職の内定を得たボーダーフリー大学の学生などである。大学のチャーターや文化に抵抗することには困難をともなうと考えられるが、そのような中、抵抗を試みる教員や学生はいかなる葛藤を抱え、どのように対応しているのだろうか。本研究（第3部）では、ボーダーフリー大学において従来型の大学教員像を維持しようとする教員や、大学における典型的な進路に進まなかった学生に注目し、困難な状況における教員や学生の振る舞いを、ストラテジー概念を用いて分析する。

　ストラテジーとは「行為者がある制限された状況のなかで自己の目的や関心を最大限に実現していくための戦略」と定義されており（稲垣 1992）、学校内部の教育過程を、教員や生徒の「主体性」をとりこんで捉えるのにたいへん都合の良い道具である（山本 1993）。日本においてストラテジー概念を用いた研究は、初等中等教員を主たる対象として行われてきた。教員のストラテジーとしては、（a）公的な教授目的に基づいて教授＝学習過程をスムースに展開させていくためのもの（稲垣 1992）、（b）教員が直面する様々な状況やジレンマに対処し、切り抜けながら自己を防衛し生き残っていくためのもの（稲垣 1992）、（c）理想の教育を実現するためのもの（Denscombe 1985）、などが挙げられている。Woods（1979）は、教員の振る舞いには授業を成立させるためという側面（a）だけではなく、教員自身が困難な状況の中で生き残るためという側面（b）もあることを明らかにし、（b）の側面を「サバイバル・ストラテジー」と名づけている。Denscombe（1985）は、教員がどのようなストラテジーを用いるのかは、個々の教員が抱く教育上の信念によって異なって

おり、教員が抱く理想の教育を実現するという側面（c）もあると述べている。これをもとに清水（1998）は、（c）の側面をペダゴジカル・ストラテジーと名づけ、小学校教員が自らの「理想の教育」を実現するために、どのように振る舞い方を使い分けていたのかを明らかにしている。

　第2章で示した通り、ボーダーフリー大学における教員たちは、授業を成立させることすら困難な状況の中で、様々な方法を用いて学生の学習を促し、何とか授業を成立させようとしている。このようなボーダーフリー大学教員の振る舞いは、（a）（b）（c）のいずれかに該当するのだろうか。もしくは、初等中等教員とは異なる大学教員特有の新たなストラテジーが存在するのだろうか。

　これまでのボーダーフリー大学教員の対応に関する研究は、従来型の大学教育が成り立たない中で、教員がいかなる困難を抱え、どのように対応してきたのかを明らかにしてきた。しかし、それらの多くは初等中等教員が採用する対応・方法と類似したものであり、大学教員ならではとは言い難い。初等中等教員と大学教員では教員になるためのプロセスも専門性も異なる以上、初等中等教員とは異なる大学教員特有の困難や困難を乗り越えるためのストラテジーがあるのではないだろうか。

　大学教員特有の困難や困難への対応を明らかにするためには、初等中等学校との学習者の違いや、教員像の違いを念頭に置いて分析する必要がある。ストラテジー研究は主に初等中等教員を対象としてきたことから、当該概念を大学教員に適用することによって、初等中等教員と大学教員との違いを明確にし、大学教員特有のストラテジーを明らかにできると考えられる。またストラテジー概念は、困難への対応の背景にある教員の意図を検討する際の分析枠組みになることから、授業実践の基盤となる大学教員の価値観、規範を考察するうえでも適していると考えられる。

　教員のストラテジーだけではなく、生徒のストラテジーを明らかにした研究もある。Woods（1980）は生徒のストラテジーを交渉と捉え、交渉の内容を次のように類型化している。①教員の目標に全力で取り組む"hard work"、②完全なコミットメントの欠如といかなる交渉も拒否する"work avoidance"（仕事の回避）、①と②の間にある③お互いの意志に基づいて歩み

寄る"open negotiation"（開かれた交渉）と、④それぞれが嫌々ながらも強制された場合にのみ譲歩する"closed negotiation"（閉じられた交渉）である。山本（1993）は生徒のストラテジーとして、みんなで何かを要求する、ボーッとしたりいねむりをしたりする（退行）、表面上は従いながらも仲間同士で舌を出す（面従腹背）を挙げている。高木（1995）は、教育実習生が生徒たちのストラテジーによって翻弄される様子を、授業観察に基づいて描いている。具体的には、生徒たちは教員をあだ名で呼ぶこと（「よっちゃん！」）をきっかけに生じた授業の隙間を出発点として、連鎖的に授業の隙間に侵入し（「先生何歳ですか？」「先生、男？」「先生、あの落書き…」）、その結果として教育実習生が授業に対するコントロールを失っていた（「ちょっと、ほんとに静かにしてください」）というものである。このような生徒の振る舞いは、授業における主導権を握るためのストラテジーであったといえるだろう。

　また、知念（2012）は教育困難校における〈ヤンチャな子ら〉の学校経験をストラテジーという枠組みで分析することにより、①ストラテジーの背景にある＜ヤンチャな子ら＞が抱える葛藤、②彼らが用いたストラテジー、③ストラテジーの効果を明らかにしている。具体的には、①反学校文化を内面化している＜ヤンチャな子ら＞は、家庭の文化に依拠して学校文化を異化しつつも、親たちの人生に自らの人生を重ね合わせず、高卒資格の意義を認めていた。②彼らは「時間と空間のコントロール」「非対称な関係性の組み替え」「学校の意味世界の変換」というコーピング・ストラテジーを編み出していた。それに対して教員たちは「時間と空間の再コントロール」「組み替えられた関係性の資源化」「生徒の意味世界の取り込み」というペタゴジカル・ストラテジーによって、彼らを教育活動に巻き込んでいた。③教員たちのストラテジーにより、〈ヤンチャな子ら〉は教員を肯定的に評価しており、その評価は登校継続に積極的な影響を与えていたのである。知念は生徒のストラテジーだけではなく、生徒のストラテジーに対する教員のストラテジーまで明らかにしているという点において興味深い。

　ストラテジー概念を用いて分析されているわけではないが、Willis（訳書1996）が描いた＜野郎ども＞（反学校文化を有する生徒）が、授業を抜け出

したり、教育技法を漫画化したり、調子はずれの歌声で斉唱を台無しにしたりすることによって「学校の日常を時間的・空間的に侵蝕」(p.135) していたこともまた、生徒のストラテジーと見なすことができるだろう。

このように、生徒のストラテジーを扱った研究は、初等中等学校の生徒を扱った研究が中心であり、大学生のストラテジーを扱った研究は管見の限りない。さらに、生徒のストラテジーは、教員のコントロールから自らを守り、自身の目的を遂行するために用いられることが多いと言われている（稲垣1992）。しかし、大学生の場合、教員が学生をコントロールするとは考えにくい。大学生は「独自の判断をすることのできる成人」（金子2007）であることを踏まえれば、成人を教員がコントロールすることは難しいからである。また、大学は義務教育ではない。仮に教員のコントロールが嫌なのであれば、ストラテジーを使うまでもなく、退学するという選択肢もあるだろう。それでは、大学生にストラテジーは必要ないのだろうか。ストラテジーが必要だとすれば、その対象は何であり、初等中等学校における生徒が採用するストラテジーとはどのように異なるのだろうか。

5. 小　　　括

本章では本研究の分析枠組みとして、大学における社会化研究、予期的社会化とチャーター研究、ストラテジー研究を概観してきた。第1節では、初等中等教育とは異なる大学における社会化の特徴として、これまでの社会化を考慮する必要があること、所属する大学によって異なる学生文化が形成され異なる社会化がなされること、学内外の様々な要因が学生の社会化に影響を及ぼすこと、職業社会に向けた予期的社会化がなされることを述べた。第2節では、大学の予期的社会化と、予期的社会化に影響を及ぼす要因として、大学・学部の専門教育や大学の序列に基づく大学のチャーターがあり、社会化の方向性を規定することを示した。第3節では、学校内部の教育過程を、教員や生徒の「主体性」をとりこみながら捉えられる概念としてストラテジー概念があること、ストラテジー概念を用いた研究は主に初等中等教育の教員や生徒を対象とする

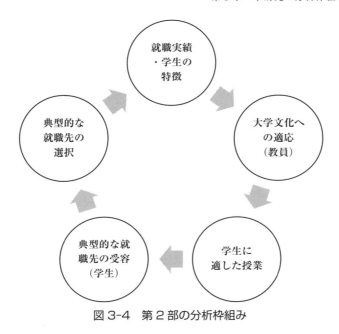

図3-4　第2部の分析枠組み

ことが多いが、大学教員や学生に適用することによって、初等中等教員や生徒のストラテジーとは異なる新たな知見が得られる可能性があることを述べた。

　これらの先行研究を踏まえて、第2部ではキャリア教育を通じた偏差値序列への適応のプロセスを図3-4と仮定する。就職実績や学生の特徴などによって構成される大学の文化は、教員がそれらを当然のものとして受け入れることによって（大学文化への適応）、キャリア教育科目の授業内容や授業方法に影響を及ぼす。キャリア教育科目の授業を通じて学生は、大学における典型的な就職先や価値ある知識を妥当なものとして受け入れることが、学生の偏差値序列への適応につながるというものである。

　しかしその一方で、すべての教員や学生が偏差値序列や大学の文化に適応するわけではない。第3部では、偏差値序列や大学文化を受け入れない／適応しない学生や教員が、いかなる葛藤を抱え、どのように対応しているのか、その結果何がもたらされたのかという抵抗の側面を、ストラテジー概念を用いて分

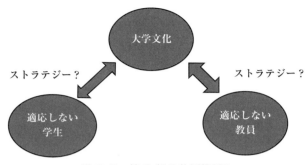

図3-5　第3部の分析枠組み

析する（図3-5）。本研究では、大学文化に適応しない学生や教員を、＜適応できない＞学生や教員として描くのではなく、ストラテジーを用いて＜抵抗する＞という、主体的な存在として分析する。これにより、社会化の新たな側面を示すとともに、偏差値序列を乗り越えるキャリア教育のあり方について検討したい。

第4章

調査の方法と概要

　本書の目的は、偏差値序列への適応のプロセスと、抵抗のストラテジーを明らかにすることである。そのために、キャリア教育科目を担当している教員と学生に対するインタビュー調査、授業観察・フィールドワークを行い、大学の序列によって教員・学生の認識、授業実践にいかなる違いがあるのかを分析する。

　本章では、調査の概要としてまず、大学の序列と企業の序列の捉え方を述べ（第1節）、次に調査対象とする大学の所在地・学部・授業の特徴を示す（第2節）。さらに、教員インタビュー対象者の概要（第3節）、学生インタビュー対象者の概要（第4節）、授業観察・フィールドワークの概要（第5節）を述べる。

1. 大学の序列と企業の序列の捉え方

　本節では、本研究における大学の序列と就職の序列の捉え方について述べる。まず、大学の序列は偏差値に基づく入試難易度で捉える。日本では、大手学習塾が示す偏差値によってあらゆる大学が微細に序列化されている（竹内2016）。偏差値によって、大学の威信や名声といった曖昧なものが、数値として可視化され、大学全体における序列が示されるのである。加えて、偏差値は大学入試時に影響を及ぼすだけではない。偏差値に基づく大学の威信は、大学における学生文化や（武内2008）、就職に大きな影響を及ぼす（豊永2023）。

そこで本研究では、偏差値の高低で大学の序列を捉えることとする。

各大学の偏差値は、調査設計時（2016年）に旺文社のパスナビウェブサイトを参照した。大学の分類基準は小杉編（2007）を参考に、偏差値57以上を入試難易度高、偏差値56-48を入試難易度中、偏差値47以下を入試難易度低としている。小杉編（2007）では偏差値45以下を入試難易度低に分類しているが、同様の基準を採用すると十分な研究参加者が確保できなかったため、本研究では偏差値47以下を入試難易度低とした。

次に、就職の序列は企業規模と採用区分で捉える。企業規模は中小企業基本法第2条で定められた企業規模に従って、中小企業か大企業かを判断する（表4-1参照）。採用区分は総合職なのか否か（販売/サービス職/一般職という特定の職種に就くことを前提とした採用区分なのか）に注目する。総合職とは、管理職・専門職へのキャリア展望が可能な職種への配属を前提とした採用区分であり、販売やサービス職は管理職・専門職へのキャリア展開が期待できない採用区分だといわれている（居神 2015）。また、一般職は総合職のサポート業務がメインであり、総合職に比べて給与が低く設定されている場合が多い（マイナビウェブサイト）。よって本研究では、大企業・総合職への就職を序列の高い就職、中小企業・販売/サービス職/一般職への就職を序列の低い就職として扱う。

表4-1　中小企業の範囲

業種	中小企業者（下記のいずれかを満たすこと）		小規模企業者
	資本金の額または出資の総額	常時使用する従業員の数	常時使用する従業員の数
①製造業、建設業、運輸業、その他（②～④除く）	3億円以下	300人以下	20人以下
②卸売業	1億円以下	100人以下	5人以下
③サービス業	5000万円以下	100人以下	5人以下
④小売業	5000万円以下	50人以下	5人以下

（中小企業庁ホームページより抜粋）

2. 分析対象とする大学の所在地・学部・授業

調査対象とする地域はI県である。県内には50以上の国公立大学、私立大学が所在しており、偏差値に基づく序列が成立している。また、県のウェブサイトによると、I県は工業、商業、農業、水産業がバランスよく盛んな地域であり、県内総生産額及び人口は全国でも上位に位置づく。つまり、I県では学生が複数の選択肢の中から自分の希望や能力に合わせて大学進学先や就職先を選択することが可能であり、かつ、大学や就職先には序列が成立しているといえる。

調査対象学部は文系学部（人文社会系）に限定する。文系学部には、心理・教育・経営・法律・経済・商・人文などの多様な学部系統があるが、一部の専門職の養成を主たる目的とする課程を除いては、所属する学部・研究科と、職業選択が対応しているわけではない（柴田 2007）。さらに、キャリア教育はどの学部・研究科に所属している学生に対しても共通に開かれるべきものであり、その内容も共通的なものを多く含むと言われている（柴田 2007）。よって、学部や学科の違いがキャリア教育科目の内容に及ぼす影響は少ないと考えられるため、文系と一括りにして大学の序列による違いを分析することにする。

調査対象を文系学部に限定する理由は三つある。第一に、文系学部ではキャリア教育科目に対する期待は大きいと考えられるからである。文系学部は理系学部に比べて専門教育の職業的レリバンスが低く（本田 2004）、従来と変わらない専門教育を行うだけでは、専門教育を通じたキャリア教育を期待することは難しい。よって、専門教育にキャリア教育的要素を意図的に取り込むか、正課外教育やキャリア教育科目を通じてキャリア教育を行う必要があり、文系学部に対するキャリア教育科目への期待は理系学部よりも大きいと考えられる。第二に、理系学部の場合、大学院に進学する者が多いため、学部卒であることの意味が文系学部の学生とは異なる可能性がある。第三に、理系は職業的レリバンスが高いため、学生は企業規模や職種に基づく序列よりも、大学での研究内容と職務内容の一致を重視し、研究室のネットワークを利用して就職すると

考えられる。つまり、大学の序列よりも研究内容が就職に影響を及ぼしている可能性がある。本研究が注目するのは、大学における序列の効果であって、専門領域による就職先の違いではない。よって、I県内の文系学部に対象を絞って調査を行った（ただし、全学共通科目としてキャリア教育科目を開講している場合はこの限りではない）。

さらに、キャリア教育科目の中でも3年生を対象とした授業を主たる調査対象とする。キャリア教育科目の内容は学年によって異なり、低学年では大学の時間割やスタディスキルの習得といった大学への適応を目的とする初年次教育のようなキャリア教育も行われている（松高 2004）。そのようなキャリア教育科目と、就職活動を間近に控えた時期のキャリア教育科目では目的が異なる。また、大学における社会化の影響を考慮するためには、一定期間、学生が大学生活を経験している必要がある。よって、3年次の授業を対象とすることが妥当であると判断した。

3. 教員インタビュー

教員インタビューは、キャリア教育科目を担当している教員を中心に、計15名に対して行った。その後、入試難易度中位の大学に所属する教員と、理系の大学に所属する教員のデータ（4名）を除き、偏差値57以上の大学で文系学部に所属する教員5名と、偏差値47以下の大学で文系学部に所属する教員5名、就職支援企業に所属し、複数の大学で授業を担っている教員1名、合計11名のデータを分析の対象とした。調査時間は1回当たり1時間から2時間である。一部の教員に対しては、複数回のフォローアップ調査を行っている。研究参加者は、筆者が所属するキャリアコンサルタントの勉強会で知り合った教員や、知り合いの大学教員に直接依頼したり、研究参加者から教員を紹介してもらったりする方法で集めた。なお、調査依頼時に大学の序列の高低に着目した分析を行うことについては伝えていない。大学の序列に着目することを伝えると、教員の発言に影響が出てしまう可能性があると考えたからである。

表4-2は、研究参加者の概要として教員ID、所属大学、所属学部、学部偏差値、教員の専門性、調査実施日、本書においてデータを使用した部（分析部）を記している。ID欄のHTは入試難易度高の大学に所属する教員であることを、LTは入試難易度低の大学に所属する教員であることを、CTは就職支援企業に属する教員であることを示している。所属学部は対象者の属性が特定されないように、学問系統で記した。特定の学部ではなく全学のキャリア教育科目を対象とする授業を担当している場合、偏差値は記していない。ただし、教員の所属する大学全体の平均偏差値に基づいてHかLかを分類した。BFはボーダーフリー大学であることを示している。修士課程／博士課程を経た教員については、専門性として学位取得領域を記し、実務家教員については実務経験と記している。

表4-2　教員インタビューの概要

ID	教員の所属	所属学部	偏差値	専門性	調査実施日	分析部
HT1	国立A大学	教育系	60	実務経験	2018/8/24	第2部
HT2	国立A大学	心理系	60	心理学	2018/9/19	第2・3部
HT3	国立A大学	全学	-	医学	2016/12/10	第2部
HT4	私立B大学	人文系	57	心理学	2018/6/28	第2部
HT5	私立B大学	人文系	57	心理学	2018/6/28	第2部
LT1	私立X大学	経営系	BF※	経営学	2017/3/17～2021/3/15	第2・3部
LT2	私立Y大学	経営系	BF※	実務経験	2016/11/24～2021/2/25	第2・3部
LT3	私立Z大学	商学系	47	教育	2017/3/15	第2部
LT4	私立Y大学	経営系	BF※	経済学＋実務経験	2019/11/28	第3部
LT5	私立X大学	スポーツ系	BF※	教育学	2018/12/12	第2部
CT	就職支援企業	-	-	就職支援	2018/1/17	第2部

※　BF＝ボーダーフリー

4. 学生インタビュー

本研究では、①就職活動を経験した4年生計18名（偏差値57以上：9名、偏差値47以下：9名）、②事例研究を行ったX大学キャリア教育科目の履修生計11名、③ボーダーフリー大学から大企業総合職という非典型的な進路に進んだ学生と卒業生計5名の語りを分析の対象とした。インタビューでは、学生の許可を得たうえでICレコーダーに録音し、逐語記録を作成している。なお、調査依頼時に大学の序列の高低に着目した分析を行うことについては伝えていない。大学の序列に着目することを伝えると、学生の発言に影響が出る可能性があると考えられるからである。以下に、研究参加者と調査の概要を示す。

4-1　就職活動を経験した4年生（第2部）

大学でキャリア教育科目を履修し、就職活動を経験した4年生23名に対してインタビュー調査を行った。その後、偏差値が48から56の大学に属する学生と、理系学部に属する学生のデータ5名分を除き、偏差値57以上の大学で文系学部に所属する学生9名と、偏差値47以下の大学で文系学部に所属する学生9名から得られたデータ（計18名分）を分析の対象とした。ただし、履修しなかった理由を検討するために、キャリア教育科目をあえて履修しなかった偏差値57以上の大学に所属する学生1名と、偏差値47以下の大学に所属する学生1名のデータも含んでいる。調査時間は一人当たり90分から120分である。

表4-3は、研究参加者の概要として、大学設置者（国立／公立／私立）、所属学部（ただし、個人の所属が特定されないように、学問系統で表記）、偏差値、調査日、就職内定先企業の企業規模、業種、職種を記したものである。ID欄のHSは偏差値57以上の大学に所属する学生であることを、LSは偏差値47以下の大学に所属する学生であることを示している。研究参加者は、筆者が参加していた就職支援ボランティアや、知り合いの学生に直接依頼する、もしくは、回答者から該当する知人を紹介してもらう方法で集めた。

表 4-3 学生インタビューの概要

ID	設置者	学部	偏差値	調査日	就職内定先
HS1	国立	心理系	60	2018/6/19	中小企業・通信放送業・総合職
HS2	国立	教育系	60	2018/7/12	大企業・情報通信業・総合職 →内定辞退、大学院に進学
HS3	国立	教育系	60	2018/7/19	大企業・製造業・総合職
HS4	国立	教育系	60	2018/7/25	大企業・教育出版業・総合職
HS5	国立	心理系	60	2018/8/22	大企業・教育支援業・チューター
HS6	公立	経営系	60	2018/8/16	大企業・製造業・総合職
HS7	私立	法律系	57	2017/7/30	大企業・情報通信業・総合職
HS8	国立	教育系	60	2018/1/13	大企業・製造業・総合職
HS9	私立	人文系	57	2018/9/6	大企業・金融業・総合職
LS1	私立	経営系	45	2016/10/18	大企業・金融業・総合職
LS2	私立	商学系	47	2016/11/25	大企業・自動車卸売業・営業
LS3	私立	法律系	45	2016/10/28	大企業・物流業・営業
LS4	私立	人文系	47	2016/11/4	大企業・製造業・一般職
LS5	私立	人文系	47	2016/10/19	大企業・外資系航空業・CA
LS6	私立	経営系	BF※	2018/7/30	大企業・自動車賃貸業・営業
LS7	私立	経営系	BF※	2018/7/30	大企業・自動車卸売業・営業
LS8	私立	人文系	47	2017/2/6	大企業・都市銀行・一般職
LS9	私立	人文系	47	2017/2/6	大企業・航空業・CA

※ BF＝ボーダーフリー

4-2 X大学キャリア教育科目の受講生（第3部）

　授業観察を行ったX大学のキャリア教育科目履修生（3年生）9名に対してインタビュー調査を行った。表4-4は受講生の概要をまとめたものである。表内には、ID、学年、性別、受講者に関する補足情報を記述している。研究参加者は、第15回目の授業に出席していた学生に対して、授業中に出された課題が終わった後、インタビューに協力しても良い学生を授業開始後に募った。その結果、11名の学生がインタビューに応じている。学生に授業中の課題終了後、同教室の後方に来てもらい、インタビューを順次行った。一人当たりのインタビュー時間は約15分である。

　また、就職活動に対するキャリア教育科目の効果を確認するために、前年度

表 4-4　X大学キャリア教育科目受講生インタビューの概要

ID	学年	補足
受講生①	3年	
受講生②	3年	
受講生③	3年	学内の公務員講座受講者／真面目な受講態度
受講生④	3年	授業を欠席することが多い
受講生⑤	3年	学内の公務員講座受講者／真面目な受講態度
受講生⑥	3年	授業を遅刻・欠席することが多い
受講生⑦	3年	
受講生⑧	3年	
受講生⑨	3年	学内の公務員講座受講者
受講生⑩	4年	就職活動を終えた前年度受講生
受講生⑪	4年	就職活動を終えた前年度受講生

に同キャリア教育科目を履修し、就職活動を終えた4年生2名に対してもインタビューを行った。この2名は、教員LT1の紹介による。

4-3　非典型的な進路に進んだ学生・卒業生（第3部）

　ボーダーフリー大学から大企業総合職や公務員という非典型的な進路に進んだ学生・卒業生を対象にインタビュー調査を行った。調査時間は一人当たり1時間から3時間である。表4-5は、非典型学生に対するインタビューの概要をまとめたものである。左から順に、学生のID、所属学部、大学の偏差値、調査日、就職内定先企業の企業規模、業界、採用区分を記している。研究参加者はボーダーフリー大学の教員LT1と教員LT2の紹介に基づく。教員には「大企業総合職や公務員など、大学において非典型的な就職をした／内定を得た卒業生・学生」の紹介を依頼した。

第 4 章　調査の方法と概要　*61*

表 4-5　学生インタビュー（非典型就職学生）の概要

ID	所属学部	偏差値	調査日	就職内定先
LS10	経営系	BF※	2021/3/8	大企業・住宅産業・総合職
LS11	経営系	BF※	2021/3/9	大企業・物流・総合職
LS12	経営系	BF※	2021/3/11	地方公務員（政令指定都市）・行政一般職
LS13	経営系	BF※	2019/11/10	大企業・情報通信業・総合職
LS14	経営系	BF※	2021/2/18	大企業・信用金庫・総合職

※ BF＝ボーダーフリー

5. 授業観察・フィールドワーク

　I県内に所在する2大学（入試難易度の高いA大学と、ボーダーフリー大学とされるX大学）において、キャリア教育科目の授業観察・フィールドワークを行った。調査の際には、学生に対する教員の認識がキャリア教育科目の授業実践にどのように表出しているのか、学生の受講態度は入試難易度の高低によっていかに異なるのかに注目した。授業観察・フィールドワークでは、授業終了後に教員や受講者に対するインタビューや、授業終了後に学生が記述するコメント（リアクションペーパー）も参照している。表4-6は分析の対象とした大学の設置者、偏差値（2016年時点）、学部、科目の位置づけ、選択科目か必修科目か、担当教員の属性、受講者数を記したものである。

表 4-6　観察対象授業概要

大学	A大学	X大学
設置者	国立	私立
偏差値	60	ボーダーフリーから37.5
学部	人間発達系	経営系
科目の位置づけ	専門科目	全学共通科目（ただし学部別に受講）
選択・必修	選択科目	選択科目（ただしあらかじめ時間割に組み込まれている）
授業担当教員の属性	実務家教員／アカデミック教員（教育学・心理学）	アカデミック教員（経営学）
受講者数	73名	60名

第2部
偏差値序列への適応のプロセス

　第2部（第5章から第8章）では、本研究の一つ目の問いである(1)キャリア教育はいかなるプロセスを通じて学生を大学の序列と対応した進路へと水路づけていく（適応させる）のか、を検討する。そのために、以下四つの分析課題を設定する。

　第一に、大学の入試難易度の高低により、大学教員の学生に対する認識や授業実践上の工夫や配慮、大学における典型的な就職先はどのように異なるのか、である。大学におけるキャリア教育の具体的な内容は、政策によって定められていない。よって、担当教員のキャリア教育に対する考え方や、学生に対する認識が授業内容に影響を及ぼす。つまり、教員のキャリア観や学生観は授業内容を決定づける重要な要因となる。しかし、先行研究では教員のキャリア観や学生観が、入試難易度の高低によってどのように異なるのかについては明らかにされていない。そこで、第5章では入試難易度の高い大学と低い大学に所属する教員に対してインタビュー調査を行い、認識の違いを明らかにする。

　第二に、教員の認識は授業においてどのように現れているのか、である。教員の認識が違っても、実際に授業に反映されなければ学生に影響を及ぼすことはない。また、教員の認識と授業実践には違いがあ

る可能性もある。そこで、第6章では入試難易度の高い大学と低い大学における実際のキャリア教育科目の授業を観察し、教員の認識がどのように授業に表出しているのかを確認する。

　第三に、キャリア教育科目に対する学生のニーズや評価は入試難易度の高低によってどのように異なるのか、である。先行研究によると、入試難易度の高低によって学生の学習観や大学教育に対するニーズは異なる。だとすれば、学生が肯定的に評価するキャリア教育科目の内容やキャリア教育科目に対するニーズも異なる可能性がある。そこで、第7章では学生に対するインタビュー調査を通じてこの問いに答える。

　第四に、学生はどのようなプロセスを経て大学にふさわしい進路を受け入れるのか、学生の進路選択に影響を及ぼす要因は入試難易度の高低によって異なるのか、である。第8章では学生インタビューの結果をもとにこの問いを検討する。

　これら四つの分析課題に取り組むことを通じて、キャリア教育が学生を大学の序列と対応した進路へと水路づけていく（適応させる）プロセスを明らかにする。

第5章

教員の学生に対する認識と授業実践上の工夫・配慮

1. はじめに

　キャリア教育科目は伝統的な科目とは異なり、科目固有のディシプリンは存在しておらず（宮田 2020）、多様な背景を持つ教員が授業を担当している（三菱UFJリサーチ＆コンサルティング 2011, 渡邊 2017, 白井 2017）。このような特徴を持つキャリア教育科目では、教員の認識が授業実践に大きな影響を及ぼす。キャリア教育科目担当教員に対するインタビュー調査を行った宮田（2020）は、授業が教員の過去の経験から培われたキャリア論や、学生に対する認識といった教員独自の＜自分の物差し＞を基盤として行われていたことを明らかにしている。しかし、教員の＜自分の物差し＞が大学の序列によってどのように異なるのかについては検討されていない。本章では、学生に対する教員の認識や、必要と考える教育の内容が序列の高低によってどのように異なるのかを明らかにする。

2. 調査概要

　偏差値57以上の大学に所属する教員と、偏差値47以下の大学に所属する教員、複数の大学で授業を担っている就職支援企業に所属する教員に対して、一人当たり90分から120分の半構造化インタビューを行った。

表5 教員インタビューの概要

ID	教員の所属	所属学部	偏差値	専門	調査実施日	授業観察
HT1	国立A大学	教育系	60	実務経験	2018/8/24	○
HT2	国立A大学	心理系	60	心理学	2018/9/19	○
HT3	国立A大学	全学	-	医学	2016/12/10	○
HT4	私立B大学	人文系	57	心理学	2018/6/28	×
HT5	私立B大学	人文系	57	心理学	2018/6/28	○
LT1	私立X大学	経営系	BF※	経営学	2017/3/17～2021/3/15	○
LT2	私立Y大学	経営系	BF※	実務経験	2016/11/24～2021/2/25	×
LT3	私立Z大学	商学系	47	教育	2017/3/15	×
LT4	私立Y大学	経営系	BF※	経済	2019/11/28	×
LT5	私立X大学	スポーツ系	BF※	教育	2018/12/12	×
CT	就職支援企業	-	-	就職支援	2018/1/17	×

※ BF＝ボーダーフリー

　表5は教員インタビューの概要を示したものである。左から順に、教員ID、教員の所属大学、所属学部、学部偏差値、教員の専門、調査実施日、授業観察の有無について記載している。教員IDのHTは入試難易度の高い大学の教員であること、LTは入試難易度の低い大学の教員であること、CTは就職支援企業に所属する教員であることを示している。所属学部は教員の属性が特定されないように、学問系統で記した。偏差値のBFは、ボーダーフリーであることを示している。

　主な質問内容は、学生の特徴、学生の主な就職先、教育実践上の工夫や配慮である。なお、本章は主に教員インタビューに基づいているが、教員の発言を裏づけるために、筆者が観察した授業の様子を一部引用する。

3. 学生に対する教員の認識

　まずは、入試難易度の高低によって学生に対する教員の認識がどのように異なるのかを確認する。入試難易度の高い大学の教員は、学生のことを「教えや

すい」(教員HT1)、「全然気を遣わない」(教員HT2)、「真面目な学生が多い」(教員HT5)と語っていた。以下に教員HT5の語りを引用する(以後、引用文を四角で囲って示す。引用中の下線及び()の補語は筆者による)。

> 教員HT5：<u>真面目な学生が多い</u>ですね。
> 筆者：それはどんな時に思われますか？
> 教員HT5：<u>課題もしっかり</u>やってきたり、<u>授業中も静かに聞いて</u>たりとか。<u>テストのパフォーマンスも良かったり。話しててもしっかり考えているなって。</u>
> 　　　　　　　　　　　　　　(2018年6月28日 教員インタビュー逐語記録より)

　教員HT5は自大学の学生を「真面目な学生が多い」と評価している。それは、課題を「しっかり」やってくること、「授業中も静かに聞いている」こと、「テストのパフォーマンスも良」いこと、話していても「しっかり考えている」ことによる。この語りからは、学生の受講態度に満足している様子が窺える。

　次に教員HT2の語りを引用する。

> 教員HT2：<u>A大(入試難易度高)の学生は全然気を遣わない</u>。大体、(授業中に)<u>本を読ませることはしないし。読んで来てることが当たり前だと思っているし、自分で読んで理解ができるから。</u>それでいろんなエピソードを話してあげて、そこから<u>自分たちで獲得しなさいっていうやり方。</u>
> 　　　　　　　　　　　　　　(2018年9月19日 教員インタビュー逐語記録より)

　教員HT2にとって、学生が事前に課題文献を読んでくることは、「当たり前だと思っている」。また、自大学の学生であれば、自分で文献を読めば内容を理解できるため、授業で教員に求められることは「いろんなエピソードを話」すことによって、必要な知識を「自分たちで獲得」すればよいと思っている。このような教員の期待を自大学の学生は裏切らないことから、自大学の学生に対して「全然気を遣わない」と語っていた。このように、入試難易度の高い大学の教員からは、教えることや授業を成り立たせることに対する苦労は語られなかった。

他方、入試難易度の低い大学の教員からは、学生が学習に対して熱心でないこと、自己肯定感が低いこと、授業中に逸脱行為が横行しており、授業を成り立たせることすら困難であることが語られた。教員LT2によると、Y大学（ボーダーフリー大学）では学生の自己肯定感が非常に低く、勉強をしたいという理由で大学に入った学生はほとんどいない。高校で就職活動に失敗したため、親に勧められて大学に来たという学生や、大学は学問を修めるところではなく、「500万円を払って4年間の自由な時間を得て、大卒の肩書きをもらうところ」だと認識している学生もいるという。よって、学習に対する意欲は非常に低く、学習態度も良いとは言い難い。以下に、授業中の学生の態度に関する教員LT2の語りを引用する。

> 教員LT2：100人の教室で1/3は寝てる。あと残りの2/3のうちの1/3はスマホをいじっとる。で残りの1/3はただ起きてるだけ。で1/3は一応メモを取ってる。だから授業になると最前列にいるのは2、3人だわな。それだけが授業を聞く気があって、あと（の学生）は全然（ない）。
>
> 教員LT2：授業が成り立たない。一生懸命教えようと思って、（自分が）司法試験の勉強してた時のことをやってやろうと思ったら、授業を受けてるだけでポカンとしてる。初めは力んで、しっかりした労働法について「そもそも労働法の由来とは…」とか幅広くやってたけど、まったくない。
> 筆者：何が？
> 教員LT2：反応が。
>
> （2016年11月24日 教員インタビュー逐語記録より）

いわゆる旧帝大を卒業し、エリート企業で実務経験を積んできた教員LT2にとって、Y大学生の受講態度は驚くものであった。受講生100人のうち、真面目に授業を聞いているのは「2、3人」で、あとの学生はまったく授業を聞く気がない。また、学生に労働法を教えようと一生懸命準備して授業に望んでも「ポカンとして」まったく反応がないという。

このような大学はY大学だけではない。偏差値が低くなると、授業を行うこ

第5章　教員の学生に対する認識と授業実践上の工夫・配慮　69

と自体が難しくなってしまう。以下に、入試難易度の異なる複数の大学で授業を担当している教員CTの語りを引用する。

> 教員CT：単純にやっぱり偏差値を見て、授業をして。かつ、偏差値と学部とかですり合わせると大体出てくるんですよね、学生層っていうのが。（略）だいたい<u>30台の偏差値のところだと、本当に似たような学生が多くて</u>。（略）やっぱり<u>授業中にスマホいじったりとか</u>、<u>言うこと聞かないっていう状態</u>になってしまうので。かつ、男子が多い大学。X大学もそうだと思うんですけれども、それは（授業が）<u>荒れる</u>というか。
>
> （2018年1月17日 教員インタビュー逐語記録より）

教員CTによると、「学生層」は「偏差値と学部」によってある程度決まってくる。偏差値が「30台」で、「男子が多い大学」の場合、授業が「荒れる」という。この語りからは、X大学やY大学だけが特殊なのではなく、偏差値の低い大学ではよく見られる光景であることが示唆される。

入試難易度の低い大学の中でも、偏差値が47と比較的高いZ大学の教員からは、授業を成立させることの難しさが語られることはなかった。しかし、自己肯定感が低く、自信のない学生は多いという。以下に教員LT3の語りを引用する。

> 教員LT3：うちの大学の学生って、比較的、○○大学とか○○大学とか○○大学とかそういったところ（入試難易度中位の大学）<u>落ちて来たっていう学生が本当に、圧倒的に多い</u>んですよ。だから本当にそういう意味では、<u>最初の段階では「うちの大学に来るのもどうしよう」</u>だったりとか、「学生やりながらまた<u>来年（他の大学を）受け直そうか</u>」みたいな形だったりして、<u>モチベーションがめちゃめちゃ低い</u>んですよね。
>
> （2017年3月15日 教員インタビュー逐語記録より）

教員LT3によると、Z大学には入試難易度中位の大学を「落ちて」、不本意ながら入学した学生が「圧倒的に多い」という。よって、入学後初期は大学に来ることさえ迷っていたり、他大学を「受け直」すことも考えていたりする学

生がおり、学習や大学生活を送ることに対して「モチベーションがめちゃめちゃ低い」ことが語られた。第一志望入学者の多い大学と、不本意入学者の多い大学では学生のモチベーションの高さは異なるため、教員に求められる対応も異なることが推測される。

このように、入試難易度の高い大学の学生は、教員の期待通りの態度で授業に臨んでおり、教員からは授業を行うことに困難を感じていることは語られなかった一方で、入試難易度の低い大学では、学習意欲の低い学生や学力に問題を抱えた学生、自己肯定感の低い学生や自信のない学生が多いこと、偏差値の低い大学の中でもボーダーフリー大学の場合は授業を成立させることさえ難しいことが語られた。

4. 教育実践上の工夫や配慮

次に、授業中に行う工夫や配慮が入試難易度の高低によってどのように異なるのかを確認する。入試難易度の高い大学教員は、授業を成立させるためではなく、学生に考えさせるための工夫を行っている。例えば教員HT3は、学生に「あえて言わない」という戦略をとっていた。教員HT3が担当している授業は、学部2年生を主な対象とした全学共通科目のキャリア教育科目である。授業は大講義室で行われ、受講生は約200人と多い。授業では様々な業界や職種に就いているゲスト講師から話を聞くことを通して、学生たちに自分のキャリアについて考えさせることを目的としている。授業の展開としてはまず、教員HT3がゲスト講師を紹介し、次にゲスト講師が自分のキャリアについての話をする。最後に、学生がゲスト講師に対して質問をする時間が設けられている。

教員HT3が行っている学生に考えさせるための配慮とは、学生からゲスト講師に対しての質疑応答に関するものである。以下に、教員HT3の語りを引用する。

第 5 章　教員の学生に対する認識と授業実践上の工夫・配慮　71

> 教員 HT3：(学生からゲスト講師への) 質問も、ちょっと前までは結構私から聞いてたんですけど、聞かないで「うっ」と、「しん」と待つと (学生から質問が) 出るんです。なので、最近 (ゲスト) 講師の先生に申し訳ないけど。「しん」ってなるのは講師にとっては嫌じゃないですか。でも最初に言っておいて。「最初に『うっ』と待つと (学生から質問が) 出る事があるんです。だから待たせてもらいます」って言ってます。最近、「どうしても (質問が) なかったら聞こうかな」とか、「15 分 (質問が) なかったら聞こうかな」とか考えておきますけど。
>
> 教員 HT3：(教員が質問や答えを) 言うことで、(学生の感じたことや考えを) ずらしちゃう可能性がある。(略) 普通のシンポジウムだと座長が感想とか言っちゃうじゃないですか。それ (シンポジウム) は教育じゃないので、感想言ったり、ポイント言ったり、まとめたりを座長はしなければならない。でも (この授業は) 教育なので (それはやらない)。
>
> (2016 年 12 月 10 日 教員インタビュー逐語記録より)

　この授業は、受講生が 200 人と多いうえに、全学共通科目ですべての学部の学生が履修できることから、学生同士が初対面であることも多い。よって、大勢の中で手を挙げ、マイクを使ってゲスト講師に質問することは、学生にとって非常に心理的ハードルの高いことだと推測される。筆者はすべての授業 (15 回) を観察していたが、ゲスト講師に対する質問の時間になると、多くの学生が下を向いていた。教員 HT3 が「『しん』となるのは講師にとって嫌」だと述べていた通り、学生からの質問を待つ時間は筆者にとっても非常に長く感じられ、決して居心地の良いものではなかった。しかし、教員 HT3 は沈黙の中でじっと待つ。すると、学生が手を挙げて質問をする。それは授業を終わらせるための適当な質問ではなく、よく考えられた質問であることが多かった。例えば、日本からアメリカに移住し、コンサルティングビジネスを行っているゲスト講師に対して、次期大統領選挙では誰に投票するつもりか (移民不寛容政策と大型減税を掲げる実業家のトランプ氏か、他国との協調を掲げる元大統領夫人のクリントン氏か)、それはなぜか、などである。これは、日本か

らの移民でもあり、アメリカで成功したビジネスマンでもあるゲスト講師が、どちらの立場で大統領を選ぶのかを問う問題であったと考えられる。教員HT3が「講師の先生に申し訳ない」と思いながらも、黙って学生の質問を待つのは、待っていれば学生から質問が出ることを知っているからである。また、教員HT3は教員が「感想（を）言ったり、ポイント言ったり、まとめたり」することに対して慎重になっている。それは、教員HT3が本授業を「考えるきっかけ」を提供する場として認識していることが影響していると考えられる。授業に教員が介入しすぎることは、学生の考える機会を奪うことにつながると同時に、学生の感じたことや考えを「ずらしちゃう可能性がある」と考えているのである。教員HT3にとって授業は、教員が自分の考えを学生に教える場ではなく、学生自身がゲスト講師の話をもとに自分のキャリアを考える場であることが推測される。

　その他にも、複数の大学でキャリア教育を教えている教員CTからは、入試難易度の高い大学では個人的な意見ではなく客観的なデータを提示しながら話をしたり、学生に舐められないように低いトーンで話をしたりしていることが語られた。

　他方、入試難易度の低い大学の教員からは、授業を成り立たせるための工夫や、授業内容を理解させるための工夫が語られた。以下に、入試難易度の高い大学に所属しながら低い大学でも授業を担っていた教員HT2の語りを引用する。

> 教員HT2：（入試難易度の低い大学で）下手に当てて「ここ読んでみて」って言うと全部（漢字の読み方を）補助しないとダメ、みたいな子たちが（大学に）入ってきちゃったし。あと、「話し合いして」って言っても話し合いができないの。なので、私の色々なエピソードをしゃべってあげて「こんな感じだよね」みたいな感じで（話してあげる）。下手に話し合いさせると何が出てくるか分からないから
> （2018年9月19日 教員インタビュー逐語記録より）

　教員HT2は、入試難易度の低い大学の学生を、「全部補助しないとダメ、みたいな子たち」と評している。前述の通り、教員HT2にとって学生が事前

に課題文献を読んでくることは「当たり前」であり、自分で文献を読めば内容を理解できるという認識はこの大学では通用しない。文献を読み内容を理解する以前に、漢字を読むことさえ難しいのである。さらに、「話し合いができない」ため、教員が積極的に介入する必要がある。そうしなければ、「何が出てくるか分からない」という。学生は気を遣わなければならない存在なのである。

　また、入試難易度の高低で授業時間をどのように使うのかは異なり、授業時間以外の学習を前提として授業が行える大学とそうでない大学では、授業の速さや深さ、扱える情報量が異なる。教員CTによると、入試難易度の低い大学の場合、授業中に行うワークの時間を長めにとる必要があり（「入試難易度の高い大学では5分で終わる内容であっても、入試難易度の低い大学では15分必要」）、授業中に扱える情報量は入試難易度の高い大学の7割程度に留まるという。

　その他にも、入試難易度の低い大学では授業内容を厳選し、本当に必要なことのみに絞り込んで教えていることや（教員LT2）、複数の選択肢を与えると学生が混乱してしまうので、答えは一つに絞って教えていること（教員LT5）、本を読むのが苦手な学生も多いので、文字の少ない絵本や詩も含めて教材選択を行っていること（教員LT5）、自宅学習はやってこない学生が多いので、授業時間内に終わる課題を設定していること（教員LT2、教員LT5）が語られた。また、複数の大学でキャリア教育を教えている教員CTからは、入試難易度の低い大学における授業実践上の工夫として、授業を行う際には高めのトーンで話すこと、教員が話をしない時間を減らすこと、スクリーンを見る時間を増やすこと、授業の導入時に学生が共感できる話を盛り込むこと、危機感を煽ってしまうのでデータを多用しないことが語られた。これらは、教員CTが独自に見いだした方法ではなく、上司からの助言に基づく工夫だという。就職支援企業に所属する教員CTにとって、大学の信頼を得て次年度も大学で授業を行うためには、学生の満足度を高めるための取り組みが欠かせない。学生のニーズに合った授業を提供するために、組織レベルで授業改善に取り組んでいることが推測される。学生のニーズを把握するうえで、大学の偏差値は重要な指標となっているのである。

このように、入試難易度の高い大学では学生に考えさせるための配慮が行われていたのに対し、入試難易度の低い大学では授業を成立させ、授業内容を理解させるための配慮が行われていた。また、授業時間の使い方、課題や情報の出す量は、入試難易度の高低によって異なることが明らかになった。

5. 大学における典型的な就職先の認識

入試難易度の高い大学の教員は、学生の典型的な就職先を公務員や大企業だと認識していた。教員HT1や教員HT3はインタビュー中にいくつかの就職先を例示していたが、挙げられるのは大企業や公務員ばかりであり、中小企業名が出されることはなかった。以下に、教員HT1と教員HT3の語りを引用する。

> 教員HT1：どこの会社に行く、<u>T自動車に行くのかM銀行に行くのか</u>（と）いうのでも、まったく違う人生になりますしね。それからTに行けば、Tに行けば結婚相手もTに関係する人になるかもしれない。だから結局その人の人生を大きく変える場合があるし、どこに就職するのかということはすごく大きなことですね。
> 　　　　　　　　　　　　　　　（2018年8月24日 教員インタビュー逐語記録より）
>
> 教員HT3：日本の教育全部ではないですけど、大学がゴール的なところがあるから。なんとか大学に合格して終了っていう。もう一回行くとなんとか企業に、<u>T社とか、N市（役所）</u>とかに就職したら終了、みたいな。
> 　　　　　　　　　　　　　　　（2016年12月10日 教員インタビュー逐語記録より）

教員HT1や教員HT3は、複数の企業名・自治体名を挙げながら、就職先を選ぶことの重要性や、自大学生のゴールについて語っている。しかし、例として挙げられるのは「T自動車」や「M銀行」、「N市」などの大企業や市町村であり、中小企業が例として挙げられることはなかった。このことは、入試難易度の高い大学における典型的な就職先は大企業や公務員であることを示唆する。

就職先企業名だけではなく、学生が社会から期待されている役割についても以下のような語りがあった。

> 教員HT2：やっぱりA大の学生はリーダーシップを発揮していく。社会に出たら、好むと好まざるとにかかわらずリーダーシップを発揮していくということになるので。当然、能力的にも期待される。
>
> （2018年9月19日 教員インタビュー逐語記録より）

教員HT2は学生の具体的な就職先を挙げているわけではないが、当該地域において最も序列の高い大学に位置づくA大学の学生は、「リーダーシップを発揮していく」ことが社会から「期待されている」と認識している。さらに、リーダーシップを発揮することは、本人の意志ではなく、社会からの期待、要請なのである。入試難易度の高い大学の教員からは、具体的な職種について言及されることはなかったが、「リーダーシップを発揮していく」ことが期待されているという教員HT2の語りを踏まえれば、将来的には管理職に就くことが期待されるホワイトカラー職に就くことが想定されていると考えられる。

教員だけではなく学生もまた、大学の序列を認識しているという。以下に教員HT4の語りを引用する。

> 教員HT4：特にうちの大学っていうのは、ある種、無難な線を選ぶから。この地域の特性というか、学力レベルとの対応。（略）「A大（に）行きたかったけど、ちょっと無理かなと思って、B大を第一志望にしました」っていう人が多い。（略）悪い方ではない。でも一番上ではない。でも一番上に行くほどの勉強はしたくない、みたいな。とてもバランスが良い。そういう意味でなんか（既定）路線に乗るっていうか、あんまり道からはみ出せない。
>
> （2018年6月28日 教員インタビュー逐語記録より）

教員HT4によると、B大学の偏差値は決して低くはないものの、地域でトップの大学というわけではない。このことを学生自身はよく認識しているため、応募する際にはいわゆる序列の高い企業を積極的には選ばない。よって、大学における既定「路線に乗」り、「道からはみ出せない」。つまり、典型的な

就職先を選ぶ。大学の序列と就職先の序列の対応は、企業による選抜の結果だけではなく、学生が「無難な線を選ぶ」ことによっても維持されていることが語られた。

他方、入試難易度の低い大学では、中小企業・営業・販売・サービス職が学生の典型的な就職先として挙げられた。以下に、X大学における具体的な就職先に関する語りを引用する。

> 教員LT1：営業ですね。業種は製造系が多くはなりますかね。(略)中小企業、郵便局の保険、商社、女子だと製造の事務だったかな。後は情報系か、IT系。ちょっとブラックっぽいね。(略)サービス・小売とか。就職関係ではもう少し金融とか増やしていきたいねって言ってるんですが、あんまり(学生からの)希望がないですね。(就職希望先が)固くて嫌だなと思うんですけど、(金融は)あんまり人気ないです。
>
> (2017年3月17日 教員インタビュー逐語記録より)

教員LT1によると、X大学における典型的な就職先は、「営業」「サービス業」であり、業種としては「製造」「商社」「情報」「小売」などが多い。大学としては金融業への就職を増やしたいと思っているが、学生からの人気はないという。

X大学だけではなく、Y大学でも中小企業・営業・販売・サービス職が典型的な就職先として認識されている。教員LT2によると、Y大学の学生は「大企業は受けずに中小企業を受ける。(大企業に)チャレンジをする気もない」という。また、Y大学の具体的な就職先として、「普通の飲食店」「不動産屋」「食品工場」「アミューズメント（パチンコ店）」「介護」「警備」などが挙げられた。事務系に就職する学生もいるが、その場合のほとんどは「派遣スタッフ」として「非正規で」働いているという。教員LT3からは、Z大学では「卸や小売」業に就く学生の多いことが語られた。

このように、入試難易度の高低によって典型的な就職先に対する教員の認識は異なっており、入試難易度の高い大学では公務員や大企業・ホワイトカラー職が、入試難易度の低い大学では中小企業・営業／販売／サービス職が学生

の典型的な就職先として認識されていた。また、学生自身も大学の序列を認識しており、就職先として学力レベルと対応した「無難な線を選ぶ」傾向のあることが語られた。

6. キャリア教育科目の目的

　最後に、3年生を対象としたキャリア教育科目の授業目的が、入試難易度の高低によってどのように異なるのかを確認する。入試難易度の高いA大学のキャリア教育科目はインターンシップの事前指導という位置づけで行われている。キャリア教育科目ではインターンシップに参加することを前提とした授業が行われており、何かを教えるというよりも、学生に考えるきっかけを提供する場と認識されている。以下に、教員HT1の語りを引用する。

> 教員HT1：<u>自分の将来について考えるきっかけ</u>になるような、そんなことが一番の目的ですね。基本的には<u>自分でいろいろやっていかないといけないという力を養う</u>ということが一番目的ですけれどもね。(略) キャリア教育自身が、<u>大学と社会との間のギャップ</u>といいますか、<u>それを結ぶ架け橋的な意味を持つ</u>というのがキャリア教育じゃないかと思っています。したがいまして、<u>それに役立つような内容の知識だとか、スキルだとかそういうことを一緒に勉強していく</u>というのがキャリアの、キャリア教育じゃないかなという風に思っています。
>
> 　　　　　　　　　　　　　（2018年8月24日 教員インタビュー逐語記録より）

　教員HT1からは、キャリア教育の目的として「自分の将来について考えるきっかけ」を得ることが語られているように、この授業では教員が何かを教えようとしていない。むしろ教えるよりも、授業が学生にとって「考えるきっかけ」を得る場になること、キャリア教育科目が「大学と社会の間にあるギャップを結ぶ架け橋となる」ことを期待している。

　A大学で全学共通科目としてキャリア教育科目を担当している教員HT3からも、キャリア教育科目は「考えるきっかけ」を提供する場であり、就職のために必要な情報を与えることは目的としていないことが語られた。

> 教員HT3：人生はそこから（就職してから）が長いので、そういうのを考えるきっかけとかに。だったらこの時期に何したらいいのかを。なんとなく過ごしがちな大学生なので、ちょっときっかけとして考えるとか動くとかっていうのを提供したいなっていう、そこだけで。あとは知っとくべきとか、どの情報が、とか、何をしたら、とかは人それぞれでいいかなって思っているんですけど。
>
> （2016年12月10日 教員インタビュー逐語記録より）

　入試難易度の高いB大学人文系学部のキャリア教育の授業では、人文系学部に所属する教員が自分のキャリアについて語る授業がある。具体的には、教員の研究テーマや、学生時代から初職に就くまでの時期に、教員が何を考え、どのように進んでいったのか、などである。これにより、学生自身が専門を学ぶ意味を考え、自分の生き方と、専門教育の学びを積極的に関連づけることを目指している。この授業を担当しているのは、人文系学部の教員であり、授業中にマナーや履歴書の書き方といった就職技法的内容を扱うことはない。さらに、教員HT4はキャリア教育科目が就職のための授業であることを明確に否定する。以下に教員HT4の語りを引用する。

> 教員HT4：ここのキャリア（科目）っていうのは、就職（のため）ではないから。（略）授業の中にそんなキャリアとか持って入ること自体間違えていて。教えていること自体がキャリアを作っている。あなた方（学生）が作っていくわけでしょ？そのために教えているんだから。わざわざキャリア教育って。わざわざやらなくても…と思ってるから。（略）
>
> 筆者：キャリア教育の意味かどうか分かんないですけど、言われて初めて「あっそれって意味があるんだ」って気づく時ないですか？
>
> 教員HT4：あるけど、そこまでしてやる必要あるか？大学生（笑）。（略）（大学教育と職業が）つながるって、外から形を見せるのはあんまりよくない。「あなたたちがつなげていくんですよ」っていう。自分がやっていることだとか、興味関心のあることが将来につながるといいな。そういうのを、自分でつなげることがキャリア形成だと思う。それをなんかまわりから「（大学教育と職業が）つながるんです

よ」みたいなことを言うと、占い師のようになってしまう（笑）。
　　　　　　　　　　　　（2018年6月28日 教員インタビュー逐語記録より）

　教員HT4は、B大学におけるキャリア教育科目は「就職（のため）ではない」と明確に否定する。青年期のキャリア発達を専門とするHT4にとって、キャリアは自分で作るもの、現在の学びを将来のキャリアにつなげていくのは学生自身が行うことであって、大学で学んでいる内容と将来の職業がつながるということを教員が見せること自体が「あんまりよくない」と認識している。よって、授業で学生のキャリア形成を扱うこと自体が「間違えて」いると否定する。さらに、教員HT4は受講生が大学生であることを強く意識しており、大学生であれば、「そこまでしてやる必要あるか？」、すなわち、学生のキャリア形成を科目を設置してまで支援する必要はないと考えている。
　教育対象者が高校生ではなく、大学生であるということを意識していることは、教員HT3からも語られている。

教員HT3：高校の教育までは振り返りをして、考えさせて、誘導して、教育プログラムにのせるっていうのが（大事）。でも、大学ではどっちがいいんだろう、どっちもいいしなって。（略）一言言ったことで台無しになるかもしれないっていうと、（教員が）あまり言わないほうがいいのかなって。
　　　　　　　　　　　　（2016年12月10日 教員インタビュー逐語記録より）

　教員HT3には、大学での教育は高校までの教育のように教員が積極的に介入すべきではないという認識がある。だからこそ、ゲスト講師の話を要約したり、話が分かりにくくても学生を特定の方向に水路づけたりはしない。入試難易度の高い大学におけるキャリア教育科目では、特定の知識やスキルの習得が目的とされるのではなく、学生自身に考えさせることが目的とされているのである。
　他方、入試難易度の低いX大学やZ大学のキャリア教育科目は、1、2年次では大学への適応や自己肯定感を高めること、3年次からは就職活動に役立つ知識・スキルを習得することが目的とされていた。以下に、2年次を対象とし

た社会人講話の授業に関する教員 LT3 の語りを引用する。

> 教員 LT3：「いろんな大学があるけれども、割合的に社長になったり役員になったりっていう割合が、Z 大学卒業の人は多いんだよ」みたいなことを見せながら。「<u>だからそんなにみんなが沈むほど悪い学校じゃないんだよ</u>」っていうこと言ったりとか。あとは、キャリア（科目の授業）ではいい大学にいるっていう<u>いわゆる偏差値の高いだけが良い人生送れるということではない</u>ということを含めて、「<u>こんな経験をしている先輩もいるよ</u>」だったりとか。
>
> （2017 年 3 月 15 日 教員インタビュー逐語記録より）

教員 LT3 は、「社長になったり役員になったりっていう割合」が高いことを述べたうえで、「みんなが沈むほど悪い学校ではない」こと、「偏差値の高いだけが良い人生送れる」わけではないことを伝えている。これは、第一志望大学を落ちて不本意ながら入学してきた学生の多い Z 大学において、学生の自己肯定感を高めるための教員の取り組みであったと考えられる。実際に、この授業では社長として活躍している OB の話を聞く機会が設けられているという。

このように、1、2 年次にはコミュニケーション力を身につけたり、大学での過ごし方を考えたりするなど、就職活動に直結していない内容も扱われていた。しかし、3 年次になるとキャリア教育科目は就職活動のための授業になる。以下に、教員 LT3 の語りを引用する。

> 教員 LT3：3 年生になると、どちらかというと<u>就職活動準備</u>みたいになるので、ある意味、<u>業者にお任せ</u>[1] しているんです。（自分でも）やればできると思うんですけれども、業者にお任せしていて。<u>基礎学的なもの</u>、<u>SPI 対策</u>[2] のようなものを前期にやって、後期で、ある意味<u>社会を知る</u>だったり、もっと<u>面接</u>だったり、もっと<u>自己分析を含めて履歴書とかを書く</u>っていうようなことをやってて。
>
> （2017 年 3 月 15 日 教員インタビュー逐語記録より）

教員 LT3 によると、3 年生を対象としたキャリア教育科目は「就職活動準備」のための授業となる。よって、1、2 年次のキャリア教育科目は、大学の専任教員が授業を担当しているが、3 年次のキャリア教育科目では「業者」

(就職支援企業の講師)に授業を「お任せしている」という。内容も、「SPI対策」「面接」対策、「自己分析を含めて履歴書を書く」という、就職技法的な授業になる。

　Z大学だけではなく、X大学でも1年次のキャリア教育科目は初年次教育として行われているが、3年次のキャリア教育科目は就職活動のための授業になるという。以下に、教員LT1の語りを引用する。

> 教員LT1：基本的に本学の場合で言うと、キャリア系の科目っていうのは就職していくための科目という位置づけです。(略)(以前は)就職研究っていう科目だったんですよ、キャリアデザインは。就職研究なので。就職するための研究なので(略)。
> 筆者：元々は就職活動の支援の一環だったんですか。
> 教員LT1：完全にそうです。今もそうですね、今もそうです。
> 　　　　　　　　　　　　　　(2017年3月17日 教員インタビュー逐語記録より)

　このように、入試難易度の低い大学における1年次のキャリア教育科目では、大学への適応や自己肯定感の向上が目指されるのに対し、3年次のキャリア教育科目では就職活動で必要となる知識やスキルの習得が目指される。さらに、Z大学のキャリア教育科目は、1、2年次は内部の教員が担っていても、3年次からは就職支援企業の教員が担う。これは、3年次のキャリア教育科目が就職活動のための授業であることを示している。

　就職活動のための授業であれば、大学教員が担当するよりは、就職活動の傾向や企業の採用活動について熟知している就職支援企業のほうが適していると考えられる。X大学の3年生向けキャリア教育科目も、2017年の調査時点では内部教員が兼務で担っていたが、2020年には就職支援企業の教員が授業を担当していた。そもそも、就職活動の進め方や企業の求める人材像、マナーや履歴書の書き方といった就職技法的な授業を、就職支援を専門としない大学教員が教えることは難しいと考えられる。また、キャリア教育科目には特定のディシプリンがない(宮田2020)とはいえ、自らの専門性とは異なる科目を担うということは、大学教員としての規範を内面化した教員にとっては葛藤を

もたらすものだと考えられる。専門教育を担う教員が、自らの専門とは異なる科目を担うということの難しさは想像に難くない。しかしだからと言ってキャリア教育科目を就職支援企業に委託するということは、キャリア教育科目が専門教育から分断された「外付け」の実践（児美川 2013）になってしまう可能性がある。こうして、就職活動に向けた知識・スキルを身につけさせるための授業を行う必要性は認識しているものの、誰が担えばよいのかという問題が生じる。就職活動を専門としない教員が担うことは難しい一方で、就職支援企業に外注してしまうとキャリア教育科目はますます専門教育から分断されたものになってしまうのである。

　このように、入試難易度の高低によってキャリア教育科目の内容や目的は異なり、入試難易度の高い大学では、学生に考えさせることを目的としている一方で、入試難易度の低い大学では、低学年次には大学への適応や自己肯定感を高めることが目的とされ、3年次には就職活動のための準備をすることが目的とされていたことが明らかになった。

7. 小　　括

　本章では、教員に対するインタビュー調査を通じて、入試難易度の高低によって学生に対する認識、教育実践上の配慮、大学における典型的な就職先、キャリア教育科目の目的や特徴はどのように異なるのかを分析してきた。その結果、入試難易度の高い大学に所属する教員は、学生のことを真面目で、すべてを教えなくても自分で気づき、学べると思っている。よって、キャリア教育科目の授業では、大学と社会のギャップに気づき、学生に考えさせる機会を作ることを重視していたことが明らかになった。また、学生の典型的な就職先は、公務員や大企業であり、将来的には管理職になることが想定されるホワイトカラー職だと認識していた。他方、入試難易度の低い大学に所属する教員は、学生の学習意欲や自己肯定感は低いと認識しているため、授業では選択肢や情報量を減らし、学生に授業内容を理解させることを重視していたことが明らかになった。さらに、学生の典型的な就職先は、中小企業・営業・販売・

サービス職だと認識していた。

　では、このような教員の認識・考え方は、授業においてどのように表出しているのだろうか。次章では、実際の授業実践を見ていく。

【注】
(1) Z大学では就職支援企業に授業を丸投げするのではなく、キャリア教育科目担当教員がテキスト作成の段階から関与しているという。白井（2017）は外部講師に対する調査から、授業内容に対する依頼は担当部署（キャリアセンター）の要望や問題意識によって左右されやすく、学生に対してビジネスの現場や社会人としての経験を伝えることが、理論を教えることよりも優先されていたこと、キャリア教育科目の授業では、学部教育との関連性は、学生の希望進路を授業内容に反映させる程度であったことを明らかにしている。キャリアセンターの職員ではなく、大学教員が授業を委託している場合、白井の知見は当てはまるのかどうか、キャリアセンター職員と教員とでは、キャリア教育科目の授業内容に関する依頼はどのように異なっているのかについては、さらなる調査が必要である。
(2) SPIとは、リクルート社が開発した性格特性や基礎的な知的能力を測定する適性検査の一つである。複数の会社で実施されていることから、対策本も多数出版されている。SPI対策としては、学生にSPIの問題を解かせ、講師が解き方の解説を行うことが多いようである（教員LT3、学生LS8、9のインタビューにおける語りより）。

第6章
授業実践

1. はじめに

　前章では、大学の序列によって教員の学生に対する認識や授業実践上の工夫・配慮は異なることが明らかになった。しかし、教員の認識は実際に授業に現れていなければ、学生に影響を及ぼすことはない。そこで本章では、入試難易度の高低によって異なる教員の認識が、授業にどのように表出しているのかを確認する。そのために、偏差値57以上であるA大学と、ボーダーフリー大学であるX大学のキャリア教育科目を対象とした授業観察・フィールドワークを行う。授業観察の際には、キャリア教育科目の授業目的がどのように語られているのか、授業内容や方法、学生の受講態度に注目する。これらを明らかにすることによって、キャリア教育科目が学生を大学の序列と対応した進路へと水路づけるように機能しているのかどうかを検討する。

2. A大学とX大学の授業概要

　国立A大学人間発達系学部のキャリア教育科目は、学部3年生を対象に専門選択科目の一つとして開講されている。この科目は、インターンシップの事前授業という位置づけであり、受講生には受講終了後の夏季休暇中にインターンシップに参加することが期待されている。選択科目とはいえ、ほとんどの学生

が受講しており、2018年調査時の履修者数は73名であった。授業の主たる担当者は実務家教員のHT1である。教員HT1はA大学のOBであり、大学を卒業後、大手民間企業の管理職として働いてきた経験を有する。企業を退職した後、学部所属のインターンシップ・コーディネーターとして採用され、キャリア教育科目の授業以外にも、インターンシップ先の開拓や調整、学生のキャリア相談、履歴書やエントリーシートの添削、面接の指導などを行っている。本科目はオムニバス形式で行われており、教員HT1のほかにも、学生支援室でキャリアコンサルティングを担当している教員（以下、教員（CC））や、教育学を背景とする教員（以下、教員（教育学））、心理学を背景とする教員2名（以下、教員HT2、教員（心理学））が授業を担当している。

私立X大学経営系学部のキャリア教育科目は、3年生を対象とする全学共通選択科目の一つとして開講されている。ただし、学生は学部ごとに履修することになっている。また、この科目は選択科目であり卒業要件科目ではないが、すべての学生がもれなく履修するように、あらかじめ各学生の時間割に組み込まれている。よって、多くの学生はキャリア教育科目を必修科目だと認識しており、基本的にすべての学生が履修するという。2017年調査時の履修者数は60名であった。本研究が対象とした授業は経営学を専門とする教員LT1が基本的に担当し、一部の授業（計3回）をマナー講師やインターンシップ支援企業の講師、キャリアセンター職員が担当していた。

筆者は、2大学の授業を講義室後方にて観察した。授業における教員の発話はすべてICレコーダーで録音し、逐語記録を作成している。学生の様子については、フィールドノートに書き留めている。また、同意を得られた受講生（A大学は72名、X大学は42名）が記述した授業に関するコメント（リアクションペーパー）も参照した。

3. キャリア教育科目の目的

まず、入試難易度の高いA大学と、入試難易度の低いX大学のキャリア教育科目の目的の違いを確認する。A大学のキャリア教育科目は、インターンシッ

プの事前授業として行われており、シラバスによると「自分自身のキャリアデザイン」を行うとともに、「人間発達の諸科学（教育学・心理学等）の知識や技能と関わらせながら、社会の中でのキャリア発達のあり方を考察する」ことが目指されていた。以下に、第1回目授業時における教員（教育学）の語りを引用する。

> 教員（教育学）：（配布資料を見ながら）「企業などにおける就業体験を通じて、大学などで得た知識を再確認するとともに、職業の実際や実社会のルールを実感し、組織の中で生きるうえで必要な態度やスキルを身につける。職業観や勤労観の育成もこの中には入っています。さらに今後の学習方針を自ら確かめ、進路適性の確認と職業選択の機会とする。（略）受講者にとっては自分自身のキャリアデザインのためのみならず、それを媒介として人間発達の諸学問、心理学や教育学ですね、などの知識や技能と関わらせながら社会の中でのキャリア発達のあり方を考察する機会でもある」ということです。教育課程の一部ということでやっています。ですので、インターンシップで学んだことは何かということを、やはり皆さん自身がきちんと自覚して、それをですね、さらに大学での残された期間での学びや就職活動につなげていってほしいという願いで、私たちはやっています。
>
> （A大学第1回目 授業逐語記録より）

　教員（教育学）は、本科目がインターンシップの事前学習として行われることから、「職業の実際や実社会のルールを実感」し、「組織の中で生きるうえで必要な態度やスキルを身につける」ことをインターンシップにおける目的としている。しかし、それだけにとどまらず、インターンシップでの経験を通じて、「大学などで得た知識を再確認」し、「今後の学習方針を自ら確かめ」ること、インターンシップでの学びを「大学での残された期間での学び」につなげてほしいと述べており、就職のためだけではなく、インターンシップから帰ってきた後に大学でどのように学ぶのか、を考えることが強調されている。

　さらに「実社会のルール」「社会の中で」と述べているように、「社会」という言葉が頻繁に用いられている。それは、大学と社会は異なるという前提があるからだと考えられる。大学と社会の違いを強調することは、教員HT2の語

第6章　授業実践　87

りでも確認された。

> 教員HT2：インターンシップの機会っていうのは、非常に興味深い機会になるだろうというふうに思っています。先ほど、（大学と社会では）違うコードが働いているのでって話をしていただいたんですが、違うから行くんですからね、皆さん。同じだったら行く必要ないじゃないですか、もう分かってるからね。なので、学校のコードと、大学のコードと、それから社会のコードがどのように違ってるのかということを体験するために行くので、ぜひぜひ違いに注目してですね、体験してきていただきたいなというふうに思います。（略）大学っていうのは守られた空間なんですけれども、会社に行きますとまったくそれは（異なる）社会、そのものですので。
>
> （A大学第13回目　授業逐語記録より）

　教員HT2は、インターンシップに参加する目的を、「学校のコードと、大学のコードと、それから社会のコードがどのように違っているのか」を体験するためだと説明し、コードが「違うから行く」のだから、「ぜひぜひ違いに注目して」ほしいと述べている。さらに、大学は「守られた空間」だが、会社はそうではないことも語られていた。教員HT2からは、大学と社会では異なる文化が存在しているということ、インターンシップは大学と社会の違いを認識する機会であるということが語られた。

　さらに、インターンシップは大学内ではなく社会の中で行うことから、大学における他の授業とは異なり、学んだことを社会に還元する必要もあることが語られている。以下に、教員の語りを引用する。

> 教員（教育学）：インターンシップに行きました。学びました。それの学んだ成果を、いわゆる報告書の形で次の世代につないでいくということ。それから受け入れ先はじめですね、受け入れ先だけじゃないですよ、やっぱりそういう社会の中での理解のうえで、このインターンシップが成立しているので、そこにお返しをしていくということ。学生がどういうことを学んだかっていうことを返すということは、やはり責任が伴うということで、そういう大学と受け入れ先の企業の間の組織的な

> 連携とか信頼関係の上にインターンシップは成り立っているので、インターンシッ
> プに行ってきて学んだことっていうのは、大学の中で皆さんが広める、発表会で発
> 表する、それから報告書に書くっていうことには、非常に責任があるということ
> で、最後まできちんとやってほしいという風に思います。
>
> 　　　　　　　　　　　　　　　　　　（A大学第 13 回目 授業逐語記録より）

　教員（教育学）は、インターンシップが「大学と受け入れ先の企業の間の組織的な連携とか信頼関係」の上に成り立っていることを説明したうえで、参加する学生には学んだことを「報告書の形で次の世代につないでいく」という「責任が伴う」と述べている。つまり、インターンシップへの参加は学生にメリットだけではなく、責任や義務をももたらすということ、責任や義務は学生個人の問題に留まらず、大学や社会という広い範囲に及ぶということが強調されている。この授業は、就職を控えた 3 年生を対象とした授業であり、かつ、インターンシップの事前授業に位置づけられる。だからこそ、学生を教えてもらうという受動的な学習者として扱うのではなく、学んだことを後輩に継承したり、社会に還元したりするという能動的な学習者として扱っていると考えられる。

　他方、X 大学のキャリア教育科目では、「就職活動」という言葉が頻繁に使われ、就職活動に必要な知識の習得が目標とされていた。以下に、教員 LT1 の語りを引用する。

> 教員 LT1：（この授業では）就職活動に必要な事項をもれなく提示することを目的
> とするという風になっています。つまりキャリアデザインっていう科目は何をやる
> のか。キャリアをデザインするということを理解すると思うんですけれども、皆さ
> んにとっての今、これから目の前に迫っていくことは、実は就職活動というのが大
> きいひとつのキャリアデザインとしてありますので、そういう意味でこのキャリア
> デザインという科目が就職活動ということに一つ含まれています。したがって、こ
> ういう書き方になっています。まぁ一応読みますと、「大学から卒業社会へのス
> ムースな移行を図るために、必要な知識・スキルについて適切に理解する。就職活

> 動とは何をすることなのかについて、グループ検討や事例検討を通じて様々な事例に触れ、<u>自身の方向性を明らかにする</u>。<u>大学生が最も就職活動で難しいと感じる自己分析、面接実技を体験学習</u>することにより、<u>就職活動に自信を持つこと</u>」が授業の概要となっています。
>
> （X大学第1回目 授業逐語記録より）

　教員LT1は、この授業の目標として、就職活動において、「必要な知識・スキル」を「適切に理解する」こと、「自身の方向性を明らかにする」こと、「就職活動に自信を持つこと」を挙げている。第5章において確認した通り、X大学におけるキャリア教育科目は、就職のための授業なのである。

　また、A大学とX大学ではインターンシップに参加する意義や目的の語られ方は異なる。前述の通り、A大学ではインターンシップは社会と大学の違いを知り、今後の大学での過ごし方について考えるきっかけになることが期待されている。他方、X大学では、インターンシップを就職活動に向けたウォーミングアップと位置づけ、就職活動へのモチベーションを高めるきっかけとなることを期待している。以下に、教員LT1の語りを引用する。

> 教員LT1：インターンシップとか、長期のインターンシップとかもありますけれども、まあ、そういうことに参加することによって、<u>うまく就職活動に関わっていくっていう流れを、皆さんそろそろ自分の中で作っていかなければいけない</u>。
>
> （X大学第3回目 授業逐語記録より）

　上記のほかにも、第8回目授業（内定者報告会）では、内定者から後輩へのアドバイスとして、就職活動を有利に進めるためにインターンシップに参加することが勧められていた。以下に、内定者の語りを引用する。

> 内定者1：インターシップ行ってないと、その<u>面接を受ける機会</u>っていう、まずその<u>切符自体がない</u>場合もあるし。3月1日のゴウセツ（複数の企業が集まって行う合同企業説明会）で<u>みんなよりも上に立つためにインターンシップは行っといた方がいい</u>。

> 内定者2：僕の地元の友達にも、インターンシップに参加して人事の方と仲良くなって筆記試験が免除だったり、面接が免除で最終面接だけっていう人も結構いたので。そういう優遇はすごいされるところはしてくれるので、絶対参加はした方がいいと思います。
>
> 内定者3：インターンシップは参加したんですけど、人事の人と仲良くなれて、その中で面接の時に緊張もしなくなったり、面接の中でいろんなことを知ってもらってるうえで話ができたので、良かったと思いました。
>
> （X大学第8回目 授業逐語記録より）

　内定者たちは、インターンシップに参加することのメリットとして、面接を受ける「切符」を手に入れられること、「みんなよりも上に立つ」ことができること、「筆記試験が免除」になったり、「面接が免除」になった人もいたこと、「人事の方と仲良くなれて」「面接のときに緊張もしなくなったり」「いろんなことを知ってもらってるうえで話ができた」ので良かったと述べている。これらの語りで強調されるのは、就職活動時にインターンシップ経験がいかに役立つか、ということである。

　学生にとって、インターンシップに参加することが就職に役立つかどうかは重要であり、その点を内定者が強調することは受講生のインターンシップ参加を促すうえで有効であることは理解できる。しかし、インターンシップには本来、学生が自己の職業適性や将来設計について考える機会を提供し、「社会人基礎力」や「基礎的・汎用的能力」などの社会人として必要な能力を高めることが期待されている（文部科学省他 2015）。そうであるにもかかわらず、これらの点については授業や内定者報告会において言及されることはない。学生の語りを聞いていた司会者（キャリアセンター職員）もまた、内定者の語りを修正したり、インターンシップには就職に役立つこと以外にも重要な側面があるということ（例えば、A大学で説明されていたような大学と社会との違いを知る、学生が自己の職業適性や将来設計について考える機会が得られるという

側面など）や、インターンシップに参加するということはメリットだけではなく、義務や責任も伴うということを付け加えたりはしない。これは、「複数の選択肢を与えると学生が混乱してしまう」という教員LT5（第5章参照）の発言を踏まえれば、一度に多くの情報を与え、学生を混乱させてしまわないようにするための配慮であったと考えられる。インターンシップの効果として学生に何を伝えるかを一つに絞った結果、「就職に役立つ」という側面が選ばれ、その他については捨象されたのだろう。しかし、学生はインターンシップ＝就職活動で有利になるための手段、という内定者の考え方だけを理解して、インターンシップに参加してしまう可能性がある。就職活動に役立つことを過度に強調することは、インターンシップへの学生の参加を促す一方で、大学と社会の違いに気づき、今後の大学での過ごし方を考えるという重要な側面を捨象してしまう可能性がある。目的の語られ方によってインターンシップの効果は変わってしまうのではないだろうか。

　このように、A大学とX大学ではキャリア教育科目の授業の目的や、インターンシップに参加する意義は異なっており、A大学では学生が残りの大学在学中にどのように学ぶのかを考えさせること、大学と社会の違いに気づくことが目指されていた。他方、X大学では就職活動に必要な知識やスキルの習得が目指され、インターンシップは就職活動において有利になるための手段として語られていたことが明らかになった。

4. キャリア教育科目の内容

　次に、A大学とX大学の授業内容について確認する。A大学のキャリア教育科目は、複数の教員が自らの専門知識を活かして講義を行うオムニバス形式の授業である。各授業を始める前には、キャリア教育科目の主担当である教員HT1が前回授業の振り返りや本授業の目的・概要を話すことによって各授業につながりを持たせている。

　表6-1は、A大学における各授業回の目的と内容、授業担当教員を記したものである。授業目的と内容は、シラバスや配布資料、授業の逐語記録を参照

表6-1　A大学におけるキャリア教育科目の概要

	授業目的	主な授業内容	主な授業者
1	オリエンテーション	当学部におけるインターンシップの意義	教員（教育学）
2	キャリアデザインについて	キャリアアンカー・職業興味テスト	教員HT1
3	自己理解①	大学生活を振り返る	教員（CC）
4	社会人のマナー	冠婚葬祭・ビジネス文書	教員HT1
5	自己理解②	自己理解はなぜ必要か	教員（CC）
6	企業人講話	OGによる就職活動体験談・OG上司による学生採用時の評価ポイント	ゲストスピーカー
7	心理学の視点からのキャリア	キャリア理論	教員HT2
8	自己理解③	自分についてのまわりの評価	教員（CC）
9	エントリーシートの書き方、日本の社会の現実	エントリーシートの書き方、少子高齢化・労働人口減少の現状	教員HT1
10	対人コミュニケーション	コミュニケーションについて	教員（心理学）
11	自己理解④	3か月設計図を作る	教員（CC）
12	世界を知る・日本を知る	経済用語、英国のEU離脱、日本国債について	教員HT1
13	インターンシップガイダンス	インターンシップへの心構え、参加手続きについて	教員（教育学）
14	理解度テスト	9、12回目授業より出題	教員HT1

しながら筆者が作成した。シラバスにも各授業回で扱う授業内容は記載されているが、情報量は非常に少ない。また、シラバスの内容と実際に行われている授業は異なることがある（宮田 2018）。よって、実際の授業内容を検討するためにはシラバスだけでは十分でないと考え、実際の授業や複数の情報に基づき加筆している。

　本科目では実務家教員である教員HT1と、キャリアコンサルタントである教員（CC）の担当する自己理解のための授業が最も多いが（各4回ずつ）、その他にも5名の多様な専門性とキャリアを持つ教員が、それぞれの特性を活かしながら授業を行っている。具体的には、教育学を専門とする教員がインターンシップの教育的意義を教える授業（1回目）、産業心理学を専門とする教員がキャリアに関する理論を教える授業（7回目）、社会心理学を専門とする教

員が対人コミュニケーションについて教える授業（10回目）である。教員の授業だけではなく、ゲストスピーカー（卒業生とその上司）による講演もあった（6回目）。ゲストスピーカーの所属企業は大手住宅企業であり、当該学部のOB/OGも複数名就職しているという。OGからは就職活動体験談が、上司からは企業が学生を採用する際の評価ポイントが語られた。

　4回目、9回目の授業では、社会に出てから必要となる知識・スキルの一つとして就職技法的内容も扱われていた。具体的には、敬語の使い方やマナー、履歴書やエントリーシートの書き方などである。複数の大学のシラバスからキャリア教育科目の授業内容を分析した中里（2011）や宮田（2018）は、入試難易度の高い大学には就職技法を扱う大学はなかったと述べているが、シラバスには明記されていなくても、実際の授業では就職技法的内容もキャリア教育の授業として教えられている場合がある。

　入試難易度の高いA大学で就職技法的内容が扱われていた理由は、授業を主に担当している教員HT1が人事・採用経験を有する実務家教員であるということに加えて、学部のインターンシップ・コーディネーターとして学生の面接指導やキャリア相談、エントリーシートの添削を日常的に行っているからだと考えられる。このような教員HT1の出身背景や現在の職務上の役割が、キャリア教育科目の授業の中に就職支援的内容を取り入れることの必要性を実感することにつながっているのではないだろうか。以下に、教員HT1の語りを引用する。

> 教員HT1：就職というのはものすごく重要なことなんですけれども、それが正規の学科の中で教えないというか、それはもうキャリアセンターに任せとけばいいとか、そういう特別部門に任せとけばいいとか、そういう感じになっているような気がしますけれども。本来はもう少し融合してもいいかなという気がします。（略）私が言いたいのは、あまり就職ということについて、あまり排除するっていうとおかしいんですけど、あまり教育だからあんまり抜いちゃうというか、それとはまったく別だよというような考え方よりは、やはりそれもある程度重要なことですから、それも含めて入れていくといいかなとは思います。（略）エントリーシートが

必要になって、インターンシップをやるにも試験が必要になってということになるので、就職のあれと一緒で<u>エントリーシートを見てくださいとか、相談に来るのもやっぱりいっぱいいますね</u>。そういうことであまりにちょっとそういう子が多いものだから、一部授業の中でも<u>エントリーシートでどういうことが求められているのか</u>、どういう風なことを書いていたらいいのかという、<u>エントリーシートのポイント</u>というか、そういうことだけは<u>やっぱり教えておいた方がいいかなと思って</u>。

（2018年8月24日 A大学教員HT1 インタビュー逐語記録より）

　教員HT1は、正規の授業だからという理由で、就職技法的内容を授業から「排除する」よりは、心理学や教育学の知見に基づいたキャリア教育に、就職技法的内容を融合していくのが良いと思っている。それは、「就職というのはものすごく重要なこと」であり、多くの学生が教員HT1のもとにエントリーシートの添削を頼みに来るからだという。教員HT1は、キャリア教育＝就職に役立つ知識の教授だと考えているわけではなく、就職もキャリアの一つであり、「排除」する必要はないと考えているのである。よって、授業でもエントリーシートの書き方を「教えておいた方がいい」と思っている。学生と日々向き合う立場だからこそ、就職技法的教育を授業で扱うことの必要性を実感しているといえる。中里（2011）は、入試難易度の低い大学でキャリア教育科目の授業で就職技法的内容を扱う大学が多い理由として、就職ガイダンスだけでは就職活動に対応できない学生が増加していることを挙げているが、教員HT1の語りからは就職技法的内容を授業で扱うかどうかは学生の資質だけではなく、教員の専門性や教員の職務上の役割も影響を及ぼしていると考えられる。

　次に、X大学におけるキャリア教育科目の授業目標、内容と授業担当教員の属性を表6-2に記す。X大学のキャリア教育科目は、ほとんどすべての授業を教員LT1が担っており、教員LT1以外の者が授業を担当していたのは、5回目のインターンシップ支援企業によるインターンシップ説明会、8回目に就職課が主催した内定者報告会、10回目に外部講師が担当したマナー講座の計3回だけであった。

表6-2　X大学におけるキャリア教育科目の概要

	授業目的	授業内容	授業者
1	オリエンテーション	授業概要説明	教員LT1
2	キャリアデザインとは何か	ライフ・ワークキャリア	教員LT1
3	キャリアデザインと就職活動	就活スケジュール、筆記試験	教員LT1
4	職業とキャリア	自己PRシート作成	教員LT1
5	社会の変化と就業	インターンシップについて	就職支援企業
6	就業に必要な力	新しい働き方を考える	教員LT1
7	中間まとめ	自己PRシート作成	教員LT1
8	コミュニケーションの構造①	内定者報告会（他クラス合同）	就職課職員
9	コミュニケーションの構造②	目標達成のためのプランニング業界研究シート作成	教員LT1
10	職業社会が求めるコミュニケーション能力①	マナー講座	マナー講師
11	職業社会が求めるコミュニケーション能力②	業界研究会予習、キャリアコーン	教員LT1
12	OB・OG業界研究会	OB・OG就職企業による説明会	教員LT1
13	職業社会の基礎的マナー	業界研究会の振り返りグループワーク	教員LT1
14	まとめ①	履歴書作成	教員LT1
15	まとめ②	履歴書・最終レポート作成	教員LT1

　この授業は、基本的に一人の教員が担っているため、15回の授業に連続性があり、段階的に難しくなるように設計されている。具体的には、キャリアとは何かを知る→就職活動の基本的な流れを知る→自分自身について考える→業界の調べ方を知る→業界を調べてみる→応募書類を作ってみる、である。また、授業中に記述させる文字量は徐々に増えていた。このような授業は、オムニバス形式の授業に比べると、直線的でまとまりのあるものとして学生が理解しやすいと考えられる。

　授業では、「自己PRシート」や「業界分析シート」「履歴書」など、教員LT1が作成した様々なワークシートが用意されていた。また、授業終了後には教員がワークシートを回収し、次回授業時にはコメントを付したうえで学生に返却していた。学生は教員の指示に従って各シートに必要事項を書いていけば、15回目の授業終了時にはエントリーシートのすべての欄が完成するよう

に授業が構成されているのである。

　X大学では、就職の際に必要となるマナーや履歴書・エントリーシートの書き方を教えるだけではなく、教員LT1の専門である経営学の知識を使った学生の思考を促すための取り組みも行われていた。具体的には、GROWモデル（目標達成について考えるための思考枠組み）に基づいて学生自身に目標を設定させて、今何を行う必要があるのかを考えさせたり、時間管理のマトリックス表を用いて時間の使い方を考えさせたりする、などである。

　このように、入試難易度の高低によってキャリア教育科目の授業は異なることが明らかになった。入試難易度の高いA大学では、複数の教員が自らの専門性を活かした授業を行うというオムニバス形式の授業を行っていた。オムニバス形式の授業は、授業者が異なるということもあり、必ずしも連続的な内容で授業が編成されているわけではない。教員HT1がコーディネーターとして授業冒頭に前回の授業内容と今回の授業内容の関連を説明しているとはいえ、学生自身が連続性のない内容をキャリア教育の授業として統合していく必要がある。A大学の学生であれば、バラバラの授業内容であっても統合できると考えているからこそ、オムニバス形式の授業を行っている可能性がある。また、A大学の授業でも就職技法的内容は扱われていた。これは、実務家教員である教員HT1が、日々の業務（学生に対する面接指導やエントリーシートの添削）を通じて、就職技法を教える必要性を実感しているからという理由に加えて、企業での人事・採用経験という自分の専門性を活かした結果だと考えられる。

　他方、入試難易度の低いX大学では、就職活動に必要な知識やスキルを学生が習得することを目的としており、授業では企業研究の仕方、マナー、履歴書の書き方が教えられていた。また、就職技法的内容を扱う授業であるにもかかわらず、ほとんどすべての授業を、経営学を専門とする教員LT1が一人で担っていた。よって、授業内容には連続性があり、徐々に難しくなるように設計されていた。さらに、教員LT1は経営学に基づいた授業も行っていたが、大半の授業では履歴書やエントリーシートの書き方を扱っており、必ずしも教員の専門性を活かせているとはいえないような内容も教えていたことが明らか

第6章 授業実践 97

になった。

5. 授業実践上の工夫・配慮

　第5章では、教員が授業を行う際に行っている工夫や配慮は、入試難易度の高低によって異なることが明らかになったが、実際の授業においてもその違いは現れていた。入試難易度の高いA大学では、学生が考えるということに加え、自分の利益だけではなく全体の利益も重視することが求められていた。例えば、教員（CC）が行う授業ではグループワークを行う機会が毎回（計4回）あったが、グループを作る際の条件は、段階的に難しくなっていく。1回目は、教員が割り振った番号に基づいて3人グループを作るように指示が出された。2回目は、違う色の服（シャツ）を着ている3人グループを作るように指示が出された。3回目は、A大学を起点に南北に線を引いたとき、出身高校の位置が西と東にある人が少なくとも一人ずつ入っている3人グループを作るように指示が出された。4回目は、誕生月が隣同士になる3人グループを作るように指示が出された。1回目は教員の指示に従って動けばよかったが、2回目は自分でまわりを見て該当者を探す必要がある。3回目になると複数の人に出身高校を聞いてそれがA大学から見たときにどの位置にあるのかを考える必要がある。4回目は自分の情報（誕生月）を発信しながらその前後の月に生まれた者を探す必要がある。つまり、回を重ねるごとにグループ作りの難易度は上がり（該当者に出会える確率が下がる）、他者と会話をしたり自らの情報を発信したりしなければ該当者を見つけることができない。どのように動けば該当者を見つけ出してグループを作ることができるのかを学生自身が考えるように授業が設計されていたのである。

　さらに、自分たちだけではなく、受講生全員がグループになっていることが求められていた。そのためには、教室全体を見渡し、より広い視野で状況を確認する必要がある。グループになっていない学生がいれば、自分が動いたり、交渉したりして目標を達成しなければならない。以下に、8回目の授業における教員（CC）の発言を引用する。

> 教員（CC）：(該当者が) いないなって思ったら、座ってるグループにネゴシエーションに行くってことになるよ。なんだ、その山盛り人が立ってるところは(笑)。はい、交渉する。交渉して。他は必ず東2人、西2人の所があるはずなんだから。みんなも協力してあげて。私たちはもう終わったからねっていうんじゃなくて、ですね。この○○学部全体として早くしようよと。
>
> （A大学第8回目 授業逐語記録より）

　教員（CC）は、教室全体で「グループを作る」という目標を達成するために、「ネゴシエーションに行く」「交渉する」「協力」することを学生に求めている。グループ作りという目標は「私たち」だけが達成していればよいのではなく「学部全体として」達成していなければならないのである。グループ作り一つとってもA大学の授業では学生が考え、行動すること、広い視野で状況を把握し、個人だけではなく全体として目標を達成することが求められているといえる。

　また、A大学の授業では、リアクションペーパーに授業を通じて感じたこと、考えたことを自由に書くことが求められていた。以下に、教員HT1の発言を引用する。

> 教員HT1：授業でこういう風に思ったとかこんなことを学びたいなとか、こんなことに気づいたとか、こんな先生が言った言葉、全然ちょっと問題だなあとか、それがあればそれでもいいです。どんなことでも結構です。批判でも結構です。どんなことでもいいですけれども、お書きになって、帰りの時にこちらの方に出して頂いてお帰りください。
>
> （A大学第1回目 授業逐語記録より）

　教員HT1は、学生に「授業でこういう風に思った」「こんなことを学びたい」「こんなことに気づいた」という授業の感想だけではなく、教員の発言に対して問題だと思ったことや批判も含めて書くことを求めている。教員の発言を批判的に検討することは、授業内容をそのまま受容するよりも高度な思考が求められる。A大学の授業ではリアクションペーパーを書くことを通じて、授

業内容を批判的に検討することや主体的に考えることを求めているといえる[1]。

　最後に、教員HT1が担当する授業回では、「大人の語彙力テスト」と称する小テストが複数回行われていた。テストの内容としては、社会人であれば身につけておくべき語彙力や漢字の読み方、敬語やビジネス用語である。これら小テストの問題は、すべて教員HT1が独自に作成した問題であり、「（自分が）なかなかできなかった物を集めて」作った問題だと述べていた。つまり、社会人である教員HT1にとっても解くことができなかった難題が出されていたのである。あえて難しい問題を解かせることによって、就職活動に向けて準備する必要があることに気づかせようとしていたのだと考えられる。

　他方、X大学では学生が混乱しないような工夫と、学生の自己肯定感を高めるための配慮・工夫がなされていた。例えば、授業で使う資料は一度に複数の種類を配布するのではなく、資料を使う直前に教員が必要な資料を配布していた。教員が一人ひとりに話しかけながら手渡しをすることもあった。遅れて入室してきた学生には、授業を中断して資料を渡し、今使っている資料がどれなのかを説明していた。授業終了後には授業で学んだことをワークシート（ポートフォリオ）に記述して提出することが求められていたが、記述内容については毎回教員から指示が出され、それについて書くことが求められていた。これらは、学生が複数の資料や選択肢を目の前にして混乱しないための、教員の配慮であったと考えられる。

　また、教員は学生の自己肯定感を高めるような声掛けを行っていた。以下に、教員LT1の語りを引用する。

教員LT1：X大学の皆さんは、皆さん自身が思っているほど、実力は低くないと思います。皆さんの先輩も本当に仕事の現場で活躍していますので、皆さんが思っているほど仕事ができないっていうわけではない。結構、できる部類に入っている人が結構います。

（X大学第1回目　授業逐語記録より）

　教員LT1は、「皆さん自身が思っているほど、実力は低くない」「皆さんが

思っているほど仕事ができないっていうわけではない」と述べている。これは、X大学生自身が自分たちの仕事能力を低く見積もっていることを前提に、教員が学生の自己効力感を高めるための取り組みをしていることを示している。第5章では、入試難易度の低いZ大学では教員が学生の自己効力感を高めるための取り組みを行っていることが語られたが、同様の取り組みがX大学においても行われているのである。受講生の先輩が「仕事の現場で活躍」していること、「できる部類に入っている人」が多くいることを伝えることによって、X大学の卒業生＝仕事のできない人、というわけではないことを示そうとしている。

さらに、X大学のキャリア教育科目の授業は、ほとんどの授業が座学の講義と個人で行うワークで構成されており、グループワークがX大学で行われたのは1回だけであった。大学においてアクティブラーニングの導入が推奨されている中、X大学でグループワークが頻繁に行われない理由を考えるために、ここでは唯一グループワークが行われていた13回目の授業の様子を振り返ってみたい。以下に、13回目授業の様子をフィールドノートから引用する。この様子を見る限り、X大学でグループワークを行うということは、授業崩壊のリスクを伴うということを示唆する。

> 13回目の授業では、学内企業説明会で訪問した企業について学生同士で情報を共有し、意見を交換するために、4人のグループを作りグループディスカッションを行うように教員から指示が出された。しかし、学生が自発的にグループを作るということは非常に難しい。特に、普段から一人で授業に出席し、友人がいないと推測される講義室前方に座っている学生は、どれだけ教員が声をかけても寝たふりをし続けたり、無視してスマホいじりをしていたりして、まったくグループになろうとしない。授業中であるにもかかわらず、講義室から退出してしまう学生もいる。最終的には、教員がグループになっていない学生をまとめて4人グループを作っていった。すべての学生（ただし、寝ている学生を除く）が4人グループになるまでには、教員が指示を出してから約15分が経過していた。
>
> グループディスカッション中には、真面目に議論している学生もいるが、多くの

グループからは笑い声や指示された内容とは異なる話が聞こえてくる。さらに、指定時間が過ぎ、教員がグループディスカッションを終えるように言っても、学生たちは雑談をし続けていた。

(X大学13回目授業 フィールドノートより)

　最後に、授業中に行う筆記試験対策では、市販の問題集の中から最も簡単と思われる問題（首都名や英単語など）を選んで出題していた。これは、容易な問題を解かせることによって学生が就職活動に自信を持てるようにするための配慮であったと考えられる。
　このように、入試難易度の高いA大学では、学生に考えさせるための工夫と就職活動に向けた準備の必要性に気づかせるための取り組みが行われていたのに対し、入試難易度の低いX大学では、学生が混乱しないようにする工夫と、自己肯定感を高めるための配慮が行われていたことが明らかになった。

6. 授業中の学生の様子

　では、A大学とX大学では授業中の学生の様子はどのように異なるのであろうか。本節では、2大学における授業の様子を、フィールドノートに基づいて記述する。
　A大学におけるキャリア教育科目の授業は非常に静かであり、私語をしている学生はほとんどいない。教室前方に座っている学生は、メモを取りながら授業を聞いている。このような学生を相手に授業を行うのであれば、教員が授業を行うことに困難を抱えることはないと考えられる。しかし、だからといって学生が真面目に聞いているとは限らない。以下に、教員HT1による授業の様子をフィールドノートから引用する。

【授業開始前】授業開始10分前に教員が入室し、教室最前列に複数の資料を並べる（5〜8種類）。学生は並べられた資料を順に取り、席に着く。教室後方から座っていく学生がほとんどだが、いつも教室前方に座っている学生が複数名いる。学生は

> 友達と談笑したり、前回の授業資料を見たりしながら、授業開始までの時間を過ごす。教員は入り口付近に立ち、学生をにこやかに迎え入れる。
> 【授業開始】教員が授業開始を告げると、2、3分で静かになる。教員はマイクを使って講義を行うが、マイクがなくても十分に聞こえるほど静かである。授業冒頭で、インターンシップ参加に伴う事務手続きのために一部の学生を呼び、話をしていると、後部座席の学生から「（授業は始まっているのに）このタイミングでやらなくても」「何なの？この時間」というぼやきが聞かれた。一部の学生のために、授業時間が使われるということに対して学生が不満を抱いている様子が窺える。
> 【授業中】授業中は非常に静かだが、真面目に聞いているのは一部の学生であり、大半の学生はスマホいじり、睡眠、読書（本科目における指定教科書はないため、授業とは関係ない本だと推測される）、スケジュール帳への記入を行っており、他人に迷惑をかけない範囲で逸脱行為を行っている様子が確認された。毎回リアクションペーパーの提出が求められるが、授業終了まで待たずに、授業中に書いている学生が多い。
> 【授業終了後】複数の学生が、リアクションペーパーを授業終了と同時に提出して退室する。授業中すべて寝ていた学生も授業終了と共に目覚め、リアクションペーパーを書き始めた。数人の学生がインターンシップの手続きに関する質問をするために、列を作って待っている様子が確認された。
>
> （A大学第9回目授業 フィールドノートより）

　この授業は非常に静かであり、学生の受講態度も良好に見える。授業終了後には多くの学生が列をなして教員に質問しに行くことからは、学生の意欲の高さを感じる。しかし、すべての学生が真面目に授業を聞いているというわけではなく、他の学生の迷惑にならない範囲で逸脱行為を行っていた学生もいたことが明らかになった。さらに、用紙にびっしりと書かれるリアクションペーパーは必ずしも学生が真面目に授業を聞いていたことを示しているわけではない。授業中寝ていた学生であっても、リアクションペーパーを見る限り、授業を真面目に聞いて、しっかりと考えているように見えるのである。
　この授業を受講していた学生HS4は、リアクションペーパーの書き方につ

いて次のように述べている。

> 学生HS4：配られたプリントを見て、あ、今日こういうことやったんだっていうのはパパって読んで、授業に対する感想じゃなくて、プリントに対する感想みたいなのを書いてます。だけどみんなそうだと思います。それか、聞いてたところだけを。最初の5分起きてたとしたら最初の5分だけの情報から書いてます。
> 筆者：思いっきり推測？こう言ったかな？みたいな。それとも断片的な情報から（推測して書くの）？
> 学生HS4：そうです。断片的な情報から、事実から自分はこう思いましたみたいなことを書いてる人が多いと思います。
>
> （2018年7月25日 学生インタビュー逐語記録より）

　学生HS4は、授業を寝ていてまったく聞いていなくても、リアクションペーパーを書くときに困ることはなかったという。それは、学生HS4が「配られたプリント」や「聞いていたところ」から授業全体の内容を推測し、「自分はこう思いましたみたいなこと」を書いていたからだという。この語りからは、断片的な情報から自分の意見を構成できるということ、授業を聞かなくてもプリントを読めば自分で理解できるため、授業を聞かなくなってしまうということが推測される。さらに、筆者は学生HS4の書き方について質問していたにもかかわらず「みんなそうだと思います」「書いてる人が多いと思います」と答えている。つまり、このような振る舞いは学生HS4だけではなく、学生HS2や他の受講生にも見られることであり、自分だけではないことを強調しているようにも理解できる。学生HS2もまた、授業は熱心に聞いていたわけではなく、リアクションペーパーには配布資料から単語や文章を引用して、それに対する自分の感想を書いていたという。リアクションペーパーに自分の考えを熱心に書いているということが、授業意欲・関心の高さを反映しているとは限らない。

　次に、X大学の授業の様子を記述する。この授業では、学生が非常に騒がしく、教室後方では教員の声がまったく聞こえない。このような教室で授業を行うことは教員にとって非常に辛いものだと推測される。

【授業開始前】学生たちが友達と一緒に教室に入ってくる。「あっ○○じゃん（教員LT1の愛称）」と教員に話しかける。友達がいる学生は教室後方に座り、スマホいじりや雑談をする。教室に友達がいない学生は前方に座り、うつぶせになって寝る。
【授業開始】学生の私語がうるさくて、教員がマイクを使っていても、後部座席ではまったく話が聞こえない。授業中と休み時間の様子はほぼ同じで、前方の学生は居眠りをし、後方の学生は飲食をしながら大声で話したり、一つのスマホにイヤホンをつけて二人で動画を共有していたりする。履修者の1/3が今日も欠席している。スクリーンに座席ルール（「後部座席3列は空ける」「3人掛け×➡一つ空けて2人掛け」）が出されているにもかかわらず、後ろ3列に、隣同士で座る学生が複数名いる。授業の最初は教員が座席ルールを守るように注意して回ることから始まる。
【授業中】遅れてきた学生が教室前方のドア（教卓横）から入室し、今日の資料を探す。授業中に計6名の学生が教室から出ていく。教員LT1は退出する学生を見ながら「タバコかな？」とつぶやく。10分ほどたってから、菓子や飲み物を手にして戻ってくる。その後、学生は友達と菓子を食べながら談笑している。後部座席からはほとんどの学生がスマホいじりをしている様子が見える。
【授業終了30分前】女子学生が化粧を始める。1名の学生が立ち上がり、教卓付近のコンセントにスマホの充電をしに行く。教員が、課題が終わり次第授業終了だと告げると、授業終了20分前にもかかわらず、課題を提出して退出した。

(X大学第2回目授業 フィールドノートより)

　この授業は非常に騒がしく、学生の受講態度は決して良いとはいえない。授業中の入退出や飲食、学生同士の談笑、スマホいじりなどの逸脱行為が目立ち、真面目に授業を聞いている学生は数えるほどしかいない。さらに、一部の学生はイヤホンを友達と共有しながら動画を見ていたが、このことは教員の話をまったく聞く気がないことを示しているといえるのではないだろうか。
　このように、学生の受講態度はA大学とX大学では大きく異なっていた。A大学の授業では学生の私語はなく、授業中に退出する学生もいない。しかし、教室後方からよく観察すると、授業中の読書や居眠り、スケジュール帳への記

入といった他人に迷惑をかけない範囲で逸脱行為をしている学生もいることが確認された。また、A大学では授業中ずっと寝ていた学生であっても、配布資料を参照したり、まわりの人に授業の内容を聞いたりすることによって授業内容を把握し、長文のコメントを書いていた学生が複数名いた。

　他方、X大学の授業では学生の私語やスマホいじり、画面を友人と共有しながらの動画鑑賞、授業中の飲食（菓子）など、見てすぐに分かる逸脱行為が横行していた。A大学の学生とは違い、教員に注意される、もしくは教員の関心を得ることを期待しているかのように筆者には思えた。また、学生の記述するリアクションペーパーの記述量や内容には学生によって大きなばらつきがあり、授業の内容や感想を複数行にわたって書く学生がいる一方で、「良かった」「ためになった」など、主語がなく、単語レベルで感想を書く学生も複数名いた。

7．学生の典型的な就職先に関する教員の発言

　最後に、教員が授業において大学の典型的な就職先をいかに語っていたのかを確認する。第5章で確認したように、入試難易度の高い大学の教員は、学生の典型的な就職先を公務員や大企業・総合職であると認識していた。このような認識は授業中の教員の語りの中でも表れている。以下に、教員HT1の語りを引用する。

教員HT1：○○県庁、誰も出さないですか？　良かったですか？　○○県庁は今日、一人ありましたね。○○市、○○省、○○県とかね。今日は○○市が一人ありましたね。あと○○省、○○省、そちらのインターンシップも来ています。
（A大学第6回目 授業逐語記録より）

　教員HT1の授業では、毎回のように募集中のインターンシップや、間もなく締め切りを迎えるインターンシップの情報が伝えられていた。この時期は、公務員だけではなく複数の企業や団体からもインターンシップの募集案内が出される。しかし、教員HT1が6回目の授業で紹介していたのは、すべて公務

員のインターンシップであった。A大学では公務員に就職する学生が最も多い（A大学ウェブサイトより）。つまり、教員HT1が公務員インターンシップを積極的に紹介しているのは、多くのA大学生が就職先として興味を持つからであると考えられる。

　さらに、A大学のキャリア教育科目では、語彙力トレーニングと称して社会人であれば知っておくべき語彙や敬語の知識を確認するようなテストが授業冒頭で行われている。テストはすべて教員が採点し、学生の正誤傾向を分析しているが、その結果を述べる際にも、大学における典型的な就職先は語られていた。

> 教員HT1：5月23日に実施した語彙力トレーニングの結果は皆さんの平均点はどのくらいだか分かりますか？　50点ぐらいだと思う人はいますか。平均点ですよ？実はね、信じられんけど22.8点でした。このレベルではですね、国家公務員のキャリアとか県庁とか〇〇市役所とか大企業にはちょっと、ちょっと厳しくなりますね。
>
> （A大学第6回目　授業逐語記録より）

　教員HT1は「このレベル」では「国家公務員のキャリアとか県庁とか〇〇市役所とか大企業」は難しい、と述べている。このことは、公務員や大企業を希望する学生がA大学には多いことを示唆する。だからこそ、このように述べることが学生の学習を動機づけるうえで有効だと教員が思っていると考えられる。さらに、この授業において行われている語彙力トレーニングテストが、公務員試験や大企業への入社テストと同じような位置づけで使われているようにも理解できる。教員HT1が公務員や大企業を引き合いとして出すことは、学生の学習動機を高めるうえで効果があるのだろう。しかし、社会人であれば知っておくべき語彙や敬語の知識を学ばせることを目的としていたはずの語彙力トレーニングが、学生にとっては就職活動における筆記テストを通過するためのように理解されてしまう可能性がある。学生の学習意欲を高めるための発言が、結果としてテスト本来の目的を誤認させてしまう可能性も否定できない。

　学生の就職先のみならず、将来担うであろう役割に関しても授業において言及されていた。教員HT2はA大学の学生は社会の中でリーダーシップを発揮

していくと述べていたが（第5章参照）、A大学の学生が将来的には管理職を担う存在になるということは、ゲストスピーカーからも語られていた。第6回目の授業に登壇したゲストスピーカー（大企業に就職したOGの上司）はA大学の学生に期待されるキャリアについて以下のように語っている。

> ゲストスピーカー（上司）：皆さんの学歴であればどこかに就職できると私は思います。多分、皆さん自身もそう思われてると思うんですね。ただ<u>皆さんが求められていることは、入ってすぐの目先の労働力として皆さんを求めてるわけではなくって、10年先、20年先に人を引っ張っていって先頭に立って企業を動かして、組織を動かしてそういうことをしてもらいたいなと思って企業側は皆さんのことを必ず見ています。</u>
>
> （A大学第6回目 授業逐語記録より）

　ゲストスピーカーは、A大学の学生には「目先の労働力」ではなく「先頭に立って企業を動かし」「組織を動かし」ていくことが期待されているということを、「企業側」の視点から述べている。学生はこのような学外の人物からの語りを通じて、社会におけるA大学の位置づけや、卒業後に期待されている役割を内面化していくと考えられる。

　他方、入試難易度の低いX大学の教員は、自大学の学生の典型的な就職先を、中小企業における営業・販売・サービス職と認識していたが、直接的に語られるというよりは、結果として自然と学生が典型的な就職先を受け入れるような働きかけが行われていたと考えられる。X大学の授業の一環として開催される学内企業説明会では、地元のメーカーや、介護、警備、自動車ディーラーが出展していた。また企業説明会に先立ち、授業では企業説明会に参加する企業の概要（企業名、所在地、業種等）を記した一覧表が配られ、どの企業を訪問したいか考えるように指示が出されていた。以下に、授業中の教員LT1の語りを引用する。

> 教員LT1：業界図鑑で出ている企業だと、「これってめちゃくちゃ優秀な人しか就職できない企業じゃないんですか」っていうような企業も出てきます。<u>ここに出て</u>

> いる企業名は、皆さんの先輩が間違いなく就職している企業が出ています。ここ最近、就職していないとしても就職先がX大学の学生さんに来てほしいと思っている企業名がずらっと並んでいます。
>
> 　　　　　　　　　　　　　　　　　　　　（X大学第9回目　授業逐語記録より）
>
> 教員LT1：（企業説明会に出展していた企業は）皆さんにとってはかなりリアルな、キャリアデザイン。将来こうなるんじゃないかなっていう。就職を希望していれば入れるような企業さんたちなので、ひとつのイメージ、モデルにしてくれればいいかな。
>
> 　　　　　　　　　　　　　　　　　　　　（X大学第13回目　授業逐語記録より）

　教員LT1は、業界図鑑に出ている企業には「めちゃくちゃ優秀な人しか就職できない企業」も掲載されているが、企業説明会参加企業一覧表に掲載されている企業は「皆さんの先輩が間違いなく就職している企業」であり、「X大学の学生さんに来てほしいと思っている企業」であると紹介している。また、企業説明会に出展していた企業は、「皆さんにとってはかなりリアル」であり、「将来こうなるんじゃないかな」というモデルとなることが期待されている。OB/OGが就職している企業は、自分たちにとっても現実的な進路であり、一つのイメージとして参照すべきだと語られているのである。

　また、第8回目の授業として行われた内定者報告会では、求人が少ない事務職ではなく、求人が多い営業職を選んだということが、内定者（女性）の勝因の一つとして語られていた。以下に、キャリアセンター職員による発言を引用する。

> キャリアセンター職員：どっちかって言うと、まぁ少し視野が狭い一般職に希望する人が増えてきている、ということですから、逆に捉えればですね、「なんでもやります」と「どこでも行きます」っていう学生は比較的企業からは受け入れられやすい、そういうことがいえるのかなという風に思います。
>
> 　　　　　　　　　　　　　　　　　　　　（X大学第8回目　授業逐語記録より）

キャリアセンター職員は、「なんでもやります」「どこでも行きます」という学生が「企業からは受け入れられやすい」と述べている。この語りからは、企業の要求に従順な人材であることが内定を得るうえで重要だと考えられていることが推測される。確かに、「一般職」に限定した就職活動を行う学生よりも、幅広く就職活動を行う学生の方が内定を得やすいのかもしれない。しかし、従順であることが企業から内定を得るうえで重要であるということは、A大学の授業で語られることはなかった。

このように、大学における典型的な就職先は、直接的もしくは間接的に語られていた。これは、授業に対する積極的な取り組みを促したり、学生の就職活動を動機づけたりするためだと考えられる。学生は教職員のこのような語りを通じて、大学における典型的な就職先を自分にふさわしい進路として受け入れていく可能性がある。

8. 小　　　括

本章では、教員の学生や典型的な就職先に対する認識が、授業にどのように現れているのかを入試難易度の高いA大学と、入試難易度の低いX大学の授業観察に基づいて検討してきた。その結果、どちらのキャリア教育科目の授業においても、大学における典型的な就職先は直接的もしくは間接的に語られていたことが明らかになった。

しかし、授業の目的は異なっており、入試難易度の高い大学A大学では、学生に考えさせることが目指されていたのに対し、入試難易度の低いX大学では、就職活動で必要となる知識やスキルを理解し、正しく使えるようになることが目指されていた。

A大学とX大学の授業実践は学生の特徴に配慮した授業であると同時に、大学における典型的な進路と一致した授業であったとも考えられる。大企業・総合職に就くことが当たり前になっているA大学では、自分たちで考え行動し、必要であれば交渉すること、個人だけではなく受講者全体で目標を達成するために広い視野で状況を確認することが求められていた。また、リアクション

ペーパーには授業に対する要望や批判を書くことが期待されていた。授業に対する要望や批判を書くためには、授業を批判的に検討する必要がある。このような授業はA大学の学生に、大企業が求める「新たな課題や価値を作り出し、解決していく自律的な能力」（麦山・西澤 2017）を身につけさせるための教育であったと考えられる。

他方、中小企業・販売／営業／サービス職が卒業生の典型的な進路であるX大学では、就職活動で必要となる知識やスキルを身につけ、それらを正しく使えるようになることが求められていた。授業では様々なワークシートが用意され、教員の指示に従って応募書類を書き進めていけば、15回の授業終了時には就職で必要となる応募書類が完成しているような授業が行われていた。また、従順であることが内定可能性を高めることも語られていた。このような授業実践はX大学の学生に、中小企業が求める「真面目さや規律の遵守と結びついた能力」（麦山・西澤 2017）を身につけさせるための教育であったと考えられる。

ただし、入試難易度の高いA大学の授業においても就職支援的内容は扱われていた。それは、キャリア教育科目担当教員が自らの専門性を活かした授業を行った結果であり、これまでの経験から就職技法的内容を授業で扱うことの必要性を実感していたからだと考えられる。また、入試難易度の低いX大学の授業においても、教員の専門である経営学の知識を使いながら、学生の思考を促す取り組みが行われていた。キャリア教育科目を担当する教員の背景やキャリア教育観は、授業内容を左右することが明らかになった。

これらを踏まえれば、大学のキャリア教育科目で教えられるすべての授業内容が学生の特徴に配慮した授業内容であるというわけでも、典型的な就職先に求められる能力を育成するための教育だけが行われているというわけでもない。就職先と対応していない内容も教えられていたのである。

では、学生たちはキャリア教育科目をどのように評価しているのだろうか。入試難易度の高低によって学生のキャリア教育科目に対する評価はどのように異なるのだろうか。次章では、学生インタビューを通じて、学生がいかなる授業をどのように評価するのか、学生の評価は入試難易度の高低によってどのよ

うに異なるのかを分析していく。

【注】
(1) リアクションペーパーの分析手法を開発した須田（2017）は、学生の記述内容を以下9つに分類している。すなわち、①授業内容を書いた【事実】（「（授業内容）があった」）、②授業内容に対して理解したことを書いた【理解＋】（「（授業内容）が分かった」）、③授業内容に対して理解していないことを書いた【理解－】（「（授業内容）が分からなかった」）、④授業を肯定的に評価した【評価＋】（「（授業内容）が良かった・面白かった」）、⑤授業内容を否定的に評価した【評価－】（「（授業内容）が良くなかった・つまらなかった」）、⑥既有知識や個人的経験など授業外の過去の自分に関する内容を書いた【過去】（「以前は～だった」）、⑦授業内容をふまえた展望を描いた【願望】（「これから～したい」）、⑧授業内容をふまえて自分なりの考えを書いた【思考】（「～ではないかと思う」）⑨授業内容をふまえて疑問を書いた【疑問】（「～なのだろうか」）、である。さらに、①～⑤は「浅い学び」に、⑥～⑨は「深い学び」に該当するという。この知見を踏まえれば、教員HT1が学生に要望、批判であっても書くように求めることは、学生の「深い学び」を促すためであったといえるのではないだろうか。

第7章

学生による授業評価

1. はじめに

　前章では、大学の序列によってキャリア教育科目の授業実践は異なり、入試難易度の高いA大学では学生に考えさせるための工夫が行われていたのに対し、入試難易度の低いX大学では就職活動で必要となる知識やスキルを身につけさせ、自信をもって就職活動に臨めるようにするための工夫が行われていたことが明らかになった。これらは、学生の特徴に配慮した授業でもあり、大学における典型的な就職先へと水路づけるような授業でもあったといえる。入試難易度の高い大学ほど、大企業が求める「新たな課題や価値を作り出し、解決していく自律的な能力」（麦山・西澤 2017）を育成するような授業を行っているのに対し、入試難易度の低い大学ほど、中小企業が求める「真面目さや規律の遵守と結びついた能力」（麦山・西澤 2017）を育成するような授業が行われていたのである。しかし、すべての授業内容がそうだったわけではない。入試難易度の高い大学でも就職支援的内容は扱われていたし、入試難易度の低い大学でも専門科目である経営学の知識を使いながら、学生の思考を促す取り組みは行われていた。

　では、学生たちはこのようなキャリア教育科目をどのように評価しているのだろうか。また、入試難易度の高低によってキャリア教育科目に対する学生の評価はどのように異なるのだろうか。本章では学生の授業に対する評価を、就

職活動を経験した学生に対するインタビュー調査から明らかにする。分析の際には、入試難易度の高低によって、学生が肯定的に評価するキャリア教育科目の内容は異なるのか、大学におけるこれまでの学習経験はキャリア教育科目に対する学生の評価と関連があるのか、学生の評価と就職先には関連があるのか、に注目する。

2. 調査概要

　入試難易度の高い大学（偏差値 57 以上）と入試難易度の低い大学（偏差値 47 以下）の 8 大学に所属する文系学部（教育系・心理系・経営系・法律系・人文系）の学生 18 名に対してインタビュー調査を行った。インタビューにおける主な質問内容は、就職内定先企業名と職種、3 年次に受講したキャリア教育科目の内容、キャリア教育科目に対する印象、その印象を持った理由（受講していなかった場合は、なぜ受講しなかったのか）、大学の良かった授業や印象に残っている授業の特徴である。本調査は、就職活動を終えた学生を対象としており、調査時点で科目の履修から約 1 年が経過していたことから、学生はキャリア教育科目における個々の授業内容を覚えていなかった。よって、キャリア教育科目の具体的な内容ではなく、キャリア教育科目に対する全体的な印象に対する学生の評価と、学生が特に印象に残っている授業内容について質問している。

　表 7 は、研究参加者の概要を示したものである。左から、学生 ID、大学設置者（国立／公立／私立）、学部系統、性別、就職内定先（業種と採用区分）、受講したキャリア教育科目の授業内容を示している。キャリア教育科目の授業内容は学生の語りに基づいていることから、同じ授業を受けていた学生であっても、授業内容に対する認識や語りは異なる。例えば、学生 HS1 と学生 HS5 は同じ授業を受けていたにもかかわらず、学生 HS1 は受講したキャリア教育科目の授業内容を「自己分析」と認識しているのに対し、学生 HS5 は「社会人マナー」と認識しているのである。これは、学生によって印象に残っている授業内容が異なることを示している。

表7　学生インタビューの概要

学生ID	設置者	学部	性別	内定先（業種・採用区分）	キャリア教育科目の授業内容
HS1	国立	心理	女性	通信放送業・総合職	自己分析
HS2	国立	教育	男性	情報通信業・総合職→大学院進学	社会人マナー
HS3	国立	教育	女性	製造業・総合職	自己分析・就活の流れ
HS4	国立	教育	男性	教育産業・総合職	時事問題・自己分析
HS5	国立	心理	女性	教育産業・チューター	社会人マナー
HS6	公立	経営	女性	製造業・総合職	OB/OGによる講話
HS7	私立	法律	女性	情報通信業・総合職	身だしなみ・面接対策
HS8	国立	教育	女性	製造業・総合職	(a) 自己分析・一般常識 (b) インターンシップ報告会
HS9	私立	人文	女性	銀行業・総合職	受講せず
LS1	私立	経営	女性	銀行業・総合職	自己分析
LS2	私立	経営	男性	自動車販売業・営業職	身だしなみ・面接対策
LS3	私立	法律	男性	物流・営業職	受講せず
LS4	私立	人文	女性	製造業・一般職	身だしなみ・面接対策
LS5	私立	人文	女性	航空業・客室乗務員	身だしなみ・面接対策
LS6	私立	経営	男性	自動車賃貸業・サービス職	履歴書の書き方・マナー
LS7	私立	経営	男性	自動車販売業・営業職	履歴書の書き方・マナー
LS8	私立	人文	女性	銀行業・一般職	(a) 女性のライフスタイル (b) CA講座
LS9	私立	人文	女性	航空業・客室乗務員	(a) 女性のライフスタイル (b) CA講座

※3年次に受講したキャリア教育科目が2つある場合、(a)(b)に分け、それぞれの内容を記述した。
※CA＝キャビンアテンダント（客室乗務員）

3. キャリア教育科目に対する学生の評価

　まず、キャリア教育科目に対する学生の評価を大学の入試難度別に確認する。入試難易度の高い大学の学生が肯定的に評価するキャリア教育科目とは、発表やグループワークのように自分の考えを外化できる授業や、経験の場を通

じて自ら考える授業である。学生 HS8 はインターンシップで自分が学んだことを発表する授業を「発表するために自分の経験を振り返り、学んだことを整理できた」と肯定的に評価している。また学生 HS1 も、グループワークで「友人に短所を伝える際、どのように伝えるのが良いのかを工夫し、試し」たことがよかったと述べていた。つまり、彼らは教員から何かを教えてもらう授業よりも、授業をきっかけに自分で考え、何かを経験できた機会を高く評価していた。

しかし、グループワークであっても思考を要しないテーマの場合、学生の評価は低い。以下に、学生 HS2 の語りを引用する。

> 学生 HS2：あれ（グループワーク）は大喜利の一種だと思いました。例えば「自分を家電に例える」だと、そこまで自分を見つめなくても、ただ面白いことを言えばいい。
>
> （2018 年 7 月 12 日 学生インタビュー逐語記録より）

学生 HS2 は、「自分を見つめなくても」「ただ面白いことを言えばいい」グループワークのことを、「大喜利の一種」と評している。この語りからは、グループワークという形式を採用していれば何でもよいというわけではなく、どのようなテーマを扱うのかが重要であると考えられる。

他方、一般常識のテスト対策やマナー、履歴書の書き方といった就職技法を、正課科目で扱うことに対しては、学生 HS2、HS3、HS4、HS5、HS8 から不満が語られた。彼らは、就職技法であれば本やウェブサイトを使って自分で勉強できるので、授業で扱う必要はないと認識しているのである。以下に、学生 HS2 の語りを引用する。

> 学生 HS2：一般常識テストは（授業で）やってどうするんだろうって感じはあったというか。もちろん大事なのは分かりますけど。（略）でも、それよりも先に考えたいことがあるんじゃないかなって（略）。例えば、自分が仮に IT（業界）に進みたいってなったら、IT（業界）の勉強をするじゃないですか。その関連の中で一般常識がついてくるっていうのが僕の学習観というか、しっくりくるのかなって。自

> 分の興味から出発して、学んでいく中でそういう周辺的なことがついてくる。
>
> （2018年7月12日 学生インタビュー逐語記録より）

　学生HS2はマナーや一般常識のような内容を授業で扱うことに対して、「やってどうするんだろう」と思っており、「それよりも先に考えたいことがある」と語っている。学生HS2にとってマナーや一般常識のような内容は「周辺的」な内容にすぎず、キャリア教育科目における中心的なことではないと認識しているのである。

　就職技法的な内容を授業で扱うことだけではなく、大学生が公務員試験の勉強をすることに対して否定的な学生もいる。以下に、学生HS3の語りを引用する。

> 学生HS3：大学生の時に公務員の勉強（を）するっていうのがよく分からなくて。大学の勉強するために来ているのに。
>
> （2018年7月19日 学生インタビュー逐語記録より）

　学生HS3は「大学の勉強するために」大学に来ているのに、「公務員の勉強するっていうのがよく分からな」いと述べている。学生HS3にとって大学時代は特別な時期であり、大学生でなければ学べないことをやるべきだと思っている。また、「（大学とは）学問のことを研究するところだから。就職する、就職のためにやるべきではない」「就職とか社会人になるためとかの準備段階ではないと思う、大学が」と語っており、大学とは学問を修める場であって、就職の準備や資格試験のための勉強をする場ではないという認識がある。就職のための準備をするかわりに学生HS3は、大学院生と一緒に毎週ゼミミーティングに参加し、夏季休暇中にはゼミ合宿を行ったり、学部で行われている学習支援ボランティアサークルに参加したりしている。学生HS3はこれらの活動を、大学生でなければできない、大学の学びと関連した活動だと認識している。

　学生HS9も、「（大学では）本当に自分の勉強したいことを授業として取りたい」と考えており、キャリア教育科目の内容であれば、「（正課外のキャリア）セミナーで代用できる」とシラバスから判断したため、受講しなかったと

語っていた。このように入試難易度の高い大学の学生は、自分で考え、考えを外化できるキャリア教育科目の授業を肯定的に、就職技法を扱う授業を否定的に評価する傾向があった。さらに、大学とは自分の学びたいことを学ぶ場であり、就職活動の準備を行う場ではないと認識していた学生もいることが明らかになった。

　他方、入試難易度の低い大学の学生が肯定的に評価する授業とは、履歴書の書き方や立ち振る舞い方など、就職技法を丁寧に教えてくれる授業である。

> 学生LS7：スーツの着方とか全然知らなかったので。そういうのがあったりとか、履歴書の書き方とか。履歴書の書き方もそうだし。なんせ分からないことをちゃんと教えてくれるので、LT1先生（キャリア教育科目担当教員）は。そういったところはありがたかった。
>
> 　　　　　　　　　　　（2018年7月30日 学生インタビュー逐語記録より）

　学生LS7は、キャリア教育科目において「スーツの着方」や「履歴書の書き方」など「分からないことをちゃんと教えてくれる」授業を、肯定的に評価していた。学生LS7にとって、大学とは分からないことを教えてくれる場所であり、入試難易度の高い大学の学生のように、自分で調べれば分かる内容を授業で扱う必要はないとは思っていない。

　学生LS8は、1年次から自己理解や社会に関する動向を学ぶようなキャリア教育科目を複数受講してきたが、そういった授業よりも正課科目のCA講座（客室乗務員受験対策科目）を高く評価していた。

> 学生LS8：授業中に、本当に全部（教えてくれた）。立ち振る舞いとか、入退出の仕方、声の張り出し方。「おなか出てますけど、大丈夫ですか？肩下ろして」みたいな。「一人ずつお辞儀しましょう」みたいな。（略）（この授業のおかげで、面接時には）どこ行っても「立ち振る舞いがきれいだね」って言われました。
>
> 　　　　　　　　　　　（2017年2月6日 学生インタビュー逐語記録より）

　学生LS8は、「立ち振る舞い」や「入退出の仕方」「声の張り出し方」といった見た目の評価に関わる内容を教えてくれた本科目を肯定的に評価してい

た。CAという具体的な職業志望がある学生LS8にとって、マナーや立ち振る舞いは就職面接時にすぐに役立つ知識であり、キャリア教育科目に必要なこと「全部」だと認識している。最終的に学生LS8はCAではなく、銀行の事務系一般職で内定を得たが、どこに行っても立ち振る舞いの美しさを褒められたという語りは、マナーや立ち振る舞いを習得する授業が、CAのようなサービス職だけではなく、事務系一般職の内定を得るうえでも役に立ったことを示している。

さらに、彼らは就職技法を正課外ではなく、正課として授業の中で扱う必要性を感じている。以下に、学生LS6の語りを引用する。

> 学生LS6：この（大学の）学生の人たちというのは、そんなに自分から動こうとしない学生が多いっていう印象があるんで。だからこそ授業として組み込んじゃった方がやる。（略）自己分析をしなきゃいけないっていうのは、多分、授業をやっていなかったら思いついてないですね。就活（は）初めてのことなので。就活の時に自己分析っていうものが必要になるっていうのは、多分、言われなきゃ知らなかったと思うんですよ。

(2018年7月30日 学生インタビュー逐語記録より)

学生LS6は、就職活動の際に自己分析が必要になることは、授業で「言われなきゃ知らなかった」「思いついて」いなかったと述べている。それは、就職活動が「初めてのこと」だからであり、教えてもらわなければ分からないことだと認識している。さらに、このような学生は自分だけではなく、この大学にいる学生たちも同じで、「自分から動こうとしない学生が多い」ことが語られた。ここから、X大学には主体的に学んだり調べたりする学生が少ないこと、就職活動に必要な情報や知識を入手する手段が大学の授業以外にないこと、よって就職技法を習得するためには、正課科目である必要があると認識していることが分かる。同様の語りは学生LS7、LS9からもあった。

他方、グループワークを通じて学ぶ授業については否定的、もしくは本来の目的とは異なる側面から肯定的に評価していた。学生LS1は今後の働き方についてグループで議論するキャリア教育科目の授業を「役に立たなかった」と

評価していた。その理由として、キャリアの授業は「焦っただけ」で、「（授業を通じて）具体的にこういうところ（に応募しよう）っていうようには考えていないので」と語っている。学生 LS1 にとってキャリア教育科目が役立つということは、授業内容が応募先検討時や面接時に必要となる具体的な知識や情報、スキルを教えてくれる内容であることだと推測される。実際に、学生 LS1 が役立ったと評価していた授業は、キャリア教育科目ではなく日本語表現科目であった。その授業では、「敬語とか自己 PR の練習。みんなの前で最後（に）発表して、先生からコメントもらって。1分間のスピーチの練習」を行ったという。敬語やスピーチの練習は、面接時にすぐに役立つことが分かる内容であり、教員からのコメントも得られたため、授業の効果を実感しやすかったと考えられる。これに対して、学生 LS1 が受講していたキャリア教育科目のように、グループで議論する授業の場合、教員から答えが与えられず、何を学んだのかが分かりにくいため、「役に立たなかった」という評価につながったのではないだろうか。

　グループワークに対して否定的な評価をしていなくても、真面目に取り組まずに楽な方に逃避する学生や、グループワークの副産物として得られる側面を肯定的に評価している学生もいる。学生 LS5 は、グループワークにおけるまとめ役は、意見の調整が大変なため、「楽って聞いていた」書記や、タイムキーパーを担うようにしていたと語っていた。学生 LS2 は、グループワークの目的を「友達（を）作る」ためだと認識しており、実際に授業を通じて友達ができたことから「良かった」と評価している。

　グループワークを通じて身につける能力が、今の自分になぜ必要なのかがシラバスで具体的に示されていない場合、学生は授業目標を十分に理解しないまま、受講不要だと判断してしまうことがある。以下に、キャリア教育科目をあえて受講しなかったという学生 LS3 の語りを引用する。

> 学生 LS3：（シラバスで）カリキュラムの内容見たんですけど、<u>そんなことしなくても大丈夫</u>かなって思っちゃったんです。多分グループディスカッションの練習とかですよね。内容とか、その辺に対して<u>不安とかなかった</u>ので（受講しなかった）。

(2016 年 10 月 28 日 学生インタビュー逐語記録より)

「トーク力に自信がある」という学生 LS3 は、キャリア教育科目を受講しなかった理由として、グループディスカッションであれば「不安とかなかった」ため、「そんなことしなくても大丈夫」だと思っていたからだという。しかし、なぜ「トーク力に自信がある」のかを尋ねたところ、友人と買い物に行った際、学生 LS3 が勧めた商品を友人が買ったからだという。「トーク力」という曖昧な能力の有無を、友達が自分の進めた商品を買ったという実績に基づいて判断していることが推察される。

このように、入試難易度の低い大学の学生は、就職技法を扱う授業を肯定的に評価する一方で、グループワークを通じて考えるような授業を役に立たない、不要と否定的に評価したり、本来の目的とは異なる理由で肯定的に評価したりしていた。

4. 大学における良かった授業・印象に残っている授業

次に、学生が大学で良かったと思う授業・印象に残っている授業を確認する。入試難易度の高い大学の学生が肯定的に評価する授業とは、学生の主体性が活かせる授業である。具体的には、「ある程度、自主性を認めてくださるっていう感じ」で運営するゼミ（学生 HS3）、「いろんな考えを持ってる人たち（学生）から（略）いろんなことを吸収できる」グループワーク中心の授業（学生 HS4）、「（学生たちが）主体的に考えながら、次はこういうことやっていこうみたいな」学生主体で運営する授業（学生 HS4）、「アドバイスを欲しかったらおいで、みたいな放任的な指導」（学生 HS8）を行う教員の授業を肯定的に評価していた。

学生 HS2 は教員から正解を与えられるよりも、自分で答えを考えたいと思っており、「知識って与えられるよりも自分で作っていく方が好き」で、決められたものを与えられることは「すごく嫌」だと語っていた。よって、学生 HS2 が肯定的に評価する授業とは、すべての授業内容を教員が教えてしまう

のではなく、考えるための材料や思考のための枠組みを提供するに留まり、それをもとに学生自身が思考できるような授業であった。以下に、学生 HS2 の語りを引用する。

> 学生 HS2：(経済の授業は) 将来のことだし、予測できないから、そこで初めて<u>自分の意見が作れるわけじゃないですか</u>。<u>それが、あー楽しいなって</u>。
>
> (2018 年 7 月 12 日 学生インタビュー逐語記録より)

　学生 HS2 は、「将来のこと」で「予測できない」経済状況を、理論に基づいて検討する授業であれば、「自分の意見が作れる」と肯定的に評価していた。学生 HS2 にとって、思考の枠組み（理論）は教えても、答えは教えないような授業が大学においては良い授業なのだと考えられる。

　さらに、学生 HS9 が肯定的に評価する授業では、主体性を活かす余地のある課題が出されていた。以下に、学生 HS9 の語りを引用する。

> 学生 HS9：大学の図書館に解説書みたいなのがたくさんあるんです。こんな分厚いの（約 15 センチ）が。それを（毎週）読んできて、次回までに（まとめる）。もちろん先生が指定した箇所読んできて。あと、かつ、<u>自分で疑問に思ったこととか、こういう解釈すればいいんじゃないかってこと、全部まとめて</u>。
>
> (2018 年 9 月 6 日 学生インタビュー逐語記録より)

　学生 HS9 は入学当初、志望していた学部ではなかったことから、あまり専門科目に興味が持てなかった。しかし、勉強したいことが固まっていなかったからこそ、課題が多く、履修者が自分しかいないというゼミを選んだという。ゼミでは毎週、分厚い課題図書を自分で読み、自分なりに解釈し、自分の考えをまとめてゼミ教員に報告することが求められる。大変とは思いながらも努力をし続けるうちに、興味を持てる内容と出会い、「私、こんなに勉強する予定だったっけ？」と思うほど本をたくさん読み、「自分で（他学部の）イスラム関連とか宗教文化の授業を受けた」ほど、真面目に勉強するようになったと語っていた。

　しかし、彼らはすべての授業に対して真面目に取り組んでいたわけではな

い。教員が一方的に話し、思考する余地がない授業の場合、「寝ていました」（学生HS3）、「授業とは関係ないことをしていました」（学生HS2）と語っていた。学生は、自主性が尊重される授業や、思考の余地があり、主体性を活かせる課題の場合は真面目に取り組んでいた一方で、そうでない場合は、落書きや居眠りなど、他人に迷惑はかけないものの、望ましくない態度で授業を受けていたのである。このように、入試難易度の高い大学の学生たちは、教員が学生に教え込むというよりも、学生の主体的な学びを教員がサポートするような授業を肯定的に評価する傾向があった。

　他方、入試難易度の低い大学の学生が肯定的に評価する、もしくは印象に残っている授業とは、熱心で丁寧な指導をしてくれる教員や、人柄の良い教員が行う授業である。例えば、学生LS4が肯定的に評価する授業は、留学中にメールや電話を通じて何度も相談にのってくれた教員が行う授業であった。教員は、「こんな時間？っていうような時でも返信とかして」「本当に精神的にサポートして」くれたという。教員の授業時間外における懇切丁寧な対応が、教員だけではなくその教員が行う授業に対しても肯定的な評価をすることにつながっている。

　また、学生LS7が肯定的に評価する授業は、「人として尊敬できるLT1先生」が教えてくれた授業である。以下に、学生LS7の語りを引用する。

> 学生LS7：あの先生（LT1先生）は授業っていうよりも、人として、人として大きくしてくれる。おもしろいこと言ったりとかそういう存在なんですよ、僕にとって。（略）授業についてはいたって普通って感じなんですけど。（略）この授業もLT1先生だったからやるだけです。他の先生だったら僕はやらないです。
>
> 　　　　　　　　　　　　（2018年7月30日 学生インタビュー逐語記録より）

　学生LS7は、「授業っていうよりも」「人として大きくしてくれる」先生や「おもしろいこと言ったり」する先生を肯定的に評価している。よって、「授業についてはいたって普通」であっても、先生が良かったという理由で授業を肯定的に評価しているのである。学生LS4や学生LS7の語りからは、彼らが授業内容よりも教員の人柄や、教員とのインフォーマルな関係性に基づいて授業

を評価していることが窺える。

よって、教員の人柄に問題があると判断した場合には、出席はしても、授業を受け入れない。

> 学生LS4：<u>問題がある先生</u>だったので、多分、<u>拒否してたんだと思います</u>。何か注意しなくちゃいけないっていうので有名な先生で。
> 　　　　　　　　　　　　　　（2016年10月19日 学生インタビュー逐語記録より）

学生LS4によると、この教員はしばしば学生に対して問題行動を行っており、その情報は学生間で共有されていた。よって、教員のことを警戒し、授業を聞くことを「拒否」していたと語っていた。しかし、聞くことを拒否していたにもかかわらず、授業については「あんまり内容なかった」と評価している。このことは、教員に対する否定的な評価が、授業への評価に直結していることを示唆する。学生は授業を授業の内容よりも、教員の人柄で評価していると考えられる。

彼らが受講してきた授業の課題に、主体性を活かす余地や、思考する余地があったとは言い難い。学生LS5は印象に残っている授業として文学概論を挙げており、その理由として、「覚えるのが難しくて」「（キリスト教をまったく知らないのに）翻訳してって言われて」大変だったからだと語っている。授業の記憶が「覚える」ことやまったく知らない内容をただ「翻訳」することに留まっており、思考にまで至っていないことが示唆される。また、学生LS6は大学で唯一勉強した授業として簿記の授業を挙げていたが、その勉強方法は「試験前にプリント（を）見返したぐらい」だと語っていた。学生LS6に限らず、入試難易度の低い大学の学生の中には、簿記やTOEICなどの資格対策科目を受講していた学生が複数名いた（学生LS1、LS4、LS5、LS6、LS7）。資格試験対策の授業は、学習効果が可視化しやすく、就職活動においても「役立つ」ことから、学生の学習意欲を高めるために導入している大学も多いと考えられる。しかし、資格試験には画一的な答えがあるため、学生が答えについて思考したり、主体性を活かしたりする余地は少ない。このような授業を受けていく中で、学生は学問には絶対的な正解、画一的な答えがあるという心性を身

につけてしまう可能性がある。さらに、専門教育の一部として資格対策を行うことは、学生の専門教育全体に対する学習意欲の低下につながる場合もある。英語を専攻している学生 LS4 は、「TOEIC（対策の授業）とかもとってたんですけど、全然面白くなくて。本当に単位のためだけに。英語好きなはずなんですけども、本当につまらなくて」と述べていた。当該授業のシラバスをウェブサイトで確認すると、授業の目的として「TOEIC 受験における得点アップを最大の目標とする」と書かれている。TOEIC の得点アップを目的とした場合、語学力の成長は実感できたとしても、授業を通じて英語を学ぶことの楽しさを実感することは難しいかもしれない。TOEIC 対策を行う授業が面白くなかった結果、英語（専門教育）を学ぶということ自体が「つまらなく」なってしまった可能性がある。

　資格対策の授業のみならず、キャリア教育科目の授業であっても学生が思考したり、主体性を活かしたりする余地があったとは言い難い場合がある。学生 LS9 が受講していた社会人講話の授業では、授業冒頭に企業情報の一部（資本金、従業員数など）がブランクになっている用紙が配られ、教員が企業の概要を説明する。さらに、スクリーンにはブランクに埋めるべき回答（数字）が映される。学生 LS9 からは、スクリーンに映された回答を、深く考えることなく転写していたことが語られた。以下に、学生 LS9 の語りを引用する。

> 学生 LS9：とりあえず写す、みたいな。とりあえず写す。
> 筆者：えっ、写してどうするの？
> 学生 LS9：分かんないけれどブランクが、ブランクがあると女の子は埋めちゃうんですよ。分かります？（略）ブランクがあって、前に答えが出たら埋めちゃうっていう性質が女の子にはあって。それが何か、テストとかがあるわけではないんで、ブランクなんか埋める必要ないけれど、とりあえず埋める。（略）答えが出てるぞ、急げ、みたいな。別にいらない、後で（笑）。
>
> （2017 年 2 月 6 日 学生インタビュー逐語記録より）

　学生 LS9 は、スクリーンに映された回答を、「とりあえず写す」という。それは、「テスト」で求められるわけでも、後で必要になるわけでもない。授業

終了後にリアクションペーパーを書いて提出すれば単位が得られるこの授業において、ブランクを埋める作業は何のための作業なのか、学生本人も分かっていない。ただ、ブランクのある紙を渡され、回答が目の前に映されると、その意味を考えることなく、機械的に写してしまうのである。スクリーンに映された内容を転記するだけの作業に、思考が伴っているとは言い難い。

　肯定的に評価できる、もしくは印象に残る授業を受けてきた学生がいる一方で、良い授業はない、もしくは大学の授業を覚えていないと答えていた学生も複数名いる（学生 LS1、LS2、LS3、LS5）。学生 LS1 は、第一志望だった大学・学部に所属しており、入学当初の学習意欲は高かった。しかし大学入学後、勉強することに対して徐々にやる気を失っていったという。その理由を、「経済と商業を幅広く、浅く広く学んで」いくという学際的な学部であったことから、「（授業内容）浅いから、学んだなっていう実感がない」と語っていた。同様のことは学生 LS3 からも語られている。学生 LS3 は自分の学部を「他の学部がやるようなことを、ちょびっとずつかじりで受けられる」学部であり、「導入ぐらいしか」学ばなかったという。その結果、「4 年間通ってみて、どういう学部だったか未だに理解していない」と語っていた。深く学んだという実感が持てないまま大学の授業を受けていくうちに、学生 LS3 は「卒業できればいいかな、ぐらいな感じ」になったという。このような考え方は学生 LS3 だけではなく、所属する大学における学生全体の価値観として語られる。以下に、学生 LS3 の語りを引用する。

> 学生 LS3：今、大学（に）行ってる奴って、多分、大学の授業を受けたくて行ってるわけじゃないですよ。本当にただ遊びたいから。4 年間ラクをしたいから。時間稼ぎというか、4 年間という長い時間で思い出作りであったりとか、バイトしたりとかで自分で好きなように生きたいっていうのが強いと思うんです。有名大学に通ってる方は分からないけど、（学生 LS3 の所属）大学、私立に通ってる人はほとんどそうだと思うんです。そういう奴からしたら、キャリアデザインとかそういう授業って、受けるっていう選択肢にならない。単位の取りやすさで授業を決めてたので。（後略）

> 筆者：単位のとりやすさが重要？
>
> 学生LS3：ですね。何かを学びたいから（学生LS3の所属）大学に来ましたっていう学生は正直そんなにいない。成り行きで、高校の指定校推薦で（学生LS3の所属）大学に来ましたっていう奴か、自分みたいに第一希望に行けなくて来た奴とか様々いると思うんですけど、意識（の）高い奴はごくわずかだと思う。
>
> 筆者：例えばキャリア教育科目を必修にしてたら良かったと思う？必要性が未だに分からないからいらない？
>
> 学生LS3：キャリア教育科目を通して何を学べるのかっていうのは根本で分かってないんです、学生が。なので、多分受けない人も多いと思うんです。それを学ぶことによって何があるのかっていうのを多分、分かっていない。
>
> （2016年10月28日 学生インタビュー逐語記録より）

　学生LS3は、自大学の学生のほとんどが、「ただ遊びたい」「4年間ラクをしたい」「時間稼ぎ」「思い出作り」のために大学に来ていると認識している。学生LS3の大学における多くの学生が授業を履修するかどうかを判断する基準は、「単位の取りやすさ」であり、キャリア教育科目についても「何を学べるのかっていうのは根本で分かってない」と述べていた。この語りからは、授業を受けることによって得られるメリットが明確でなければ、学生は授業を受講しないということ、そのような考え方が学生LS3だけではなく、学生LS3の大学の学生文化として存在していることが示唆される。

　このように、入試難易度の低い大学の学生からは、授業を教員の人柄や単位の取りやすさといった授業内容以外の要因で判断すること、教員に「教えてもらう」という心性を持っていること、授業が近い将来に直接的に役立つことを求める傾向のあることが明らかになった。

5. 大学における学習経験がキャリア教育科目の評価に及ぼす影響

　このように、入試難易度の高低によって肯定的に評価する授業は異なり、入試難易度の高い大学の学生は、学生の自主性が重んじられ、主体性を活かし、

思考する余地のある課題が出される授業を肯定的に評価していた。主体性を活かし、思考する余地のある課題は、学生に思考に没頭する楽しさ、書くことや調査、課題を成し遂げることに対する満足感をもたらす（Eodice 2017）。思考する楽しさを知っている学生だからこそ、正しいやり方を覚え、覚えたことを正確に使いこなすことが求められる就職技法よりも、主体性を活かし、思考できるようなグループワークを肯定的に評価したと考えられる。また、授業で就職技法を扱うことを否定的に評価しており、就職技法であれば自分で学習できると語っていた。米谷（2001）は、巷に情報があふれている現在、自学自習の態度を身につけた学生ならば、自ら調べて理解し、自ら問題を見いだしていく、と述べている。入試難易度の高い大学の学生はこれまでの学習経験を通じて、自学自習の態度を身につけているため、就職技法であれば授業で教えてもらわなくても自分で学べると判断し、就職技法的教育を否定的に評価する一方で、自分一人ではできないグループワークを肯定的に評価したと考えられる。加えて、入試難易度の高い大学の学生にとって大学は、学問を修める場であって就職のための準備をする場ではないという認識がある。よって、学問（特に専門科目）と関連づかないような就職技法の授業を否定的に評価したと考えられる。

　その一方で、入試難易度の低い大学の学生は、就職技法を扱うキャリア教育科目の授業を肯定的に評価し、グループワークを通じて学ぶ授業を否定的に、もしくはグループワーク本来の目的とは異なる理由で肯定的に評価していた。就職技法を肯定的に評価する理由としては、三つ考えられる。第一に、大学において専門科目を深く学んだという実感が持てなかったことである。濱中（2013）は学際的に複数の分野を学べる学部に属していた学生が、自らの学部を、芯の無い「ドーナツ化学部」と称し、専門を深く学んだという実感が持てずにいたことを紹介している。本研究参加者である学生LS1、LS3も学際的な学部に所属しており、同様のことを語っていた。しかし、学際的ではない学部に所属していた学生LS2、LS5もまた、大学での学びは記憶に残っていないと語っている。このことは、学部が学際的であったかどうかにかかわらず、入試難易度の低い大学の学生の中には、専門を深く学んだという実感を持てな

い学生が多いことを示唆する。学んだという実感がなく、大学での学びに自信が持てなかったからこそ、化粧品（就職技法）をたくさん使って素肌（本性）を覆い隠す「厚化粧」（川喜多 2007）をして、就職活動を乗りきろうとした可能性がある。

　第二に、大学で経験した授業には、正しいやり方を覚え、覚えたことを正確に使いこなすことが目標とされるような授業が多かったことである。入試難易度の低い大学の学生からは、暗記することや翻訳の課題が大変だった授業や（学生 LS5）、穴埋め式のレジュメが配布され、授業中に空欄を埋めていくような授業（学生 LS2、LS9）を受けていたことが語られている。穴埋め式のレジュメは、授業のポイントを伝えたり、ノートを取らない、あるいは取れない学生の授業参加を促したりするという利点がある一方で、学生が穴を埋めることだけで満足してしまい、深い学習につながらないこと、穴埋めという枠があるために、思考の枠組みが制限されてしまうという欠点のあることが指摘されている（松本・人見 2016）。このような授業を通じて学生は、思考を要するグループワークを否定的に評価し、思考を要しない就職技法の授業を肯定的に評価した可能性がある。

　第三に、入試難易度の低い大学の学生の多くが、正課科目として大学で資格試験対策の授業を受講していたことである（学生 LS1、LS4、LS5、LS6、LS7）。入試難易度の低い大学の学生は、職業生活・社会生活と結びついた具体的な授業を志向する傾向がある、という児島（2015）の知見を踏まえれば、資格試験対策の授業は学生の授業参加を促すうえで効果的だと考えられる。しかし、資格試験には画一的な答えがあり、正解か不正解かがわかりやすい。さらに、資格取得を希望する学生にとって試験対策を行う授業は、学ぶことで得られる効果が分かりやすい。そのような授業を通じて、学生は思考することよりも、正解を「教えてもらう」という心性や、就職に役立つ授業を求めるような学習観を強化、もしくは新たに内面化した結果、正しいやり方が教えられ、それを使いこなすことが目標とされる就職技法の授業を肯定的に評価し、画一的な答えが与えられないグループワークを否定的に評価した可能性がある。

このように、学生が肯定的に評価する授業は入試難易度によって異なることが明らかになった。浅野（2002）は、①学生自身が活動を主体的に展開できる授業、②具体的なスキルを獲得できる授業、③現実生活や将来との関わりが読み取れる授業では、学生たちはいきいきする、と述べている。しかし、これらの授業を学生が同じように肯定的に評価するというわけではない。本章の知見を踏まえれば、入試難易度の高い大学の学生は①を、入試難易度の低い大学の学生は②③を肯定的に評価する傾向があるといえる。さらに、学生のキャリア教育科目に対する評価には、大学の授業における学習経験が影響を及ぼしていることも明らかになった。児島（2015）は、大学が学生の志向に合わせたカリキュラムや授業を構成していることを指摘しているが、大学のカリキュラムや授業こそが、学生の志向性を育んでいる可能性もある。

キャリア教育科目に関する研究は、授業を通じて学生にポジティブな心理的変容がもたらされたことを質問紙調査から明らかにするものが多い（例えば、森山 2008、松尾 2013）。しかし、本章で得られた知見は、キャリア教育科目単体で学生に影響を及ぼすというよりはむしろ、キャリア教育科目はこれまでの学習経験の延長線上に行われたときに初めて増幅効果を持つということ、これまでとは異なる方法や方針で授業を行っても、期待する効果を得ることは難しいことを示唆する。学生はこれまでの学習経験に基づいて、教員の指導を受容、解釈、拒否し、自らの学習の整合性、一貫性、安定性を保っている（田中 2008,p.117）。よって、キャリア教育科目の授業を行う際には、これまでにどのような教育を行ってきたのか、学生はどのような学習観や態度を身につけてきたのかも考慮する必要があると考えられる。

6. 学生の就職内定先の違い

最後に、学生の就職内定先について確認する。本研究における調査協力学生たちは、入試難易度の高低にかかわらず学生 HS1 を除くすべての学生が大企業から内定を得ていた（表7参照）。しかし、入試難易度の高低によって就職内定を得た企業の業種は異なり、入試難易度の高い大学の学生は製造業や教育

産業、情報通信業から、入試難易度の低い大学の学生はサービス業や物流業・小売業から内定を得ていた。さらに、入試難易度の高低によって就職内定を得た採用区分も異なり、入試難易度の高い大学の学生は総合職の内定を（学生 HS5 を除く）、入試難易度の低い大学の学生は一般職やサービス職、営業職の内定を得る傾向があった（学生 LS1 を除く）。入試難易度の高い大学の教員は、学生の典型的な就職先を公務員や大企業・ホワイトカラー職と認識しており、入試難易度の低い大学の教員は中小企業・営業／販売／サービス職と認識していたが（第5章参照）、企業規模を除けば本章が対象とした学生も同様の内定を得ており、彼らは大学における典型的な就職先から内定を得ていたといえる。

7. 進路志望の違いがキャリア教育科目の評価に及ぼす影響

このような就職先業種の違いは、価値があるとみなす能力にも違いをもたらす可能性がある。岩崎・西久保（2012）によると、業種によって求める人材像は異なり、電気機器や情報通信は、論理的思考力や専門性を磨き、個の価値を高めようとする自己成長志向の高い人材（「地力型人材」）を求める傾向があるのに対し、小売やサービス業は、コミュニケーション能力や素直さ、協調性の高い人材（「協働型人材」）を求める傾向があることを明らかにしている。本研究においても、製造業や教育産業、情報通信業に就く傾向のある入試難易度の高い学生たちは、主体性を活かし、思考する余地のある授業を肯定的に評価していた一方で、サービス業や物流・小売に就く傾向のある入試難易度の低い学生たちは、手順に従えば正しい結果が得られるような就職技法的教育を肯定的に評価していた。

以上を踏まえれば、入試難易度の高低によって肯定的に評価する教育内容が異なるのは、将来就くであろう職業を予期し、その職業に就くために必要な能力を肯定的に評価するように社会化された結果だと考えることもできるのではないだろうか。学生 LS8 は、CA を目指しており、立ち振る舞い方やマナーの習得を目指す授業を肯定的に評価していた。また、授業で身につけた美しい

立ち振る舞いは、どこの面接に行っても褒められたと語っていた。しかし学生LS8の応募先は、CAと一般職のみであり、総合職は受けていない。立ち振る舞いの美しさが評価されるのは、すべての職種というわけではなく、一般職とCAのようなサービス職に限られる可能性がある。さらに、就職技法的内容を肯定的に評価しているのは学生HS5、LS2、LS5、LS6、LS7、LS8、LS9であり、学生HS5以外は一般職やサービス/販売職から内定を得ている。つまり、業務の進め方がある程度マニュアル化されており、人に不快な思いをさせてはいけない対人職を志望することが、就職技法的内容を必要な知識だと認識し、就職技法的内容を扱う授業を肯定的に評価することにつながったと考えられる。他方、総合職に就く傾向がある入試難易度の高い大学の学生にとって、就職技法的な内容は「周辺的」(学生HS2)な内容に過ぎず、中心的なことではない。総合職は入社後に担う業務が決まっていないため、業務内容をマニュアル化できない。業務によっては、やり方を自分で見いだしていく必要がある。よって、やり方を覚え、それに従うことが求められるような就職技法的な内容に価値を見いだせなかった可能性がある。

　学生自身もまた、大学によって企業から求められる能力は異なると認識している。以下に、学生HS5の語りを引用する。

学生HS5：○○（女子大）に通っている友達は、（大学で）マナー講座があったんですけど、わざわざ学校に休日に出てたんですけど、その時に髪型はこうしなきゃいけないっていうのを聞いた時に、「え？そんなことないよ」って思って。（略）それって学校柄かなと思って。○○大って言われたらお嬢様みたいな。だけどA大にはそっちを求められてないかなって思って。（略）○○大、○○大、○○大は履歴書学校指定の履歴書の写真が大きいんですよ。（だから、これら女子大の場合、企業は）顔採用（容姿の良さで採用するかどうかを決める）なのかなって思っちゃって。（略）正直言ってA大生よりも○○大とか○○大の子の方が可愛い子が多くて。着飾って可愛らしい子が多いじゃないですか、お嬢様だし。（略）だけどA大生で頑張ってきたことがそっちじゃなくて、勉強とかやってることだから、○○大とか○○大とかにもいるとは思うんですけれど、そっちの方がそもそも見てると

> こって。そこよりも（企業が見るところは）自分が何してきたか、熱意とか、できることとかなのかなって
>
> （2018年8月22日 学生インタビュー逐語記録より）

　学生 HS5 は、友人が通っている「お嬢様」大学のマナー講座で髪型に関する規定を聞いたとき、「え？そんなことないよ」と思ったという。面接のために、大学が髪型を指定することは、A大学の学生である HS5 にとっては違和感があったのだと考えられる。しかし、学生 HS5 は友人の通う女子大と自分が通うA大学では企業から求められることが違うのではないかと分析している。具体的には、お嬢様大学では、「着飾って可愛らしい子が多」く、企業も「顔採用」をするが、入試難易度の高いA大学の場合、「そっちを求められてない」。それよりもむしろ、「勉強」してきたことや「自分が何してきたか」「熱意」「できること」を企業は見ている、と思っている。この語りからは、企業が学生に期待する強みや能力は大学によって異なっており、入試難易度の高い大学の学生に期待される能力は、学力や物事に真剣に取り組む態度や学力の高さであり、「お嬢様」の多い女子大学では、容姿の良さが求められていると認識していることが分かる。

　以上を踏まえれば、学生は大学における典型的な進路を当然のものとして受け入れており、典型的な進路に求められる知識・スキルが得られるようなキャリア教育科目を肯定的に評価している可能性がある。

8. 小　　　括

　本章では、文系学部の学生はいかなるキャリア教育科目をどのように評価しているのか、学生の評価は入試難易度の高低によって異なるのかを検討した。その結果、入試難易度の高い大学の学生は、経験の場や自分で考える余地のある授業・課題を肯定的に評価し、専門科目と関連づかず、自分で調べれば分かるような就職技法を扱う授業を否定的に評価する傾向があった。他方、入試難易度の低い大学の学生は、就職技法を扱う授業を肯定的に評価し、グループ

ワークのように、答えが与えられない授業を否定的に評価したり、本来の目的とは異なる理由で肯定的に評価したりする傾向があった。

　キャリア教育科目以外の授業でも、入試難易度の高い大学の学生は、主体的な活動や思考を重視するような授業を多く経験・記憶していた。他方、入試難易度の低い大学の学生は、主体的な活動や思考を重視する授業を受けた経験に乏しい、もしくはそのような授業が印象に残っていない一方で、具体的な手順を正確に記憶、再現することが求められるような授業を多く経験・記憶していた。入試難易度の高低によってキャリア教育科目に対する学生の評価が異なる背景には、このような大学の授業における学習経験が影響を及ぼしている可能性がある。キャリア教育科目は、これまでの学習経験の延長線上に機能することが示唆される。

　さらに入試難易度の高低によって就職内定先業種や職種には違いのあることも明らかになった。入試難易度の高い大学の学生は、製造業や教育産業、情報通信業において総合職の内定を得る傾向があるのに対し、入試難易度の低い大学の学生はサービス業や物流業・小売業などで一般職やサービス職、営業職の内定を得る傾向があった。研究参加者の内定先は、業種や職種を見る限り、大学における典型的な就職先と一致していたといえる。

　これらを踏まえれば、学生がキャリア教育科目に何を望み、どのような内容を肯定的・否定的に評価するのかは、これまでの大学教育を通じた社会化と、チャーターによって方向づけられた予期的社会化が影響を及ぼしている可能性があるといえる。

　本知見を踏まえたキャリア教育科目への実践的示唆は、以下のとおりである。入試難易度の高い大学の学生は、学問（特に専門科目）を重視し、大学は就職のための準備段階ではないと考える傾向がある。よって、キャリア教育科目が専門科目と関連づいていることを、学生が認識できるような授業内容であることが望ましい。学生が重視している科目とそうでない科目をいかに体系化し、連携させるかは教育改善の争点であると喜始（2014）が指摘しているように、専門教育とキャリア教育の連携の重要性が示唆される。また、彼らは教えてもらうことよりも自ら考え、外化する機会のある授業を望んでいたことか

ら、教員が一方的に話す授業よりも、思考を要するグループワークや、発表の機会を組み込んだ授業の方が学生の満足感は高まると考えられる。加えて、彼らは就職技法を授業で扱うことについては否定的に評価する傾向があった。就職技法を授業で扱うならば、正課外の就職セミナーや、自学自習では学べない内容であり、正課科目として授業で扱う価値があると学生が思える内容である必要がある。

　他方、入試難易度の低い大学の学生は、グループワークを否定的、もしくは本来の目的とは異なる理由で肯定的に評価する傾向があった。よって、グループワークを行う際には、目的や期待される効果を丁寧に説明し、段階的に活動量を増やしたり、難易度を上げたりする必要がある。グループワークを円滑に進められるように、教員が支援・促進することや、終了後の総括を行うことも有効と考えられる。また、研究協力学生の中には、授業内容よりも教員の人柄や、教員とのインフォーマルな関係性を重視する学生もいた。このことは、授業に留まらない学生との積極的な関わりを持つことの重要性を示唆する。加えて、彼らは就職技法を扱う授業を肯定的に評価していた。就職技法を授業で扱うことについては批判的な意見もあるが、入試難易度の低い大学では学生の授業参加や学習意欲を促進するうえで有効に機能していたことを踏まえれば、就職技法教育を学習促進のために活用することは、必ずしも批判されるべきものではないと考えられる。

　ただし、キャリア教育科目が就職技法教育に留まってしまえば、それはキャリア発達を促すための教育として十分とはいえない。キャリア教育は、どの大学においても学生のキャリア発達を促すという共通の目的を追求すべきである。入試難易度によって学生の学習観や学習経験が異なる中、キャリア発達という共通の目的を達成するためにはどのようなアプローチが有効なのかについてさらなる知見を蓄積していくことが、学生のキャリア発達を促す教育を実現するためには必要だと考えられる。

　また、学生は大学における典型的な進路に進むうえで必要となるような授業内容については評価するものの、そうでない授業内容については否定的に評価したり、授業を受け入れずに捨象してしまったりすることも明らかになった。

これは、キャリア教育科目にはチャーターを強化する機能はあっても、乗り越える効果はないことを示唆する。チャーターによる進路の拘束を強化するようなキャリア教育科目が、本来のキャリア教育の目的と一致しているのかについては、改めて考える必要があるだろう。

第8章

学生の進路選択に影響を及ぼす要因

1. はじめに

　第5章から第7章では、入試難易度の高低によってキャリア教育科目における授業目的や内容、キャリア教育科目に対する学生の評価は異なることが明らかになった。入試難易度の高低によって異なるキャリア教育は、学生を大学における典型的な就職先へと水路づけている可能性がある。では、学生自身は、キャリア教育科目が進路選択に影響を及ぼしたと認識しているのだろうか。

　本章では、学生の進路選択に影響を及ぼした要因を、学生に対するインタビューから明らかにしていく。分析の際には、大学の序列によって進路選択に影響を及ぼす要因は異なるのかどうか、学生が内定先を妥当なものとして受け入れるプロセスとはいかなるものなのか、大学における典型的な進路を希望しない学生にとってチャーターはどのように機能するのか、に注目する。これにより、学生が大学における典型的な就職先を妥当なものとして受け入れていくプロセスを明らかにする。また、授業観察の記録を参照することによって、学生の価値観に授業が影響を及ぼしている可能性についても考えてみたい。

2. 入試難易度別に見た進路選択に影響を及ぼす要因の違い

　Weidman（1989）や武内（2008）は、学生が入学前から有する特徴は（「学

生の属性」)、大学内での経験や(「大学経験」)、大学外での経験(「親による社会化」「大学外の準拠集団」)を通して変容し、その結果として職業選択を行ったり、価値観を形成したりするという大学生の社会化をモデル化している。では、本研究における研究参加者(学生)の進路選択にはいかなる要因が影響を及ぼしたのだろうか。また、入試難易度の高低によって、影響を及ぼす要因や影響の及ぼし方にはいかなる違いがあるのだろうか。

　表8-1と表8-2は、学生に内定先企業を志望した理由や、応募先を検討する際に影響を及ぼした要因について質問し、得られた結果をまとめたものである。入試難易度の高い大学の学生たちから頻繁に語られたのは、【企業条件】であった(表8-1参照)。具体的には、「地元に残れる」(HS2、HS3)という企業所在地、「企業の社会貢献性」(HS6)という企業理念、「(社員の人の)雰囲気」(HS3)などである。その他にも、【親】のアドバイス(大手企業で働く父親に履歴書を添削してもらっていたHS5、父親のアドバイスを受けてT社に応募しなかった学生HS3)、【学内の先輩や友人】のアドバイス(「『本当はこういうことに興味があるんだよ』って学内の友人に話したところ、『じゃあ教育系行けば?』って言われて、現在の内定先への応募を決めた学生HS5)、【インターンシップ】での経験(複数のインターンシップに参加したことで、「企業によって違うなとか、業界によって(雰囲気が)違うな」と思い、応募先業界を決めた学生HS6)、【合同企業説明会】(学内企業説明会に来ていた社員同士の仲の良さや学生に対する話し方を比較・検討し、企業の雰囲気が自分に合いそうだと思ったところに応募した学生HS3)、【大学の授業】【自分の能力】(専門科目や教養科目を通じて宗教文化に興味を持ち、宗教文化を学ぶ中で身につけた多様性とその背景にある文化を理解する力を活かして海外でも働ける企業を志望した学生HS9)、【幼少期からの夢】(小さいころからアナウンサーに憧れており、アナウンサーも狙える現在の内定先企業を志望した学生HS1)、【他大学の先輩・友人】(複数の大学生が集まって行うサークルの中で、特に就職活動を頑張っていた先輩にアドバイスをもらっていた学生HS5)が語られた。

　さらにこの表からは、彼らの進路選択には二つ以上の要因が影響を及ぼして

いたということ、【採用担当者】に惹かれたからという学生や、【学校推薦】があったから志望したという学生はいないことが読み取れる。彼らが進路を検討する際には、多方面から情報を集めているということ、就職活動中に出会った人で就職先を決めるのではなく、ある程度、進路の検討を終えてから就職活動を始めているということ、入試難易度の高い文系の学生にとって、学校推薦の存在は身近ではない、もしくは、進路選択に影響を及ぼしていないと考えられる。

表 8-1 進路選択に影響を及ぼした要因（入試難易度高の学生）

志望理由	HS1	HS2	HS3	HS4	HS5	HS6	HS7	HS8	HS9
企業条件	○	○	○			○	○	○	○
親			○	○			○		
学内先輩・友人		○	○	○					
合同企業説明会			○						
インターンシップ				○		○		○	
大学の授業（専門・教養科目）									○
幼少期からの夢	○								
採用担当者									
他大学の先輩・友人					○				
学校推薦									
自分の能力									○

※学生 HS2 は企業の所在地で内定先企業を志望したが、学内の先輩の影響を受けて内定を辞退し、大学院進学を決意している。

他方、入試難易度の低い大学の学生たちから頻繁に語られたのは、【親】と【採用担当者】の魅力であった（表 8-2 参照）。【親】の具体例としては、複数の内定を得ていたものの、最終的には親が働いているから安心だと思い、親と同じ会社に就職することを決めた学生 LS2 や、就職活動当初は車のディーラーを希望していたが、親のアドバイスに従って、大手製造業の関連子会社である物流会社への就職を決めた学生 LS3 である。

【合同企業説明会】の具体例としては、学内企業説明会に出展していた企業

の中から「人事さんの印象が良かったところ」に応募していたという学生 LS2 や、幼少期から CA に憧れ、CA になるために英語を学べる学部を選択し、サービス職のアルバイトをし、CA 養成学校にも通っていたにもかかわらず、学内企業説明会で出会った担当者のプレゼンテーションに「圧倒的なものを感じて」「熱い人が来てたのでそこでいいなと思い」、進路を変更した学生 LS4 が挙げられる。学生 LS6 が「完全に業種とか仕事に興味があったわけではなくて、完全に人間関係です」と語っていたように、彼らの進路選択で重要なことは、仕事として「何をするか」、よりも「誰と働くか」である。以下に、学生 LS8 の語りを引用する。

> 学生 LS8：人事の人が言う事が格好良すぎて。ちょっと顔もタイプだったりして。「わー、かっこいい」って思って。「ずーん」っていって。（略）「僕は子会社がつぶれない社会を作りたいと思って。だから海外に子会社の支店を作る手助けをしている。そうすればどこかでリーマンショックが起こったとしても海外の支店があるから大丈夫ってできるから。僕はそうしたい」みたいな。すごい、こういう熱く語っていて「あーいいな」って初めて思って。私、銀行の業務に何にも興味がわいたわけじゃないけど、こういう人がいるんだなって。一気に上がって。
> 筆者：業務内容よりも、むしろ熱い人がいる職場が良かったってこと？
> 学生 LS8：そう、熱い人がいる職場。
>
> （2017 年 2 月 6 日　学生インタビュー逐語記録より）

学生 LS8 は、学部の友達の多くが CA を目指していたこと、海外の航空会社の CA を見て、日系航空会社の CA のすばらしさを実感したことから CA を志望するようになり、大学では CA 講座も受講していた。就職活動開始時には CA 以外にやりたい仕事がなかったが、学外の合同企業説明会で大手都市銀行人事担当者の志望動機を聞き、彼が「熱く語って」いる様子に惹かれて、「銀行の業務に何も興味がわいたわけじゃないけど」応募を決心し、最終的にはこの銀行の一般職として就職している。学生 LS8 にとって CA を除けば仕事内容にこだわりがあるわけではなく、何をするか、よりも、誰と働くかが重要であったと考えられる。

その他にも、【企業条件】（「地元が好き」で「県内で（就職先を）見ていました」と語る学生LS2や、T社の車が好きでT社の販売店以外「受けてない」と語る学生LS7など、企業の立地条件や企業で扱う製品の良さ）、【幼少期からの夢】（CAになるために現在の大学・学部を選択し、夢を実現した学生LS9）、【自分の能力】（身長の高さや接客のアルバイトで鍛えた話術、留学で身につけた語学力を活かせるという理由で、CAを志望した学生LS4）、【学外の先輩・友人】（就職活動を頑張ることがダサいという文化のある大学で、就職活動を頑張れたのはアルバイト先で出会った影響だと語る学生LS2）、【学校推薦】（学内推薦を使って応募したため、その他の企業は受けていないという学生LS1）などがあった。

　さらに表8-2からは、単一の要因に基づいて進路選択をしていた学生が複数名（6人）いたこと、入試難易度の高い大学の学生からは語られることのなかった【採用担当者】【学校推薦の存在】が影響を及ぼしていた一方で、【インターンシップ】【大学の授業】から影響を受けたと語る学生はいなかったことが読み取れる。彼らの進路選択は数少ない情報源に影響されているということ、就職活動と進路選択は同時進行であるということ、入試難易度の低い文系

表8-2　進路選択に影響を及ぼした要因（入試難易度低の学生）

志望理由	LS1	LS2	LS3	LS4	LS5	LS6	LS7	LS8	LS9
企業条件		○					○		
親		○	○				○		
学内先輩・友人									
合同企業説明会		○			○			○	
インターンシップ									
大学の授業 （専門・教養科目）									
幼少期からの夢									○
採用担当者						○	○		
学外先輩・友人		○							
学校推薦	○			○					
自分の能力				○					

の学生にとって学校推薦は有効に機能していることが示唆される。

　本節では、入試難易度の高低によって進路選択に影響を及ぼした要因は異なるのかどうかを学生に対するインタビュー調査から分析した。その結果、入試難易度の高低にかかわらず語られた要因（【企業の良さ】【親】【学内先輩・友人】【合同企業説明会】【幼少期からの夢】【学外先輩・友人】【自分の能力】）がある一方で、入試難易度の高い大学の学生からは語られなかった要因（【採用担当者】【学校推薦】）や、入試難易度の低い大学の学生からは語られなかった要因（【インターンシップ】【大学の授業】）もあることが明らかになった。

　また、本研究における入試難易度の低い大学の学生の中には、進路選択に影響を及ぼした要因として単一の理由を挙げていた者もいた一方で、入試難易度の高い大学の学生は、進路選択に影響を及ぼした要因として複数の要因を挙げていた。これは、彼らが何かを決めたり選んだりする際に、複数の情報を参照し、多面的に検討する必要性を認識しているからかもしれない。本研究が分析の対象としたA大学のキャリア教育科目の授業では、教員が困難に直面した際には多様な立場にある複数の人に相談することの重要性を語っていた。以下に、教員HT2の語りを引用する。

> 教員HT2：（入社後にリアリティショックは）何か、絶対あります。（会社に）入ったら。何かおかしいなってことがいっぱいあるので、その時には「これはリアリティショックかな？」と思って、ちょっとあの、<u>先輩に相談してみると</u>、「いや、こういう風に思うんですけどどうなんですかね？　僕だけですかね？」とかね。<u>聞いてもらったりとか</u>、<u>親に相談してみたりとか</u>っていうのは<u>すごく意味があるかな</u>という風に思います。
>
> 教員HT2：<u>いろんな人に相談する</u>。同期同士で愚痴言い合ってなどはあんまり得策でないかもしれないけど。でも同期同士で愚痴言うのも大事かもしれないけど。ちょっと先輩とか、あるいは<u>会社の外の人</u>とか。まぁもちろん<u>キャリアコンサルタントとかキャリアカウンセラーという専門職</u>が今、できてますから、そういうところに行ってみるということもあるかな、と思います。
>
> （A大学第7回目　授業逐語記録より）

教員HT2は、自分の企業勤務経験を踏まえ、困難に直面した際には一人で問題を抱え込んでしまうのではなく、複数の人に相談してみること、相談の際には「同期」だけではなく、「先輩」「親」「会社の外の人」「キャリアコンサルタント／キャリアカウンセラー」といった自分とは異なる立場にある人々に相談してみるようにアドバイスしている。同期には気軽に悩みを相談できる、愚痴を言える、という強みがある一方で、悩みの本質や解決方法を同世代の立場・視点でしか検討できないという限界を有する。しかし、先輩や親のように世代の違う人々や、社外の人々に相談することができれば、物事を異なる視点から検討できるという強みがある。入試難易度の高い大学の学生すべてがこのようなアドバイスを受けていたかどうかは分からないが、少なくとも本研究対象であるA大学の授業では、複数の情報に基づいて物事を多面的に評価することの意義が語られていた。

　他方、入試難易度の低いX大学の授業では就職活動時、もしくは就職後に直面するであろう困難や、困難に直面した際に多様な立場にある複数の人に相談することの重要性は語られていなかった。直面するであろう困難について語られなかったのは、就職に対して学生に恐怖を抱かせないようにするための配慮であった可能性がある。入試難易度の低い大学の教員からは、自信のない学生の多いことが語られている（第5章参照）。さらに、複数の人に相談することの重要性が語られなかったのは、学生が複数の情報を目の前にして混乱してしまわないように配慮しているからだと考えられる。入試難易度の低い大学の教員からは、学生に複数の情報を一度に与えると、学生が混乱してしまうことが語られている（第5章参照）。このような教員の学生に対する認識や配慮が授業方法の違いにつながり、結果として学生が就職先を検討する際に、様々な情報に基づき多面的に分析するか、単一の情報に基づき一面的に分析するかという違いをもたらしているのではないだろうか。

　次節からは、入試難易度の高低によって語られ方が異なる【親】【学内先輩・友人】【合同企業説明会】に注目して、分析を進める。

3. 親 の 影 響

【親】の影響については、入試難易度の高低にかかわらず語られていたが、影響の強さには濃淡がある。以下に、入試難易度の低い大学の学生 LS2 の語りを引用する。

> 筆者：6社内定とって最終的に何が決め手だったの？
> 学生 LS2：やっぱりT社関連って大きいし。僕の父が働いてるんですよ。○○社（学生 LS2 の内定先）で。で、やっぱり父と比べられたり、不利になることもあると思うんですけど。やっぱり一番身近に先輩がいるってすごいじゃないですか。
> （略）
> 筆者：お父さんからさ、少なからず会社について聞いてるじゃない？ そういうのも踏まえて決めたっていうのもある？
> 学生 LS2：ありますね。結構父さん稼いでるんで。僕3人兄弟なんですけど何不自由なく。
>
> （2016年11月25日 学生 LS2 インタビューより）

学生 LS2 は、複数の企業から内定を得ていたが、その中から「一番身近」な先輩である父親が「結構稼いでる」ことから、父親と同じ企業への就職を決めている。学生 LS7 も、「父親のおじいちゃんが不動産屋やっていて、父親が車屋さんやっていて。どっちかに行きたいなっていうのはあったので」不動産業も視野に入れて就職活動を行ったが、企業説明会で出会ったディーラーの人に惹かれ、「そこ（現在の内定先）しか受けていない」と語っていた。学生 LS2 は父親と同じ会社（就職前に店舗のイベントを手伝いにも行っていた）、学生 LS7 は父親と同じ業界での就職を決めており、父親は彼らのロールモデルとして機能していたといえる。

その他にも、希望する企業から内定を得ていたにもかかわらず、親が反対したため現在の内定先に変更した学生もいる。以下に、学生 LS3 の語りを引用する。

> 学生LS3：もともと車が好きだってことで、ディーラー希望だったんです。でもやっていくうちに、ディーラーさんから一社内定をいただいて、（就職活動を）やめようかなと思ったんですけど、親の考えとかもあって。親はそんなにディーラーに対していいイメージがなくて。厳しいとか。もう一社、今決まった会社なんですけど、同じ営業なんですけど、T社の関連会社がいいってなって。親がT社の人間なんで。ディーラーって言うよりもT社のほうがって。いろいろ親に助言されて。
>
> （2016年10月28日　学生LS3インタビューより）

　学生LS3は「車が好き」だという理由で、ディーラーを志望し、内定も獲得していた。しかし、「T社の人間」である親は「ディーラーに対していいイメージ」がないため、「T社の関連会社」である現在の内定先を選ぶよう助言したという。その結果、学生LS3は当初志望していた就職先から内定を得ていたにもかかわらず、進路を変更している。これらを踏まえれば、学生LS2、LS3、LS7の親は進路選択に大きな影響を及ぼしているといえる。

　他方、入試難易度の高い大学の学生にとっても親の存在や助言は進路選択に影響を及ぼしていたが、あくまでも複数ある要因の一つであった。以下に、学生HS7の語りを引用する。

> 学生HS7：県内にいたいな、っていうのあったので。総合職なのでもちろん転勤もあるんですけど、その会社は支店が東京にしかなくて。N市とT市と東京にしかないので（だから辞退した）。（略）後はやっぱり最終的に決めたのはもちろん仕事内容とか会った人とかもすごく良かったっていうのと、やっぱりバックがT社っていうのは結構お母さんとかお父さんとかも「いいんじゃない？」　みたいな感じで。
>
> （2017年7月30日　学生HS7インタビューより）

　学生HS7は、現在の内定先に決めた理由として、企業の立地条件（「支店が東京にしかなくて」）、仕事内容、職場の人柄を挙げており、両親の感想ともいえる追認、「いいんじゃない？」は進路選択の決め手というよりは、背中を押すものであったといえる。

　親の助言が学生の意見を追認するような形で影響を及ぼしている例は、学生

HS3からも語られている。学生 HS3 は、この地域ではトップ企業とされる T 社の合同企業説明会には参加したものの、最終的には応募していない。それは、T 社の雰囲気が自分に合わない（「エリートすぎるところには行きたくなくて。埋もれちゃう」）と思ったことに加えて、父親のアドバイスもあったからだという。以下に、学生 HS3 の語りを引用する。

> 学生 HS3：(T 社を) 受けていないのは<u>エリートすぎるところには行きたくなくて。埋もれちゃう</u>と言うか、自分の、自分がトップに立つとそれはそれで駄目なんですけど、<u>自分が一番下っていうのもダメで</u>。(略)（父親が）T 社に出向していた時に、<u>本当大変そう</u>で、「エリートばかりだから多分学生 HS3 には無理だと思う」っていうのを言われたこともあって。<u>たぶん父が言うならそうなんだろうなって思って</u>T 社を受けていないです。
>
> （2018 年 7 月 19 日　学生インタビュー逐語記録より）

学生 HS3 は、T 社で働いたことのある父親が出向時に「本当大変そう」だったことに加えて、父親から「エリートばかりだから」という理由で、学生 HS3 には「無理だと思う」と言われたことを受けて、「父が言うならそうなんだろうな」と思って、T 社には応募していないという。最終的に学生 HS3 は、会社の雰囲気が自分に合っていると思い、友人からの追認も得られた老舗大企業に、総合職として就職した。T 社の職場も学生 HS3 の人柄もよく知っている父親のアドバイスは、学生 HS3 の進路選択に影響を及ぼしてはいるが、父親の意見だけで進路を決めていたわけではない。学生 HS3 自身も T 社よりも現在の内定先企業の方が自分には合っていると思っている。よって、父親の意見は学生 HS3 の意見を追認するものであり、決定打ではなかったと考えられる。また、学生 HS4 は公務員を志望していたが、それは「父親が公務員で母親が学校の先生」という両親が、「すごく楽しそうに仕事をしていた」ことに加えて、文部科学省のインターンシップに参加し、「ここで働きたいと強く思」ったからだという。最終的には、公務員試験に落ちてしまったが、「教育に関われる面白そうなところ」という理由で現在の内定先（教育業界）に決めている。学生 HS4 の親はロールモデルとして機能しているが、それだけで

はなくインターンシップでの経験も決め手となって教育業界を選んでいた。学生 HS7 は商社 2 社から内定を得たが、仕事内容に興味があったことに加えて、親会社が大企業であり、安定性があることを親が「いいんじゃない？」と肯定的に評価したことから当該企業を選んだという。親の助言は、学生 HS7 の進路選択に影響を及ぼしているが、決定打というわけではない。入試難易度の高い大学の学生（HS3、HS4）も親の影響を受けているが、それは応募先を検討する際に影響を受けた複数の要因の一つに過ぎない。

このように、進路選択に影響を及ぼした要因として【親】を挙げた学生は複数名いたが、入試難易度の高低によって、親の影響の強さには濃淡があることが明らかになった。

4. 大学の先輩・友人の影響

柴野（1969）は、大学社会の中で学生の態度変化や意見形成に対してより効果的な機能を持つものは、講義・研究などの課程内活動よりも、それ以外の課外活動（extra-curricular activity）であること、大学社会の文化は教員と学生による共同活動と、学生独自の集団活動とによって構成されるが、学生たちが基本的に所属感と安定感を持つことができるのは学生集団であることを指摘している。この知見を踏まえれば、学生の進路選択には大学の先輩や友人といった学生同士の関わりもまた、強い影響を及ぼすと考えられる。本研究参加者においても、複数の学生が進路選択に影響を及ぼした要因として学内の先輩や友人を挙げていた（学生 HS2、HS3、HS4、HS5）。では、学内の先輩や友人、特に大学の先輩はいかにして影響を学生に及ぼすのだろうか。また、先輩の存在はなぜ重要なのだろうか。

以下に、部活の先輩のアドバイスに基づいて、公務員試験対策と就職活動を両立させていたという学生 HS4 の語りを引用する。

> 学生HS4：公務員試験を重視してたので、先輩からもマックス両方やってたとしても、マックス2（社）か3（社）だよって言われてたんですよ、企業の（応募は）。そうじゃないと公務員（試験のために割く時間）のウェイトがだんだん下がっちゃう。だから2から3で（応募する企業を）早めに絞ったらいいんじゃないって言われて。あ、じゃあここに絞ろうっていう風に早い段階で決めました。
>
> （2018年7月25日　学生インタビュー逐語記録より）

　学生HS4は、部活の先輩から公務員試験を受験するのであれば、企業への応募は「マックス2か3だよ」「そうじゃないと公務員のウェイトがだんだん下がっちゃう」と助言されたことから、応募先を3社に絞り込んでいる。学生HS4に限らず、公務員試験を受験する学生にとって、一般企業と就職活動の両立は難しい。公務員試験対策に集中したいと思っても、落ちてしまった場合、就職先が決まらないまま卒業しなければならないリスクもある。このような学生の悩みに対して、どのようにアドバイスするかは、立場によって異なる。公務員を目指していた学生の中には、キャリアセンターの助言と、公務員試験対策講座担当者の助言の違いに葛藤していた者もいる。学生の進路保証を重視するキャリアセンターは、公務員試験に落ちてしまった場合のために民間企業も複数受けるように勧める一方で、公務員試験対策講座担当者は就職活動と公務員試験の両立は難しいため、民間企業は受けないようにアドバイスするという（X大学受講生③の語りより）。学生は、異なるアドバイスの間で、どちらの助言に従うべきかという迷いが生じてしまう。そのような中、キャリアセンターの人でも公務員試験講座担当者でもない大学の先輩は、学生という同じ立場の者として、自分の「マイルストーンになる」と学生HS4は語っていた。

　しかし、公務員試験と民間企業への応募の両立に関するアドバイスを得るだけであれば、同じ大学である必要はない。先輩が同じ大学であることの重要性は、大学の序列によって学生への対応が異なる民間企業を受ける際に意味を持つ。前述の通り、学生HS4は公務員を目指していたが、先輩の助言に従って早期に応募先を絞り込み、一般企業3社に応募している。以下は、応募先企業を絞り込む際、助言を誰に求めたのかについて尋ねた際の語りである。

> 学生 HS4：他の大学の人だと（良くない）。企業とかって<u>A大向けのとか、A大向けセミナー</u>ってあるわけじゃないですか。A大と例えば普通の、<u>その辺の○○大とか○○大とか私立大学の人だと、説明会申し込める時期が少し違う</u>とか、（A大だと、他の企業を受けないように）<u>裏拘束</u>されてるみたいなこともありますし。若干<u>参考に考えるんだったらA大（の先輩）がいいかな</u>。
>
> (2018年7月25日　学生インタビュー逐語記録より)

　学生 HS4 は、自大学の学生が企業から他大学とは異なる特別な扱いを受けている、具体的には、「A大向けセミナー」「説明会申し込める時期が少し違う」「裏拘束」があると思っており、だからこそ「参考に考えるんだったらA大がいい」と語っている。特別扱いを受けることが多いA大学だからこそ、A大学生の自分に合った情報を得るためには、自大学の先輩からアドバイスを得ることが重要だと認識している。

　熱心に就職活動をしていた先輩に助言を求めたことが、結果として偏差値の近い大学の先輩に聞くことにつながったという学生もいる。学生 HS5 はインターカレッジ・サークル（複数の大学が集まって形成したサークル）に入っており、様々な学生へのアクセスは可能であった。しかし、すべての先輩から助言を得ていたわけではなく、学生 HS5 なりの基準に合った先輩に助言を求めている。そこで、どのような基準で、誰にアドバイスを求めたのかを尋ねた際の学生 HS5 の語りを、以下に引用する。

> 筆者：(就活について) 聞く相手に重要なことって何だと思う？
> 学生 HS5：<u>自分とかけ離れていない人</u>。例えば私、留学とかしていないですけど、その先輩も<u>留学してない</u>し。(略) 例えば、自分はこういう<u>資格を持ってるからそれを活かせる</u>、こういう仕事に就くっていう場合だと、自分とは違うじゃないですか。そういう人に聞いても多分ちょっと違うかなと思ったので。(略)<u>客観的に見て、就活をちゃんとしてるなっていう人</u>に聞きました。
> 筆者：就活を頑張ってた人？
> 学生 HS5：なんかダンスの先輩によってはベンチャーで、速攻で決めちゃって就活

第 8 章　学生の進路選択に影響を及ぼす要因　149

してなかったり、ちょうど実は就活の時期は学祭と被ってて、先輩たちって本当にスーツで来て急いで着替えて行くみたいな感じだったので、そういう先輩たちは就活してるって分かるから、そういう先輩を選びました。(大学)院に行くとかじゃなくてちゃんと就職する人。それだけでした。私の中で。

筆者：性別フィルターもない？

学生 HS5：でも別にないんですけど、聞いたのはたまたま女性でした。正直兄も就活してたんですけど、兄には聞かなかったんですよ、それは理系だったから。

筆者：学部フィルターは？

学生 HS5：文理、はあります。

筆者：文系の人で、女性は偶然で、大学のランクはそこまで重要ではない？

学生 HS5：そうですね

筆者：でも B 大だったからっていうのはある？

学生 HS5：あるかもしれないです。

筆者：(同じサークルの)〇〇大学(偏差値 45 以下の大学)とか？

学生 HS5：だったら聞かない。(略)私はサークルがインカレなので全然色々(な大学の人が)いるんですけど。でも、みんなで集まる時はそういう子たちもいるんですけど、わざわざ二人で遊ぶ時は、確かに A 大だったり B 大だったり、△△大くらいまで。

(2018 年 8 月 22 日　学生インタビュー逐語記録より)

　学生 HS5 が就職活動に関する助言を求める際、重視していたのは「自分とかけ離れていない人」であり、その具体例として「留学してない」こと、「資格を持ってるからそれを活かせる」就職を希望した人ではないこと、「客観的に見て、就活をちゃんとしてるなっていう人」、「(大学)院に行くとかじゃなくてちゃんと就職する人」が挙げられた。学生 HS5 にとって重要なことは「それだけ」だった。しかし、「たまたま」聞いた相手は「女性」で、文系で、入試難易度の高い大学の先輩だったという。「自分とかけ離れていない人」を求めた結果、「たまたま」偏差値の高い大学の学生に助言を求めることになったのである。

就職活動の進め方や就職先を検討するうえで、大学の先輩は少なからず影響を及ぼしていた。しかし、大学の先輩が進路選択に影響を及ぼしたと語っていたのは入試難易度の高い大学の学生のみであった。また、大学の先輩を挙げた学生は、部活・サークル活動や、ゼミでの課外活動に対して熱心に取り組んでいたが、このような課外活動に熱心に参加していた学生は、入試難易度の高い大学に多かった。大学の課外活動に取り組んでいた学生は、入試難易度の高い大学の学生の場合は9人中7人であったのに対し、入試難易度の低い大学の学生の場合は9人中2人（学生LS1、学生LS7）だけであった。

　これらを踏まえれば、すべての学生が大学の先輩の影響を強く受けるわけではなく、大学の先輩の影響を受けるかどうかは、学生が大学の先輩との接点をどの程度有しているのか、先輩と相談できるような関係性を築けているのかに依存すると考えられる。入試難易度の低い大学の学生の中には先輩の影響を受けたと述べていた学生はいなかったが、それは先輩の助言を不要だと認識していたからではなく、単に先輩との接点がなかったからだという可能性も高い。なぜならば、入試難易度の低い大学の学生の中にも、授業で先輩の話が聞けたことを肯定的に評価していた学生がいるからである。以下に、本研究が授業観察を行った授業を受講していた受講生⑦の語りを引用する。

> 受講生⑦：OBのやつ（キャリア教育科目の授業として実施された内定者による座談会）は、まあ上の代っていうか、（就職活動を）終えてきた人たちの話だから、やっぱり近かったし、X大っていうと、同じレベルの人たちの話が聞けたんで。同じレベルの人がどこまで行けるかっていう言い方したらおかしいかもしれないですけれど、どのくらいの企業なら狙えるかというのがある程度分かったんで。
> 筆者：やっぱりその同じとこ（大学）の出身っていうことが大きい？
> 受講生⑦：大きいですね。まぁ大きいっていうか、X大ってあんまりそんないい大学ではないんで、その人たちがどういった企業に行くのかっていうのが分かったから。分かって、話を聞けたから良かったと思います。
> 　　　　　　　　　　　　（2018年1月23日　受講者インタビュー逐語記録より）

　受講生⑦は、授業における内定者の就職活動体験談を肯定的に評価してい

る。それは、同じ大学の先輩という「同じレベルの人たちの話が聞けた」からだという。受講生⑦にとって先輩の話は、「いい大学ではない」X大学に所属する自分が「どこまで行けるか」「どのくらいの企業なら狙えるか」を把握する、つまり自分の大学から狙える企業の上限を知るうえで有効だと認識しているのである。

　このように、先輩の進路は入試難易度の高低にかかわらず、学生に就職先としてどのような企業を目指すのかを予期させるように機能していた。しかし、先輩を資源とすることができるかどうかは入試難易度の高低によって異なり、入試難易度の高い大学の学生は課外活動を通じて先輩との接点を作り、相談できる関係性を築くことができるため、就職活動における有効な資源として活用できる。他方、入試難易度の低い大学には課外活動に参加していない学生も多く、接点がないため、先輩を資源とすることが難しい。よって、キャリア教育科目の授業が先輩から話を聞ける唯一の機会になっている場合がある。大学の先輩の就職活動は学生が進路を検討する際に大きな影響を及ぼすことを踏まえれば、大学との接点が少なく、自らの人脈を使って自発的に必要な情報を集めることが難しい入試難易度の低い大学の学生に、授業を通じて先輩の話を聞かせることは重要であると考えられる。しかしその一方で、先輩の体験談を授業に取り込むということは、どのような学生（内定先や教員との関係性など）を選ぶのか、何を語らせるのか、という点において大学による統制が可能となる。大学は、卒業生や先輩内定者の語りを通して、学生を大学の序列と対応した進路へと導いている可能性がある。また、学生は先輩の話を通じて自分が狙える企業の上限を把握していたと考えられる。

5．学内企業説明会の影響

　学内に複数の企業を呼んで、企業や採用に関する説明会を開くということは多くの大学で行われているが、就職活動量が少ないと言われている入試難易度の低い大学においては（濱中 2007）、大学で開催される学内企業説明会が重要な役割を果たしていた。本研究参加者の中には、「将来の夢が全然決まってな

くて」(学生 LS2)、「元々そんなにやりたい仕事とか行きたい企業ってなくって」(学生 LS6)、幼少期からあこがれていた CA 以外に「(行きたかった会社は)なかった」(学生 LS5、LS8)など、やりたいことが分からない、もしくは限定されている状態で就職活動を始めていた学生も複数名いる。そのような学生は、「どこの業界がいいかとかどこの会社がいいかっていうのを探しながら就活をやってた」と学生 LS2 が語るように、就職活動を進めていくプロセスの中で応募先を絞り込んでいた。やりたいことがない、もしくは限定されている学生にとって、「とりあえず」学内で複数の企業を知ることができる学内企業説明会は、効率的で、参加することへの心理的ハードルが低い。学内企業説明会をきっかけに就職活動を始めている学生もいる。

具体的な職業志望のなかった学生 LS2 は、学内企業説明会で出会った人事担当者の人柄で応募先を決めていた。以下に、学生 LS2 の語りを引用する。

学生 LS2：将来の夢が全然決まってなくて、なんかもういっぱい受けました。

筆者：決まってないからこそ、いろんな業界を受けた？

学生 LS2：はい。

筆者：具体的にどんなところ？

学生 LS2：(車の)ディーラーさんと、あとは結構葬儀屋にも興味があって、冠婚葬祭ですね。あとは、＊＊ホームって分かります？ホームセンターとか。自分が(学内企業)説明会受けてみて、人事さんの印象が良かったところとか、働くビジョンが見えたところは結構(面接に)行きました。

筆者：説明会は大学(で開催されていたもの)？

学生 LS2：はい。

筆者：大学の説明会を受けて、人事の印象が良かったところ？

学生 LS2：はい。

(2016 年 11 月 25 日　学生インタビュー逐語記録より)

学生 LS2 は、「将来の夢が全然決まってな」かったことから、学内企業説明会で「人事さんの印象が良かったところとか、働くビジョンが見えたところ」、具体的には「ディーラー」「葬儀屋」「ホームセンター」という複数の業

界の企業に応募していた。応募先の業界は多様であるものの、職種はサービス職や営業、販売職である。入試難易度の低い大学の学生は、学内企業説明会に出展している企業の中から進路を選ぶため、サービス職や営業、販売職に就く学生が多い可能性がある。

　教員LT2によると、ボーダーフリー大学であるY大学では、学生の8割が学内企業説明会で就職を決めているという。学内企業説明会がいかに重要であるかが示唆される。以下に、教員LT2の語りを引用する。

> 教員LT2：（Y大学における典型的な就職先は）<u>アミューズメント系、介護とか警護とかさ</u>。そういうのはさすがに（募集が）来る。学内で「学内企業研究会」ってあって。結構、<u>就職課の人が、大体7-80社呼んできて、図書館つぶして年に何回かやって。それで8割（就職が）決まる</u>。
> 　　　　　　　　　　　（2019年8月22日　教員インタビュー逐語記録より）

　教員LT2によると、Y大学では「年に何回か」学内で企業説明会を行っており、「アミューズメント系」「介護」「警護」といった業界に属する企業を、「就職課の人が、大体7-80社呼んで」くるという。教員LT2の「そういうのはさすがに（募集が）来る」という発言には、離職率が高く人手不足で求人が多い「アミューズメント系」「介護」「警護」であれば、Y大学であっても求人があることを指していると考えられる。さらに、Y大学では「図書館つぶして」学内企業説明会を行っているという。学内企業説明会実施期間中に学生は図書館を使えなくなってしまうが、このことは、学業よりも就職の方が重要であるという印象を、学生に与えてしまう可能性があるのではないだろうか。

　学内企業説明会を授業の一環として行う大学もある。X大学ではキャリア教育の授業の一部として学内企業説明会を行っており、出展企業を事例として企業研究を行うこと（第11回目授業）、企業担当者と話をすることによって自分の興味のある企業を見つけること（第12回目授業）、企業説明会で得た情報をもとに学生同士でグループディスカッションをすること（第13回目授業）という学内企業説明会と関連付いた授業が3回行われていた。第11回目の授業では、学内企業説明会の出展企業リストが配られ、出展企業を事例とし

て業界・企業研究の方法について学ぶ。第12回目の授業である学内企業説明会では、少なくとも2社は訪問し、得た情報を所定の用紙にまとめて、授業の課題として提出するよう、指示が出されていた。学内企業説明会の当日、学生はリクルートスーツを着て講義室に集合する。講義室ではキャリアセンター職員から当日のスケジュールや振る舞い方について簡単な説明があった。その後、受講者全員で会場に移動し、一列に並んで企業説明会の会場（学生食堂）に入場する。入口の前には、複数のキャリアセンター職員が待ちかまえており、学生のネクタイのゆがみを直したり、髪の毛を整えるよう注意したりしていた。学内企業説明会には、キャリアセンター職員のほかにもキャリア教育科目担当教員が出席していた。（第13回目の授業では、企業説明会で得た情報をもとに学生同士で情報を共有するグループワークの授業が行われている。）

学内企業説明会出展企業担当者の多くはX大学の卒業生であり、X大学の教職員とは良好な関係にあった。そのことは、学生が企業に対して肯定的な印象を持つことにつながる。以下に、学内企業説明会の様子をフィールドノートに基づいて記述する。

> 説明会開始直後は、学生が企業ブースを訪問している様子が確認できたが、1時間もすると企業ブースを訪問せずに、学生同士が固まって立ち話をしていた。キャリアセンターの職員や教員は、学生に企業ブースを訪問するように促すが、あまり効果はない。
> 企業側も説明者の多くがX大学のOBであったことから、<u>学生の訪問者がいない時には教員LT1や就職課職員と談笑しており</u>、<u>和やかな様子</u>であった。
> （2017年12月9日　学内企業説明会　フィールドノートより）

また、企業説明会に参加していた学生の一人は、キャリアセンターの職員と大学のOBでもある企業担当者が仲良く雑談している姿を見て、就職先として安心を得ていた。以下に、受講生の語りを引用する。

> 受講生⑧：その店（企業説明会出展企業）は、<u>行きたいと思ったし</u>、<u>就職したいと思ったし</u>。（略）ここの就職課の人ともなんか、（OBである企業担当者を）「弟分

だ」とか言って話してて。今でも昼（に）月2回ぐらいは一緒に食べるって。すごい親交も深くて。
筆者：就職課の人と仲が良いっていうことは、安心につながる？
受講生⑧：そうですね。

（2018年1月23日　受講生へのインタビュー逐語記録より）

　受講生⑧は、就職課の人がOBである企業担当者を「弟分だ」と呼び、「今でも昼（に）月2回ぐらいは一緒に食べる」ほど仲が良いことを知り、当該企業に「行きたいと思ったし、就職したいと思った」という。受講生⑧にとって、OBである企業担当者と就職課の人と仲が良いこと、親交が深いということは、安心につながっている様子が窺える。企業担当者と就職課の人の仲が良ければ、ブラック企業ではないという期待があるのかもしれない。
　以上を踏まえれば、学内企業説明会が学生に大きな影響を与えられる理由は二つ考えられる。第一に、学内企業説明会に出展している企業は、大学によって就職先としての正当性が付与されているということである。特にX大学の場合には、出展企業リストは授業資料の一部として配られ、出展企業は学生の就職先として「リアルな」企業であると紹介されていた（第6章参照）。これらを通じて学生は、学内企業説明会に出展している企業を、大学にふさわしい企業だと認識するようになると考えられる。第二に、企業人と教職員と談笑する様子を見て、学生が就職先として安心感を得ていたということである。企業を選ぶ際に「ホワイト」な企業であることを重視していたと語る学生がいたように（学生HS2）、長時間労働やハラスメントが横行している「ブラック企業」は避けたいという気持ちが学生にはある。しかし、当該企業がブラック企業か否かを判断することは学生にとって難しい。そのような中、大学の就職課の人がOBである企業担当者と仲が良いということは、「ブラック企業」でないことを示す一つの根拠となっている可能性がある。
　このように、学内企業説明会は学内に居ながら、採用可能性のある複数の企業と接触できるという効率的なシステムであるだけではなく、大学にふさわしい企業や職種を学生に認識させ、妥当な就職先として受け入れさせるシステム

であるとも考えられる。学内企業説明会に出展している企業は大学の序列によって大きく異なる。入試難易度の高いA大学では多様な業種の企業が出展しているものの、総じて大企業で、ホワイトカラー職での募集を想定しているのに対し、入試難易度の低いX大学、Y大学、Z大学では大企業も出展してはいるものの、職種はサービス職、営業・販売職、介護や警備職といったグレーカラー職での採用を想定した企業が出展しているという。濱中（2007）は、入試難易度の高い大学の学生に比べて、入試難易度の低い大学の学生は就職活動量が少ないことを指摘しているが、学内企業説明会のみが就職先を検討する際の情報源となる場合、幅広い業界や業種の仕事を視野に入れて応募先を検討することは難しくなる。このことが、結果として学生の進路を特定の業種や職種へと水路づけているのではないだろうか。

6. チャーターによる進路の拘束

しかし、すべての学生が大学における典型的な就職先を望むわけではない。入試難易度の高い大学の学生であっても、大企業・ホワイトカラー職を望まない学生もいれば、入試難易度の低い大学の学生であっても、中小企業・営業／販売／サービス職を望まない学生もいる。そのような学生たちに対して、大学における典型的な進路（チャーター）はどのように機能するのであろうか。

まずは、大学の典型的な就職先とは異なる進路を望んでいたが、まわりの反対に会い、希望する進路を断念せざるを得なかった学生HS2（入試難易度高）の語りをみていく。学生HS2は高校卒業までの18年間を家族とともに、人口が少なく産業も盛んではない地域で過ごしてきた。自宅から通える範囲内に大学がなかったため、進学のためにA大付近に引っ越したが、地元への愛着が強く、卒業後は地元に戻って就職することを強く望んでいた。しかし、学生HS2の地元には大卒者にふさわしいとされる職業（ホワイトカラー職）は非常に少なく、地元で就職したければ「公務員」になるか、地元の産業である「農業」か「寒天」作りか「陶土」採掘に従事するしかない。地元にいる友人たちの典型的なキャリアは、「高校を卒業して、地元の高校出て、そこら辺の

工場で」働くことだという。よって、エリート大学と称されるA大学に進学した学生 HS2 が、地元で就職するということに対して、まわりの人からの理解を得ることはできなかった。以下に、学生 HS2 の語りを引用する。

> 学生 HS2：俺、正直高卒でよかったなって思うことがあって。高卒だったら、地元で就職っていうことが完全に肯定されるじゃないですか。（略）A大まで行ったのにここに戻ってくるのってどうなのって親にもめちゃくちゃ言われるし、まわりにもめちゃ言われるので。（略）
> 筆者：それ（陶土を掘るという仕事を）やってもよかった？（略）
> 学生 HS2：全然いいです。ただ正直ここまでやってきちゃったので、自分としても自分でプライドみたいなのもあるし、まわりに言われるのもあるし。（略）
> 筆者：地元で、大学に進学する（人）ってそんなにいない？　少ない？
> 学生 HS2：あんまり多くはない。50人いて半分もいないので。多分、1/4 もいないですかね、たぶん。
> 筆者：高校卒業したらみんなそこで、地元で働くっていう？
> 学生 HS2：（そう）かなっていうイメージですね、僕の中では。
> 筆者：じゃあその中でA大学に行くっていうのは結構すごいっていうような雰囲気の中で…。
> 学生 HS2：自分で言うのもなんだけど、「A大生なんだ、あー」みたいなのがあって。
> 筆者：「そこまで行ったのに最後は一緒か？」みたいな？
> 学生 HS2：「まじか？」みたいな。「お前、絶対就職したらいっぱい奢ってもらうからな。だから今、払うんだぜ」みたいな感じで奢ってもらって。いざ地元に戻りたいって言ったら「ええ？」みたいな。「俺と一緒？」「それでいいの？」みたいな。
>
> （2018年7月12日　学生インタビュー逐語記録より）

　学生 HS2 は、大学に進学する人が「1/4 もいない」地域で生まれ育ち、大学進学のために地元を離れたが、就職は「地元に戻りたい」と思っていた。しかし、大卒者にふさわしい産業のない地元に戻ってきて就職することに対して、親やまわりの人たちから「めちゃくちゃ言われる」と語っていた。学生

HS2自身も、大卒者としての「プライドみたいなもの」があるため、地元で就職することに対しては迷いがある。大卒者だからこそ、地元就職が否定されるのであれば、「高卒でよかった」とさえ思っている。学生 HS2 の語りからは、自分のやりたいことと、A大学生であるからこそ生じるまわりからの期待の間に挟まれ、葛藤している様子が窺える。まわりからは「地元で就職したい」という本人の志望が理解してもらえない中、学生 HS2 は妥協点として、「地元にすぐ帰れる場所」まで範囲を広げて就職先を検討した。就職先を検討する際には会社の所在地を第一に考え、「この辺を本社にしている会社は本当に何でも見て。給料とか働き方とかその辺でやっていけばいいかなって。T社系(大手製造業)もみたし、農協も見たし。IT とか人材とかなんでも」応募してきたという。最終的に、学生 HS2 は「地元にすぐ帰れる場所」に本社がある大手 IT 企業総合職の内定を得て就職活動を終えた。しかし、IT 業界に興味があるわけではないという思いと、地元に貢献できるような仕事がやりたいという思いが大きくなった。そこで、IT 企業からの内定を辞退し、大学院に進学することを決意したという[1]。大学院では、地域協働や住民自治について学び、「自分がどういう風に地域に貢献できるのか」について「自分の関わり方を見つける」つもりだと語っていた[2]。学生 HS2 の語りは、自分の希望する就職(地元で働くということ)が、大学のチャーター(有名大企業のホワイトカラーとして働くということ)と一致していない場合、まわりの人からの反対が強く、意志を貫くことは難しいことを示している。

次に、自分の大学における典型的な就職先を当然のものとして受け入れた結果、希望する職種に応募することさえ諦めてしまった学生の語りを見ていく。学生 LS3 の大学(入試難易度低)における典型的な内定先は、「不動産系とか(の)、営業」であり、「みんな営業で、中には事務のやつもいるけど、営業がメイン」だという。まわりの内定先を見て、学生 LS3 は「男子文系はどうしても営業になっちゃいます」と認識していた。よって、自分も「営業職」以外は無理だろうと思ったため、総合職に応募することなく、営業職ばかりに応募していたという。以下に、学生 LS3 の語りを引用する。

> 学生LS3：結局営業しかできないかなって自分で思ったんで。こういう人生を歩んできたんで。勉強してきてたらいいところにも行けたと思うんですけど。しゃべることくらいしか（できない）。（だから）本当に営業をやろうと思って。営業なら何でもいいかなって正直思いました。
> 筆者：例えば、何でも希望通りの仕事に就けるって言われたら何がしたかった？
> 学生LS3：営業って残業代が出ないんですよ、見込み残業代しかもらえなくって。残業代が出る仕事したかったですね。まともにいい大学出てたりしたら、普通のサラリーマンって言うんですか、（そういう仕事）に就きたかった。
>
> （2016年10月28日　学生インタビュー逐語記録より）

　学生LS3は高校時代、真面目に勉強しなかったため希望する大学に進学することができなかった。第一志望ではない自分の大学を「いい大学」ではないと思っており、そのような大学にいる自分は「営業しかできない」「しゃべることくらいしか」できないと認識している。よって、「営業なら何でもいい」と現在の内定先への就職を決めている。しかし、営業は「残業代が出ない」ため、可能であれば「残業代が出る仕事したかった」という。学生LS3は営業職に否定的なイメージを持っており、可能であれば営業職以外の職種に就きたいと思っていた。営業職への応募は学生LS3が望んでいたというよりは、自分の大学であれば営業職に就くのが妥当だという認識があるからだと考えられる。

　このように、学生HS2や学生LS3は大学における典型的な就職先（チャーター）を内面化した結果、希望する働き方ができそうな企業に、応募することさえせずに断念していた。大学の序列と就職先の序列は、企業による選抜の結果として維持されているだけではなく、典型的な就職先を当然のものとして受け入れている学生が、大学の序列と対応した就職先を自ら選択し、対応していない就職先に応募することを断念することによっても維持されているのである。

7. 小　　　括

　本章では、学生が大学における典型的な進路を妥当なものとして受け入れるプロセスを検討するために、学生が内定先企業を志望した要因・理由を学生インタビューの結果に基づいて分析した。その結果、調査協力学生の進路選択には、企業（理念、製品、所在地）や親、先輩・友人、企業説明会など様々な要因が影響を及ぼしていたことが明らかになった。

　また、大学の入試難易度によって進路選択に影響を及ぼす要因は異なり、入試難易度の高い大学の学生は、企業や大学の先輩、親など、複数の要因が影響を及ぼしていたのに対して、入試難易度の低い大学の学生は、親、もしくは就職活動で出会った人事・採用担当者など、単数もしくは少数の要因が強い影響を及ぼしていたことが明らかになった。

　このような違いは、大学教育の違いが影響している可能性がある。入試難易度の高いA大学のキャリア教育科目の授業では、多様な立場にある複数の人たちに相談してみることの重要性が語られていた。また入試難易度の高い大学の学生は、グループワークを通じて教員からだけではなく、他の学生からも様々なことが学べると認識していた（第7章参照）。入試難易度の高い大学の学生は、これまでの大学での授業を通じて、何かを決めたり選んだりする際には複数の情報に基づいて物事を多面的に検討すべきだという規範を身につけていると考えられる。

　他方、入試難易度の低い大学の教員たちは、授業内容を理解させるために、あえて「授業内容を厳選」し、「本当に必要なことのみに絞り込んで教えて」いた。また、「複数の選択肢を与えると学生が混乱してしまうので、答えは絞って教えて」いるという（第5章参照）。このような教育を受けていくうちに、学生は複数の情報を集め、多面的に評価することの重要性に気づけずに、目の前の情報だけで物事を判断するようになった可能性がある。

　これらを踏まえれば、調査協力学生の誰からもキャリア教育科目が進路選択に影響を及ぼしたとは語られなかったが、キャリア教育科目の授業は間接的に

影響を及ぼしていると言えるのではないだろうか。

　次に、大学の先輩や学内企業説明会という学内の要因が、学生の進路選択に影響を及ぼすプロセスを検討した。大学における先輩の存在は、学生の予期的社会化に重要な影響を及ぼすが（例えば、児島ほか 2008）、大学の先輩の影響を受けていたと認識していたのは入試難易度の高い大学の学生のみであった。しかしだからと言って、入試難易度の低い大学の学生にとって大学の先輩の存在が役に立たないわけではない。授業における内定者の座談会が役に立ったと語っていた学生もいる。先輩の存在は重要であるにもかかわらず、入試難易度の低い大学の学生が先輩を就職活動の資源にできなかった理由は、大学への関与が低く（課外活動に参加する学生が少ない）、先輩との間に相談できるような関係性が築けなかったことが影響している可能性がある。よって、先輩のアドバイスが重要であると認識していても、キャリア教育科目の授業として行われる内定者座談会が唯一の先輩との接点となってしまう場合がある。しかし、授業に取り込まれた先輩の語りは、どのような進路に進んだ学生をロールモデルとするのか、何を語らせるのか、という点において大学による統制が可能となる。大学は内定者の語りを通じて、学生を大学の序列と対応した進路へと水路づけていた可能性がある。

　さらに、学内企業説明会の影響についても複数の学生から語られた。学内企業説明会は、当該大学の学生を採用することに意欲的な企業が集まっているうえに、学内にいながら複数の企業からの説明を受けられるという点において、学生にとっては非常に効率の良いシステムである。実際に、研究参加者の中には学内企業説明会で知った企業に応募し、内定を得ている学生もいる。しかし、学内企業説明会には当該大学の学生を採用しようと考える企業のみが参加しているという点において、学生が知りうる企業を制限してしまう。特に、就職活動量が少ない入試難易度の低い大学（濱中 2007）では、学内企業説明会が情報を収集できる唯一の機会になっている場合もあった。また、入試難易度の高いA大学では多様な業種の企業が出展しているものの、総じて大企業でホワイトカラー職での募集を想定しているのに対し、入試難易度の低いX大学、Y大学、Z大学では、サービス職、販売職、介護職や警備員といったグレーカ

ラー職が多く出展しており、出展企業に偏りがある。このことが、学生を特定の業種・職種へと水路づけている可能性もある。

　加えて、入試難易度の低い大学の学生の中には、親と同じ仕事（業種・会社）だという理由で、就職を決めている学生もいた（学生LS2、学生LS7）。親がロールモデルとなっていた事例は入試難易度の高い大学の学生にもあったが（学生HS4）、親の存在は複数ある要因の一つに過ぎず、決定打というほどではない。丸山（1980、1981）は、入試難易度の高い大学の学生ほど過去の属性（父親の教育や職業など）よりもチャーターの影響が大きいことを指摘しており、その理由として入試難易度の高い大学ほどはっきりとした進路パターンを与えるからだと述べている。しかし、なぜ入試難易度の高い大学ほどはっきりとした進路パターンを与えるのか、進路パターンはいかなるプロセスを通じて受け入れられるのかについては明らかにしていない。それに対して本研究では、入試難易度の高い大学の学生ほど、学内の課外活動に参加している学生が多く、大学への関与が高いため、大学チャーターの影響は強まるのに対して、入試難易度の低い大学の学生は大学への関与が低いため、大学の影響よりも学外や親の影響を強く受ける。その結果、学生は大学の影響よりも過去の属性に拘束されてしまうことが明らかになった。

　最後に、大学における典型的な就職先を望まない学生HS2と学生LS3の語りを分析することによって、大学における典型的な進路（チャーター）がいかに学生の進路を拘束しているのかを検討した。その結果、大学のチャーターは入試難易度の高低にかかわらず学生の進路を拘束していることが明らかになった。チャーターと一致しない進路を望んでいた学生であっても、チャーターを内面化することにより、応募することなく志望を諦めてしまうのである。

　チャーターと一致した進路を希望する学生や、就職先に強いこだわりのない学生は、チャーターが進路を拘束していたことすら認識することなく就職活動を終える。しかしその一方で、チャーターとは異なる進路を志望していた学生や、チャーターと一致した企業から内定を得られなかった学生は、内定を辞退したり、不満を持ったまま就職活動を終えたりする。大学のチャーターは学生の進路選択に否応なく影響を及ぼす。これらを踏まえれば、キャリア教育には

チャーターと一致した進路を受け入れさせ、内定の獲得可能性を高めるという側面だけではなく、チャーターによる進路の拘束から自由になるための教育という側面も必要なのではないだろうか。

【注】
(1) 学生 HS2 が大学院進学を検討するうえでは、大学の授業や大学院生の影響が大きかった。学生 HS2 の履修していた授業には大学院生も参加しており、「学年に関係なく議論できたことが楽しかった」と語っていた。また、TA として参加していた大学院生が自分の研究について楽しそうに語る姿を見て、大学院進学を決心したという。学生 HS2 の大学院進学は、大学院に進学することが珍しくないという研究大学の特性に加えて、大学院生と接点のある学部の授業や、研究内容を楽しそうに語る先輩の存在も影響を及ぼしているといえる。
(2) 学生 HS2 は大学院で 2 年間学んだ後、「地元にすぐ帰れる場所」にある大規模私立大学に職員として就職した。HS2 が地元就職ではなく、大学事務職員を志望した理由は、「大学職員であれば仕事と研究を両立できると思った」からだという。そのように思えたのは、大学院の授業で仕事と研究を両立させている大学職員の社会人院生と出会ったことが影響しているという（2020 年 9 月 9 日 フォローアップインタビュー逐語記録より）。大学院生として学生 HS2 が行った進路選択は、学部時代の進路志望とは異なるものの、満足度は低くない。大学在籍期間が長くなり、大学への関与が高まると、学生は大学のチャーターと一致した進路を自発的に選ぶようになるのかもしれない。

第3部
偏差値序列への抵抗

　第2部では、本研究における一つ目の問い、(1) キャリア教育はいかなるプロセスを通じて学生を大学の序列と対応した進路へと水路づけていく（適応させる）のか、を検討してきた。調査の結果、大学の序列によって教員の学生や典型的な就職先に対する認識、授業実践上の工夫や配慮は異なることが明らかになった。また、キャリア教育の授業では、大学における典型的な就職先が直接的もしくは間接的に語られ、典型的な就職先に求められる能力を育むような教育、具体的には入試難易度の高い大学では考えさせるような授業が行われていたのに対し、入試難易度の低い大学では就職活動で必要になる知識やスキルを身につけさせるような授業が行われていた。大学によって異なるキャリア教育は、学生を大学の序列と対応した進路へと水路づけていくように機能している可能性がある。

　とはいえ、入試難易度の高い大学においても就職技法的な内容は教えられており、入試難易度の低い大学においても、専門知識と関連づけながら学生に考えさせるような授業は行われていた。キャリア教育科目は大学の典型的な進路に対応した教育のみを行っているわけではない。対応していない教育も行われている。しかし、学生はこれまでの学習経験に基づき、学習内容を取捨選択する。入試難易度の高い大

学の学生は、就職技法的な内容に、入試難易度の低い大学の学生は、専門知識と関連づけながら学生に考えさせるような授業にその価値を見いだしていなかった。これらを踏まえれば、キャリア教育だけが学生を水路づけるというわけではない。大学における社会化を通じて学生は特定の価値観を身につけ、キャリア教育の内容を取捨選択する。このことが、学生を大学の序列と対応した進路へと水路づけることにつながっていると考えられる。キャリア教育科目はこれまでの社会化効果を増幅することはできても、変えることは難しいといえる。

続く第3部（第9章・第10章）では、ボーダーフリー大学において肯定的に評価されている教育、具体的には、厳格な対応や初等中等教員と類似した教育を行うことに抵抗する教員と、ボーダーフリー大学における典型的な進路を望まない学生を対象とした調査を行う。これにより、本研究における二つの問い、(2) 教員や学生が水路づけに抵抗することはいかなる困難をもたらすのか、(3) 抵抗のために教員や学生が採りうるストラテジーとはいかなるものなのか、を検討する。

第9章では、学習意欲の低い学生が多く、授業を成立させることすら困難な状況にあるボーダーフリー大学において、自らの専門とは異なるキャリア教育科目を担当している教員が、いかなる困難を抱え、どのようなストラテジーを用いて対応しているのか、ストラテジーの効果はいかなるものだったのかを明らかにする。

第10章では、ボーダーフリー大学から大企業総合職や公務員という非典型的な進路に進んだ学生を対象とした調査を行うことによって、彼らがいかにして大学の文化に適応することなく希望する就職を実現したのか、大学教育は彼らの社会的上昇移動にどのような貢献をしたのかを明らかにする。これらを通して、チャーターを乗り越えるためのキャリア教育や、高等教育のあり方についての示唆を得たい。

第9章

ボーダーフリー大学におけるキャリア教育科目担当教員のストラテジー

1. はじめに

　大学のユニバーサル化と、それに伴う大学の機能拡大・多様化を背景に、近年では従来型の大学教育を成り立たせていた二つの前提が維持できない状況にある。一つ目の前提は、「学生は独自の判断をすることのできる成人であり、大学で学ぶ上で必要となる学力・社会認識・自己認識がある」（金子 2007）という学生に関する前提である。もう一つの前提は、「大学教員は専攻分野の知識・能力・実績に基づいて教育を行う」（学校教育法 92 条）という大学教員に関する前提である。大学では機能を拡大・多様化する中で、キャリア支援・教育、FD、IR といった新たな職務領域が生じており、これら職務を担う教職員の中には、専門とは異なる仕事を任される者や、専門性を活かした仕事が十分にできないことにジレンマを抱えている者がいること、困難の乗り越え方はこれまでのキャリアパスによって異なることなどが明らかにされている（二宮ほか 2019）。

　本章では、ボーダーフリー大学において自らの専門外であるキャリア教育科目を担当するという二重の困難に直面した大学教員の授業実践を、ストラテジー概念を用いて分析する。これにより、初等中等教員とは異なる大学教員特有のストラテジーや、ストラテジー採用の背景にある価値観、規範を明らかにすることを目的とする。

2. 調査概要

　本調査では、ボーダーフリー大学であるX大学で教員LT1が担当しているキャリア教育科目の授業を対象としたフィールドワークを行う。教員LT1に着目する理由は、ボーダーフリー大学において専門外のキャリア教育科目を担当しているという、近年の大学教員の特徴を二重に有しているからである。教員LT1は経営学の博士課程を経験したアカデミック教員であり、経営学を担う教員として採用されたが、キャリア教育科目担当教員の離職に伴い、急遽所属学部のキャリア教育科目も担当することになった。教員LT1には正社員としての企業勤務経験がないこと、キャリア教育科目ではなく経営学の専門科目を担う専任教員として採用されたことから、「キャリア形成を専門としない教員」（三菱UFJリサーチ＆コンサルティング2011）だと自分のことを認識している。

　フィールドワークでは2017年9月から2018年1月に実施された授業のうち、第5回目を除く授業観察と、教員LT1に対する半構造化インタビュー、メールによるフォローアップ調査を行った。授業観察では、学生の受講態度や、教員LT1の学生との関わり方に注目した。インタビューでは、教員LT1の経歴やX大学におけるキャリア教育科目の目的・内容、学生の特徴や授業実践上の困難などについて質問した。

　学生の多様化に伴う困難の特徴を明らかにするための比較対象として、入試難易度の高いA大学でアカデミック教員（教員HT2）が行った授業の観察記録を用いる。さらに、専門外の教育を担うことに伴う困難を明らかにするための比較対象として、ボーダーフリーのY大学でキャリア教育科目を担当している実務家教員LT2のインタビュー記録を用いる。教員LT2は、修士・博士課程を経験せずに教員になった実務家教員である。大企業での人事・採用経験に加えて、キャリアコンサルタント資格、ハローワークでの職業相談経験が評価され、大学教員に採用されていることから、「キャリア形成を専門とする教員」（三菱UFJリサーチ＆コンサルティング2011）だと自分のことを認識し

表9-1 キャリア教育科目担当教員の概要

教員	大学	人数	教員タイプ	授業観察	補足
LT1	X大	60	アカデミック教員	○	主たる対象
LT2	Y大	100	実務家教員	−	アカデミック教員との比較対象
HT2	A大	70	アカデミック教員	○	ボーダーフリー大学との比較対象

ている。調査対象の教員3名は社会科学系の学部に所属し、キャリア教育科目だけではなく専門科目も教えている(表9-1)。

ストラテジーの効果を検討するために、教員LT1の授業を受講している学生9名に対して、一人当たり15分程度のインタビューを行った(表9-2)。インタビューは学生の任意参加に基づいており、こちらが選んだわけではないが、結果的には真面目に授業を聞いていた学生③⑤⑨、授業中に大声で独り言を言ったり授業を中断して遅刻の理由を説明したりするなど目立っていた学生⑥、授業中のスマホいじりや私語など本授業においては標準的ともいえる態度で授業に臨んでいた学生①②④⑦⑧という様々なタイプの学生から話を聞くことができた。また、キャリア教育科目の場合、就職活動を経験した後に授業の効果を実感する可能性がある。そこで、就職活動を終えた前年度受講生(学生⑩⑪)に対してもインタビューを行った。主なインタビュー内容は、キャリア

表9-2 キャリア教育科目受講生の概要

ID	学年	性別	私語	スマホ	補足
受講生①	3年	女性	○	○	
受講生②	3年	女性	○	○	
受講生③	3年	女性	×	×	学内の公務員講座受講／真面目な受講態度
受講生④	3年	女性	△	○	授業を欠席することが多い
受講生⑤	3年	男性	×	×	学内の公務員講座受講／真面目な受講態度
受講生⑥	3年	男性	○	○	授業を遅刻・欠席することが多い
受講生⑦	3年	男性	○	○	
受講生⑧	3年	男性	○	○	
受講生⑨	3年	男性	×	△	学内の公務員講座も受講
受講生⑩	4年	男性	−	−	就職活動を終えた前年度受講生
受講生⑪	4年	男性	−	−	就職活動を終えた前年度受講生

教育科目や教員 LT1 に対する評価とその理由である。

さらに、学生が授業をどのように受け止めているのかを検討するために、学生に対してリアクションペーパーへの記述と提出を依頼した。本章では、同意が得られた学生 29 名、14 回分のリアクションペーパー（総数 239 枚、平均 17 枚／回）も参照する。

3. X大学のキャリア教育科目担当教員が抱える困難

X大学でキャリア教育科目を担当している教員 LT1 が抱えている困難としては、第一に「全学共通科目であることの難しさ」が挙げられる。本科目は全学共通科目として開講されており、複数の学部の複数の教員が、共通のシラバスに基づいて授業を実施している。このことは、各教員の授業に対する自由度を下げ、キャリア教育科目を自らの専門性と関連づけて教えることを難しくしてしまう。

> 教員LT1：今やってきていることを振り返ると、どちらかと言うと<u>教育系の先生（教育学修士の学位を持つ教員）と一緒に（授業を）作ってきたんですね</u>。なので、<u>やろうと思っていることをやらずにきてます</u>。もう少し、例えば「ピーター・ドラッカーは、働く個人の生き方についてこういう風に言ってて」って。（でも）<u>経営分野のことを前面に出すと、他の分野の先生が退いちゃうので</u>。<u>同じシラバスで他の先生とやってきた関係で、自分もキャリア（科目）を経営の視点でまとめていきたいなと思いつつ、やってきていないんです</u>。だから（自分の専門性を）<u>活かしきれていない</u>という感じかもしれないですね。（人に）言われたら、一応「経営学を基盤にしたキャリア教育が専門」といっていますけど、<u>いまいちかなって</u>。
>
> （2017 年 3 月 17 日 教員インタビュー逐語記録より）

教員 LT1 は、経営学部を専門とする教員として「自分もキャリア（科目）を経営の視点でまとめていきたい」と思っている。しかし、実際は「教育系の先生と一緒に作ってきた」ことに加えて、同じシラバスに基づいて複数の教員がキャリア教育科目を担当している。よって、経営学の視点で授業を行いたい

第9章　ボーダーフリー大学におけるキャリア教育科目担当教員のストラテジー　171

と思ってはいるものの、経営学に基づいたキャリア教育を行うことが難しい状況にある。結果として、自らの授業を「いまいちかな」と評価しているのである。

　第二に、「授業における学生の逸脱行為の日常化」が挙げられる。第6章で示した通り、X大学におけるキャリア教育科目の授業では、授業中の入退出や飲食、学生同士の談笑、スマホいじりなどの逸脱行為が目立ち、真面目に授業を聞いている学生は数えるほどしかいない。学生の逸脱行為が頻発し、授業を成立させることが非常に困難な状況にあった。

　そのような中、X大学には学生の逸脱行為に対して厳格に対応すべきだと考える教員もいる。以下に、2クラス合同で行われた第8回目の授業（内定者報告会）の様子を、フィールドノートに基づいて記述する。

　内定者報告会では、就職内定者たち（5名）が自分の就職活動体験を話したり、3年生が内定者に対して質問する機会が設けられたりしていた。司会進行はキャリアセンター職員が担当し、教員LT1は教室後方に座って授業の様子を見ていた。後方からは、学生たちがスマホいじりをしている様子や、小声で雑談している様子が見える。とは言え、いつもよりもずいぶん静かに内定者の話を聞いていた。

　しばらくすると、他クラスのキャリア教育科目を担当している教員（就職支援企業出身の実務家教員）が教員LT1の近くに来て、肘をつつき、スマホいじりをしている学生を見ながら、「学生（を）、注意しないと」と言って、講義室前方に歩いて行った。自分の担当しているクラスの学生に対して、何か注意しているようである。教員LT1は学生に近づき、スマホいじりをやめるように注意した。

　司会者（キャリアセンター職員）は内定者に話をさせるだけではなく、15分〜20分おきにクイズを出しながら授業を進行していく。しかし、授業開始から1時間が経った頃には、いつもと同じように教室はうるさくなっていた。

（X大学第8回目　フィールドノートより）

　この内定者報告会では、教員LT1だけではなく、実務家教員である他クラスの教員も参加している。よって、教員LT1の思い通りに授業運営を行うことが難しい。教員LT1の授業においては日常化している学生の「スマホいじ

り」や「小声で雑談」も、この実務家教員にとっては〈注意すべきもの〉である。〈注意すべきもの〉であるにもかかわらず、教員LT1は〈注意しなかった〉。その結果、学生の逸脱行為を注意しなかったという理由で教員LT1が注意されていたのである。注意しないことの理由や、背景にある教員LT1の価値観は問われことなく、否定される。

第三に、「必要な努力をさせることの難しさ」が挙げられる。葛城（2015）は、資格やSPI（企業が採用活動に用いる適性検査の一種）の活用が、ボーダーフリー学生の学習を促進するうえで有効となる可能性があると述べている。しかし、以下に引用する語りからは、それがX大学では機能しないことが推測される。

> 教員LT1：SPI（対策）みたいなことをやっても、<u>もう手遅れ</u>ですからね。
> 筆者：3年生で手遅れですか？
> 教員LT1：手遅れです。僕らの議論の中ではもう手遅れだから。<u>ここでやっても遅いから</u>どうしようっていう議論をちょうどしています。もう無理。うちの学生だと、ですよ。つまり、入学した時点で、もうできないっていうか、<u>高校の時もできない、中学校の時もできないっていう風にしてずっとSPIの問題がずっとできない</u>ので。大学に入ってから（すぐに）SPIやるならやらせないと。もう3年生になってからやっても、思い出す、じゃなくて知らないという状態なので。中小企業でも「筆記試験があるんだったらやりません」（と言って）試験がないところを探す。「ここは試験があるんですか？」みたいな。（略）<u>筆記試験があるから、上場企業は、僕は諦めるって子が多い</u>です。僕は中小企業でいいですって活動もしない。中小企業でも試験があるならやらない。<u>試験がないところを探す。</u>
>
> （2017年3月17日 教員インタビュー逐語記録より）

教員LT1によると、「中学校の時」から「SPIの問題がずっとできない」X大学の学生に、3年生になってからSPI対策をさせることは「もう手遅れ」であり「ここでやっても遅い」という。その結果、X大学の学生は「筆記試験があるから、上場企業は、僕はあきらめるって子が多い」「試験がないところを探す」という。しかし、筆記試験を課している企業も多いため、就職活動を

第9章　ボーダーフリー大学におけるキャリア教育科目担当教員のストラテジー　173

目前に控えた3年生後期のキャリア教育科目では、試験対策をやらせざるを得ない。就職活動のために必要なスキルを習得させなければならないにもかかわらず、学生に努力させることが難しい状況にある。

　第四に、「多様な学生に対する配慮の難しさ」が挙げられる。以下に教員LT1の語りを引用する。

> 教員LT1：この授業には、鬱病でいつも授業中眠っている子と、発達障害の子がいる。発達障害の子は熱心でスコアも平均より高い。あとは就職だけ。親も障害を認識していて、手帳もあるため対応がやりやすい。大変なのは鬱病の子。眠っていても、薬を飲んだせいかもしれないので、うかつに注意できない。この大学の先生が注意することに慎重なのはそういう子がいることを分かっているからかもしれない。以前、重度の障害を持った子を受け持った時も、こちらが鬱になるほど責められたことがある。でも、何か言うと「先生は分かってくれない」みたいな感じになってしまう。対応が難しい。学生同士で暴力問題になって、その後退学した子もいた。
>
> （2017年10月31日授業終了後の会話メモ）

　教員LT1によると、履修者の中には「鬱病でいつも授業中眠っている子と、発達障害の子」がいるため、授業中の逸脱行為を注意することは難しい。「薬を飲んだせいかもしれない」し、以前注意した際には「こちらが鬱になるほど責められた」経験があるからである。「学生同士で暴力問題になって、その後退学した子」もいたという。このような経験を経て、教員LT1は学生の逸脱行為を注意することに対して、慎重な対応が必要だと認識している。それだけではなく、教員が自らの精神的・身体的安全性に不安を抱えながら学生対応を行っていることが分かる。教員LT1だけではなく、Y大学の教員LT2も「学生にえらいキレられて、怖い目に会ったっていう人（同僚）がいた」と語っていた。授業を成立させるために、学生に注意をしたいと思う一方で、自分の精神的・身体的安全性を確保するためにはうかつに注意できないというジレンマが生じるのである。

　以上四つの困難のうち、「全学共通科目であることの難しさ」は、教員の専

門性を活かした授業実践を困難にすることから、専門外の教育を担うことによる困難といえる。また、「授業における学生の逸脱行為の日常化」「必要な努力をさせることの難しさ」「多様な学生に対する配慮の難しさ」は、学生の多様化による困難といえる。

4. X大学のキャリア教育科目担当教員の対応

　上記困難に対して教員LT1は、「専門性の取り込み」「罰則の伴わない事前契約」「就職技法教育」「ユーモアを使った婉曲的な注意」によって対応していた。

　一つ目の「専門性の取り込み」は、「全学共通科目であることの難しさ」への対応である。教員LT1はキャリア教育科目のシラバスを、「職業とキャリア」「就業に必要な力」など、「アレンジが適当にできるような、抽象的かつ具体的な感じのシラバス」にしていると語っていた。この語りは、具体的に説明しているように見えて、実際はまったく具体的なことを言っていないシラバスであることを、教員LT1が皮肉を込めて表現しているものだと考えられる。教員LT1が抽象的なシラバスを作成している理由として、本シラバスに基づいて複数の教員が授業を行っていることが挙げられる。教員LT1が経営学の要素を前面に出した授業内容をシラバスに記載すると、経営学を専門としない他の教員は授業ができない。そこで、あえて抽象的なシラバスを作成し、各教員が自らの学術的専門性を活かした授業をできるようにしていた。そのうえで、教員LT1自身も自らの専門である経営学の要素や概念（中小企業の定義、キャリアコーン、GROWモデル、時間管理のマトリックスなど）を授業に取り込みながら、学生に考えさせるような授業を行っていた。

　二つ目は、「罰則の伴わない事前契約」である。これは「授業における逸脱行為の日常化」への対応である。教員LT1はキャリア教育科目の授業では毎回座席ルール（「後部座席3列は空ける」「3人掛け×➡一つ空けて2人掛け」）をスクリーンに表示し、口頭でも説明していた。ただし、座席ルールを破った場合や逸脱行為を行った際の罰則は設けていない。その理由を、「校則

第9章　ボーダーフリー大学におけるキャリア教育科目担当教員のストラテジー　175

で禁止されているから絶対にダメっていう言い方はしたくない。自分たちで気づいてやめてくれたらって思うんです」と述べている。事前契約で罰則を設けてない背景には、学生が自分の意志に基づいてルールを守ることへの期待があると推測される。他方、教員LT2もY大学が定めている授業ルール（私語・飲食の禁止）を、初回授業時には形式的に伝えているが、罰則は設けていないと語っていた。しかし、教員LT2が罰則を設けていない理由は、厳しくしても効果がないことに加え、「（教員が）怒るとすぐに中退してしまう」からだという。教員LT2は学生を自立した成人ではなく、手をかけるべき存在としてみなしており、Y大学の学生は「手間をかけなければ飲食業のバイトに夢中になったり、妊娠・結婚して（大学を）辞めていったりする」ため、「毎回授業で声をかけ、必要であればいつでも相談に乗るということを伝えていた」と語っていた。このように、罰則を設けないことの背景にある学生観は、教員LT1と教員LT2では異なっていた。

　三つ目は、履歴書の書き方から面接術までの就職技法を教える「就職技法教育」（川喜多2007）である。これは、「必要な努力をさせることの難しさ」への対応である。X大学の学生は努力が必要になると目標を下げるか、あきらめてしまう。そのような中、少しでも就職活動で必要な知識やスキルを習得させるために、授業中の課題は思考をさほど必要としない内容で、覚えればすぐに使えるという特徴があった。例えば、筆記試験対策として教員は、市販の問題集の中から最も簡単と思われる問題（首都名や英単語など）を選んで出題していた。就職マナーを扱う授業では、授業中にお辞儀やあいさつの練習を行い、マナー講師が机間巡回をしながら一人ひとりの姿勢を直していた。このように、あえて簡単ですぐに役立つ「就職技法教育」を扱うことは、課題レベルと分量を学習者に合わせて調整し、学習者を忙しくさせておく「授業内学習の管理」（Denscombe 1985）と類似した対応といえる。

　四つ目は、「ユーモアを使った婉曲的な注意」である。これは「多様な学生に対する配慮の難しさ」への対応である。教員LT1が学生の逸脱行為を厳しく注意することは一度もなかったが、下記の発言が示すようにユーモアを使って婉曲的に逸脱行為を指摘することは頻繁にあった。教員LT2も、学生の感

情を「逆なで」しないように「冗談を言いながら」逸脱行為を注意すると語っていた。このような対応は、冗談によって潜在的なコンフリクトを無効にするという対応（Woods 1979）と類似したものといえる。

> 教員LT1：今日はどうも皆さん、いつもよりも<u>グループ学習</u>ですね。いろいろ<u>お話をしている人</u>、<u>睡眠学習している人</u>、おられるようですけれど。<u>曇りの日は（スマホの）通信料（が）安いんでしょうかね？</u>
>
> （X大学第4回目 授業逐語記録より）

　これら四つの対応のうち、「専門性の取り込み」については、全学共通科目という自らの専門性を活かしづらい状況下で、専門外の教育に対応するために用いたものであったが、その他三つの対応は、学生の多様化に対応するために用いたものであったと考えられる。「就職技法教育」は入試難易度の高いA大学でも行われていたが、担当していたのはアカデミック教員（HT2）ではなく、キャリア教育科目主担当の実務家教員HT1であった。また、A大学の授業では授業の妨害となるような逸脱行為は行われていなかったため、授業中の逸脱行為を抑制するために、「罰則の伴わない事前契約」や、「ユーモアを使った婉曲的な注意」を用いることもなかった（ただし、実務家教員であるHT1は頻繁にユーモアを用いていた）。

5. アカデミック教員と実務家教員の対応の違い

　アカデミック教員と実務家教員では逸脱行為に対する対応は異なっていた。アカデミック教員の教員LT1は、意図的に抽象的なシラバスを作成してまで、自らの学術的専門性を取り込んだ授業を行っていた。他方、実務家教員の教員LT2は「シラバスは前任者のものを踏襲しただけで、自分が作ったわけではなく、授業もその通りに進めたわけでもなかった」と語っていたように、シラバスを重視していない。また、教員LT2は自らの専門性（人事・労務管理）に対してもさほどこだわりはなく、「何だっていいんだよ、教えるの（内容）は。（略）大学がこれやってくれって言うんだったら目つぶってやるしか

ない」と述べている。

　しかし教員LT2も、「100人の教室で1/3は寝てる。あと残りの2/3のうちの1/3はスマホをいじっとる。で残りの1/3はただ起きてるだけ」という状況に、着任直後は戸惑ったという。その後、このままでは「時間と労力が無駄って思って」、学生と昼食を共にしながら雑談をすることで学生のニーズをくみ取り、ニーズを踏まえた授業を行う「マーケットイン式」の授業に変えたと語っている。そのために教員LT2が行ったのは、大学教員としてのアイデンティティを再定義することであった。

教員LT2：彼ら（他の大学教員）は大学の先生になることが最終の目的としてうちに入ってきてるわけじゃん？　大学を出てからずっと。でも俺なんかぽこっと引っかかった式なので（略）。
筆者：先生は自分のことをどういう風に位置づけているのですか？
教員LT2：大学は組織の体質を変えたかった。（大学の）先生は自分の研究ばっかりやっとって、大学では勉強しない学生がたくさんいて、大学の評判が下がるわけよ。で、理事長あたりが大学の謳い文句を、最初はどういう学問を教えているかっていうのが売り文句だったけど、10年くらい前からやめて、「就職指導に熱心な大学」っていう風に変えていったわけよ。そしたら社会人経験者じゃないとできないじゃん？それで俺に白羽の矢が立った

（2019年8月23日 教員インタビュー逐語記録より）

　教員LT2はアカデミック教員たちを「彼ら」と呼び、実務家教員の自分とは異なる者として境界線を引く。「彼ら」は「プロダクトアウト式」で自分の教えたいことを教えているが、自分は他の教員とは異なり、「組織の体質を変える」ための者である、と定義し直している。よって、授業では学生のニーズに答えるために、雑談の中で得た事例（アルバイト代未払い問題）をもとに労働法の説明を行なったり、自らの実務経験をもとに求人票の見るべきポイントを教えたり、面接時には質問者ではなくキーマンを見極めて回答することの重要性を教えたりしていたと語っていた。

6. 授業や教員に対する学生の評価と効果

　授業中に逸脱行為は横行しているものの、学生は授業や教員に対して不満を抱いていたわけではない。日常的に逸脱行為を行っていた学生であっても、「就職に便利になる授業で良かった」（受講生⑥）、「就職に対する不安がなくなった」（受講生⑦）など、授業を肯定的に評価している。教員LT1についても、「良い（先生だ）と思います」「優しい」（受講生①）と述べている。さらに、授業をきっかけとして、将来やりたいことについて考えたり（受講生②）、エントリーシートを書いたり、合同説明会に参加したりするなど（受講生④）、就職活動に向けて具体的な行動を始めた学生もいる。教員LT1のことを受講生⑩は「あの先生は授業っていうよりも人として、人として大きくしてくれる。おもしろいこと言ったりとか。そういう存在なんですよ」と肯定的に評価している。教員LT1の人柄や授業を高く評価しているからこそ、卒業単位数は満たしているにもかかわらず、4年生になった今も教員LT1の専門科目の授業を履修していると語っていた。教員LT1の対応は学生と良好な関係を築くうえで効果があっただけではなく、就職活動や学生の学習を促進するうえでも機能していたといえる。葛城（2015, p.34）はボーダーフリー大学生を特徴づける行為として「教員への反抗」を挙げているが、本授業において学生が反抗する様子は一度も見られなかった。教員LT1の授業では、授業への不満や教員との対立関係が逸脱行為を促進していたわけではない。

　しかし、教員LT1の対応すべてが逸脱行為を抑制し、授業を成立させる効果を有していたわけではない。目に見える効果があったのは「就職技法教育」である。普段の授業では教員の話が教室後方ではまったく聞こえないほど騒がしいのに対して、一般常識テストを解く10分間は驚くほど静かになる。就職マナーの授業も、学生は比較的真面目に取り組んでいた。だが、就職技法教育を授業で行うことを、教員LT1は良いことだと思っていない。筆者が一般常識テストを解いている時の学生の熱心さに感心したことを伝えたところ、教員LT1は「でも、キャリア教育科目の授業で（経営学の）専任（教員）が技法

を教えたら、R社（就職支援企業）と戦わなければいけなくなりますからね」と語っていた。この発言からは、教員LT1の専門は経営学であり、就職技法は就職支援会社が教えるものだと認識していること、よって、学生が熱心に取り組むとはいえ、就職技法を授業で扱いたいとは思っていないことが窺える。「就職技法教育」には逸脱行為を抑制し、授業を成立させる効果があるものの、学術的専門性を有する大学教員が用いることには、葛藤が生じるのである。

　他方、「罰則の伴わない事前契約」「専門性の取り込み」には、逸脱行為を抑制し、授業を成立させるうえでの顕著な効果は見られなかった。「罰則の伴わない事前契約」として、座席ルールをスクリーンで表示しているにもかかわらず、座席ルールに従わない学生は毎回存在する。よって、いつも授業開始後数分間は、教員が学生に座り方を指導して回ることから始まっていた。また「専門性の取り込み」を行い、専門科目と関連づけたキャリア教育の授業を実施しても、逸脱行為がなくなることや、学生が熱心に授業を聞くことはなかった。授業で扱った経営学の要素やモデルについて、学生がリアクションペーパーで言及することもほとんどなかった。唯一、学生が言及したGROWモデル（目標達成について考えるための思考枠組み）は、「GROWの仕方がいまいち分からなかった」「GROWモデルのシート、難しかったです」など、学生が理解できていないことが記されていた。受講生⑦は、自分に役に立つ内容、すなわち、希望するスポーツ業界に就職するために必要な具体的な知識やスキルでなければ、「聞かなくていいやと思って」スマホをいじってしまうと語っていた。経営学の要素や経営学の理論を授業に取り入れて、キャリア教育を専門教育と関連づけても、それが自分の将来にどのように役立つのかを学生が理解しない限り、逸脱行為を抑制し、授業を成立させるストラテジーにはならない。

　「ユーモアを使った婉曲的な注意」は、教員と学生の間の緊張を緩和する役割を果たしていた可能性はあるものの、学生の逸脱行為を抑制するうえでの顕著な効果はなかった。それどころか、学生の中には教員に厳しく注意されないことから、逸脱行為が教員によって容認されていると認識していた者もいる。受講生①は、教員によって授業態度を使い分けており、教員が注意しないことはやってもよいことだと認識している。以下に、受講生①の語りを引用する。

> 筆者：先生によって（スマホを）見る授業と見ない授業ある？
> 受講生①：ちゃんと決めてます。
> 筆者：他の授業もこんな感じ？それともこの授業だけ？
> 受講生①：先生が何も言わなかったり、ゆるかったりだったら、ほぼみんな寝てるか（スマホを見る）。なので、厳しいのだとたぶんみんなちゃんと（メモを）書いている。
>
> （2018年1月23日 受講生インタビュー逐語記録より）

　受講生①は、すべての授業でスマホをいじるわけではなく、スマホをいじる授業といじらない授業を「ちゃんと決めて」いるという。さらに、その基準は先生が「何も言わなかったり、ゆるかったり」する場合であり、「厳しい」場合には真面目にメモを書いている。教員LT1も逸脱行為に対して「何も言わない」というわけではない。婉曲的に学生の逸脱行為は注意している。しかし、学生には伝わっていない。「ユーモアを使った婉曲的な注意」よりも、「権力格差に基づく支配」（Denscombe 1985）の方がボーダーフリー大学では逸脱行為の抑制に効果がある。実際に受講生④も、「スマホ使うとテストが持ち込み不可になるとかいう授業は使わないです」と語っている。

　このように、教員LT1の対応を逸脱行為の抑制という観点で評価すれば、「就職技法教育」には目に見える効果があったものの、「ユーモアを使った婉曲的な注意」「専門性の取り込み」「罰則の伴わない事前契約」には、目に見える効果はなかったといえる。

7. 考　　察

　本節では、逸脱行為に対する顕著な効果はなかったにもかかわらず、教員LT1が用いていた「ユーモアを使った婉曲的な注意」「専門性の取り込み」「罰則の伴わない事前契約」に注目することによって、初等中等教員とは異なる大学教員特有のストラテジーや、ストラテジー採用の背景にある価値観、規範について考察する。

「ユーモアを使った婉曲的な注意」は、Woods（1979）に鑑みれば、教員自身が生き延びるためのサバイバル・ストラテジーとしての側面を持つと考えられる。Woods は、冗談が潜在的なコンフリクトを無効にすることや、教員が子どものように振舞うことで生徒との間に良好な関係を保ち、葛藤を緩和することを明らかにしている。教員 LT1 の「ユーモアを使った婉曲的な注意」もまた、学生と良好な関係を築き、葛藤を緩和するうえで効果があったと考えられる。さらに、X 大学において教員の話が面白いということは、学習を促進するうえで効果があった。「ユーモアを使った婉曲的な注意」は、サバイバル・ストラテジーの側面だけではなく、授業の崩壊を防ぎ、学生の学習を促進させるうえでも間接的な効果を持つ対応であったといえる。

しかし、サバイバル・ストラテジーは初等中等教員も用いており、大学教員特有の対応とはいえない。これに対し、「罰則の伴わない事前契約」や「専門性の取り込み」は、従来の初等中等教員を対象とした研究では指摘されてこなかった大学教員特有の対応と考えられる。「罰則の伴わない事前契約」は、学生に独自の判断ができる成人であることを期待したうえで用いられるストラテジーである。学生の多様化が著しいボーダーフリー大学において、このような従来型の学生像をすべての学生に求めることは困難であるが、教員 LT1 は意図的に学生を成人として扱うことで「理想の教育」（Denscombe 1985）の実現を試みたといえる。また、「専門性の取り込み」は、自らの専門性を活かした授業を行うために用いられた対応である。「大学教員は専攻分野の知識・能力・実績に基づいて教育を行う」という従来の大学教員観に照らし合わせた場合、専門外の授業を行うことは大学教員にふさわしい行為と見なされない。よって教員 LT1 は、「専門性の取り込み」によって、従来の大学教員観とも整合性のあるような「理想の教育」を実現しようとしたと考えられる。

初等中等教員も「理想の教育」を実現するために、ペダゴジカル・ストラテジーを用いていたことが明らかにされているが（清水 1998）、初等中等教員が用いるペダゴジカル・ストラテジーは生徒のため／教育のため（pedagogical）という側面が強い。他方、教員 LT1 の「専門性の取り込み」や「罰則の伴わない事前契約」には、学生のため／教育のためという側面だけ

でなく、学生を成人とみなし、大学教員が自らの専門性に基づいた教育を行うという、より大学らしい授業を実現するための側面が強く反映されている。大学には「学校臭がするものはなんであれ」拒絶することが内在的に含まれており、教員は中等教育の教員であるかのように見えかねないだけの実践的な教育活動を排除する傾向がある、との指摘もある（Bourdieu 訳書 2012, p.175）。教員 LT1 にとっての「理想の教育」は、教育的な側面だけではなく、大学らしさの維持という側面も持つ点が特徴的である。

　同時に、教員 LT1 の対応は実務家教員の教員 LT2 とも異なるものであった。教員 LT2 は、自らの専門性にこだわることよりも、学生のニーズに合った授業を行うことを重視していた。また、逸脱行為に罰則を科さない理由として、罰則を科しても効果がないことや、学生の中退を防ぐためであることが語られている。さらに、学生を自立した存在とみなす教員 LT1 とは異なり、教員 LT2 は学生を、手をかけるべき存在とみなしていた。このような両者の大学教員観や学生観には、キャリアパスの違いが影響していると考えられる。修士・博士課程を経ずに実務経験を積んできた教員 LT2 に対し、修士・博士課程を経て大学教員になった教員 LT1 は、これまでの経歴を通じて従来型の大学教員観や学生観を強く内面化してきたと考えられる。

　そこで本論文では、従来型の学生観や大学教員観に基づいて、大学らしい理想の教育を実現しようとするアカデミック教員に顕著なストラテジーを「スカラリー・ストラテジー（scholarly strategy）」と名づける。このストラテジーは、理想の教育の実現のために用いられるという点において、サバイバル・ストラテジーよりもペダゴジカル・ストラテジーに近い。しかし、自らの学術的専門性に対するこだわりや、学生を成人とみなすなど、大学らしさの維持という側面を有する点において、生徒／教育のためという側面の強い初等中等教員のペダゴジカル・ストラテジーとは異なる。また実務家教員は、大学らしさの維持をさほど重視しておらず、スカラリー・ストラテジーを用いることもなかった。スカラリー・ストラテジーはアカデミック教員に特有のものだと考えられる。

　従来型の学生観、大学教員観の成立が困難な状況下で、授業の成立や逸脱行

為の抑制に直接的に有効なストラテジーは、初等中等教員が困難な状況下で用いるストラテジーと重なるところが大きい。また、キャリア教育においては、企業出身者や就職支援企業が得意とする就職技法など、学生にとって有用性が分かりやすい内容を扱うことが、逸脱行為の抑制や学習促進に顕著な効果を持つ。しかし、逸脱行為を抑制し、授業を成り立たせるために、初等中等教員と類似した対応を行うことや、自らの専門性とは異なる就職技法教育を行うことは、従来型の学生観や大学教員観を内面化しているアカデミック教員にとっては葛藤を伴う。大学教員が「教育的な」活動と誰の目にも見なされる活動を行うことは、下級の仕事として低評価され、敬遠されてしまうとの指摘もある（Bourdieu 訳書 2012, p.176）。そこで、教員 LT1 は即効性のある「就職技法教育」や「ユーモアを使った婉曲的な注意」といった初等中等教員と類似した対応を取り入れながらも、「専門性の取り込み」や「罰則の伴わない事前契約」といったスカラリー・ストラテジーも取り入れた授業を展開することで、困難な状況下であっても、大学らしい理想の教育を実現しようとしていたと考えられる。

　しかしスカラリー・ストラテジーを用いても、授業成立や逸脱行為の抑制、学生の学習を促進するうえでの効果は見えにくい。さらに、まわりの教員の理解を得ることは難しい。授業中の逸脱行為を注意しないことには教員 LT1 なりの考えがあるにもかかわらず、咎められるのである。ここに、従来型の学生観や大学教員観が成り立たない状況におかれたボーダーフリー大学教員の苦悩がある。

8. 小　　括

　本章では、従来の大学が前提としてきた学生観や大学教員観が成り立たない状況下で、近年の大学教員が授業を行う際に直面する困難と対応を、ボーダーフリー大学におけるキャリア教育科目を対象としたフィールドワークを通じて明らかにしてきた。その結果、教員は学生の多様化に対して「就職技法教育」「ユーモアを使った婉曲的な注意」「罰則の伴わない事前契約」を、専門外の教

育を担うことに対して「専門性の取り込み」を行った授業を展開することで対応していた。「就職技法教育」「ユーモアを使った婉曲的な注意」には、逸脱行為の抑制や学習の促進に対する一定の効果があったものの、「罰則の伴わない事前契約」や「専門性の取り込み」には、顕著な効果は見られなかった。そうであるにもかかわらず、アカデミック教員がこれらを用いていたのは、大学らしい理想の教育を実現しようとしていたからだと考えられる。また、大学らしさを求める姿勢は、実務家教員には見られないアカデミック教員に特徴的なものであった。本章では、従来型の学生観と大学教員観の内面化に基づく、このようなアカデミック教員ならではのストラテジーを、「スカラリー・ストラテジー」と名づけた。

　ボーダーフリー大学においてスカラリー・ストラテジーを用いても、授業成立や逸脱行為の抑制に顕著な効果はないことから、教員が厳格な態度をとる方が良いとみなされる可能性もある。教員が厳格な態度をとることの有効性は、葛城（2017）においても指摘されている。また、本研究が事例とした実務家教員は、大学らしい理想の教育を目指すよりも、学生のニーズを満たすことを重視しており、スカラリー・ストラテジーを用いることはなかった。近年の高等教育政策では、実務家教員の登用が奨励されているが、このことは、従来型の学生観・大学教員観を内面化していない教員の増加を促す可能性がある。実務家教員の増加が予想される中で、アカデミック教員の考える大学らしい理想の教育のうち、何を残し、何を変えていくのかが、今後の政策や研究において重要な争点になると考えられる。

第10章

"ボーダーフリー・エリート"のストラテジー

1. はじめに

　前章では、授業中の逸脱行為が日常化しているボーダーフリー大学において、自らの専門外であるキャリア教育科目を担当するという二重の困難を抱えた教員が、いかなるストラテジーを用いて対応しているのか、ストラテジーの効果はどのようなものだったのかを明らかにしてきた。その結果、調査対象とした教員 LT1 は、初等中等教員と類似した方法を採用しながらも、大学らしい理想の教育を実現するために、自らの専門性を授業の中に取り込み、学生を大人として扱うというアカデミック教員独自のストラテジー（スカラリー・ストラテジー）を採用していた。しかし、このような方法を用いても、逸脱行為を抑制する効果はなかった。では、ボーダーフリー大学において必要な教育、意味のある教育とは、就職技法的内容のように覚えればすぐに役立つ内容を教える教育や、学生に対して厳格に対応する教育であり、そうでない教育には意味がないのだろうか。

　本章では、ボーダーフリー大学から大企業総合職や公務員に就職した少数派の学生（以下、"ボーダーフリー・エリート"）の大学経験を、「ボーダーフリー・エリートのストラテジー」として描き、彼らが大学での経験や教育をどのように評価しているのかを明らかにする。エリートとは、「選り抜きの人々。すぐれた資質や技能をもち、社会や組織の指導的地位にある階層・

人々、選良」を意味する（『広辞苑』ウェブサイトより）。前述のとおり、ボーダーフリー大学では学習面での問題を抱えた学生を多く受け入れている一方で、「学びの意欲の高い学生」（葛城 2012）も存在する。ダイヤモンド社（2020）や各大学のウェブサイトによると、ボーダーフリー大学から大企業や公務員に就職する学生もいる。そのような学生は、（就職という点においては）ボーダーフリー大学における「選り抜きの人々」、すなわちエリートといえるだろう。

　従来のボーダーフリー大学研究は、大学における典型的な学生には注目する一方で、ボーダーフリー大学では少数派に位置づけられる「学びの意欲の高い学生」（葛城 2012）や、大企業や公務員などの非典型的な就職をした学生がいかにして希望する就職を実現したのかについては充分に分析してこなかった。数少ない研究として葛城（2012）は、ボーダーフリー大学における真面目な学生が自尊心を守るためにボーダーフリー大学生であることを隠す、大学名を聞かれた際には自らレベルの低い大学であることを伝えるという「対処戦略」を用いていたことを明らかにしている。とはいえ、このような対処戦略にはどのような効果があったのか、彼らがその後いかなるキャリアを辿ったのかについては明らかにされていない。入試難易度の低い大学ほど退学率は高いということ（清水 2013）、退学の理由として進路変更や（清水 2013）、よりレベルの高い大学への編入学（杉山 2004）もあることを踏まえれば、「学びの意欲の高い学生」はよりレベルの高い大学に編入するためにボーダーフリー大学を退学している可能性がある。また、学生は「○○大学生」という周囲の目や自己規定により、その大学の学生文化の特質を4年間で身につけてしまう、と武内（2008）は指摘する。武内に鑑みれば、調査時点では「学びの意欲の高い学生」であったとしても、ボーダーフリー大学の学生文化に適応した結果、優秀でなくなってしまう可能性もある。さらに杉山（2004, p.62）によると、あるボーダーフリー大学では、16.7%の学生が入学後に学習意欲は「高まった」「かなり高まった」と答えていたのに対し、58%の学生が「低くなった」「かなり低くなった」と答えていたという。これらを踏まえれば、ボーダーフリー大学における学生文化は、学生の学習意欲を低下させている可能性がある。そのよ

うな中、大企業や公務員に就職した学生はいかにしてボーダーフリー大学における学生文化に感化されることなく、希望する就職を実現したのだろうか。また、彼らはまわりの学生や教員とどのように関わっていたのだろうか。

　本章では、自大学における学生同士のネットワークを「同質」なネットワーク、大学の教職員や他大学の学生とのネットワークを「異質」なネットワークとしたうえで、ボーダーフリー大学から大企業総合職に就職した学生たちがいかなるネットワークを築き、内定を獲得するうえで必要となる資源を獲得していていたのかを分析する。ネットワークとは人と人とのつながり、相互行為のことであり（安田 1997）、人や組織の思考や行動に影響を与えるといわれている（荒牧 2022）。また、社会における人と人とのつながりは資本となりうる。この資本は社会関係資本と呼ばれるものであり、「人々が何らかの行為を行うためにアクセスし活用する社会的ネットワークに埋め込まれた資源」（Lin 訳書 2008, p.32）と定義される。社会関係資本の考え方の核心は、社会的ネットワークが価値ある資産だという点にあり、人脈によって増益が可能になることを示唆している（Field 訳書 2022）。

　就職における社会ネットワークの重要性を指摘した研究としては、Granovetter（訳書 2006）が挙げられる。Granovetter は転職者の多くが、求人広告や職業安定所といった誰でもアクセスできる情報ではなく、個人的なネットワークを通じて職を得ていたこと、職を得るうえで、家族や友人などの「強い紐帯」だけではなく、仕事関係者や知人などの「弱い紐帯」も新しい情報の獲得や社会的機会を得るために重要な役割を果たしていたことを明らかにしている。

　この知見を下敷きにしながら Lin（訳書 2008）は、異なる交際圏にいる「異質」な者との相互行為が、より良い社会関係資本への接近に寄与する可能性を指摘している。通常、相互行為はライフスタイルや社会経済的特徴が似た個人間で行われることが多く、ヒエラルキーの中で同じ、あるいは近接する地位にいる個人の間で起こりやすい。このような同質性の高い相互行為は、ネットワーク間ですでに有している資源を維持するように機能する。しかし、新たな資源を獲得するためには自分とは異なる交際圏にいる、より優れた資源を持つ

行為者との相互行為（「異質的相互行為」）が必要だと Lin は主張する。

本稿では、学内の学生との交流を「同質」なネットワーク、学外の者や教員との交流を「異質」なネットワークとした上で、「異質」なネットワークが必要な資源の獲得を可能にするという仮説のもとに、ボーダーフリー大学から大企業総合職に就職した学生たちがいかなるネットワークを築き、必要な資源を獲得していたのかを明らかにする。

2. 調査概要

ボーダーフリー大学から大企業や公務員に、縁故ではなく一般公募もしくは大学推薦（学生 LS13）で就職した学生5人に対して、一人当たり60分から180分の半構造化インタビューを実施した（表 10-1）。学生に対する主な質問は、ボーダーフリー大学に入学した理由、大学や周囲の学生に対する認識、友人や教員との関係、就職先を志望した理由、内定を得るうえで役に立った資源、などである。なお、コロナ禍（2021年）に調査を行った学生 LS10、LS11、LS12 については、対面ではなくオンラインでインタビューを行っている。

"ボーダーフリー・エリート"の語った内容を補完するために、彼らがインタビュー中に言及した教員に対しても、一人当たり2時間程度の半構造化インタビューを行った（表 10-2）。教員に対する主な質問内容は、これまでの経歴、大学における典型的な学生の特徴、学生の主な進路、学生が言及した授業や課外活動についての詳しい内容である。

表 10-1　学生インタビュー（非典型学生）の概要

ID	性別	大学	就職内定先	卒業年	実施方法
学生 LS10	男性	X 大学	住宅・総合職	2021 年	オンライン
学生 LS11	女性	X 大学	物流・総合職	2021 年	オンライン
学生 LS12	男性	X 大学	地方公務員・一般行政職	2021 年	オンライン
学生 LS13	女性	Y 大学	情報システム・総合職	2014 年	対面
学生 LS14	女性	Y 大学	信用金庫・総合職	2014 年	対面

表 10-2　教員インタビューの概要

ID	性別	大学	教員タイプ	学生との関係
教員 LT1	男性	X大学	アカデミック教員	LS10,LS11,LS12 のゼミ教員
教員 LT2	男性	Y大学	実務家教員	LS13,LS14 のキャリア教員
教員 LT4	男性	Y大学	ハイブリッド教員[1]	LS13,LS14 のゼミ教員

3. "ボーダーフリー・エリート"の特徴と直面する困難

3-1　まわりの学生に対する認識

　"ボーダーフリー・エリート"はボーダーフリー大学を第一志望として入学したというよりは、やむを得ずボーダーフリー大学に入学していた。具体的には、第一志望大学の不合格（学生 LS10、学生 LS11）、インフルエンザによる志望校不受験（学生 LS14）、正社員経験がなくても社会人枠で受験可能な大学は通学圏内にはボーダーフリー大学以外になかった（学生 LS13）などである。学生 LS12 だけはX大学を志望していたが、それはX大学に進学すれば給付型奨学金が得られるからである。学生 LS12 にとって給付型奨学金の受給は、大学進学の絶対条件であった。

　出身高校のレベルや大学での成績を見る限り、彼らの学力は低いというわけではない。学生 LS10、LS11、LS12、LS14 の高校は偏差値 50 以上である。学生 LS14 は高校の特進クラスに在籍していた。学生 LS13 は 16 歳までを外国で過ごしてきた日系人であり、来日するまでは入試倍率が 10 倍という国内トップクラスの高校に通っていた。大学時代の成績も良く、学生 LS12、LS13 は給付型奨学金を受給している。学生 LS12 は成績優秀者として卒業式で答辞を、学生 LS13、LS14 は成績優秀者として学長賞や学部長賞を受賞していた。学生 LS10 は学内のビジネスコンテストで、学生 LS11 は学外のビジネスコンテスト（企業主催）で準優勝を獲得している。

　このような事実に基づき、"ボーダーフリー・エリート"はまわりの学生と自分とは違うと認識していた。また、真面目に授業を受けず就職活動に熱心に取り組まないまわりの学生たちを否定的に評価していた。以下に、学生 LS13

の語りを引用する。

> 学生LS13：先生によってシーンとして寝てるか、携帯いじってるか、それか先生によってみんなで喋ってるか。学生同士で喋ったりとか（略）（私は講義室の）前の方に座ってました。後ろですと訳の分からない子たち、不良っぽい子たちがたくさんいたので。（略）大学がいい大学じゃない、じゃないですか。それなりの学生たちだったので。その学生たちがついていけるレベルの教育じゃないといけないから
>
> （2019年11月10日 学生LS13インタビュー逐語記録より）

　学生LS13は「訳の分からない子たち」「不良っぽい子たち」から離れるために、「前の方に座って」いたと語っている。学生LS13はまわりの学生を否定的に評価しており、距離をおきたいと思っていた。葛城（2012）が指摘するように、ボーダーフリー大学では真面目に授業を受けたくても、それが難しい状況にあったことが推測される。

　授業だけではなく、熱心に就職活動を行うことも難しい。学生LS14は「就活、本当に私のまわりくらいしか頑張っていない」と語っている。教員LT1によると、X大学ではリクルートスーツで大学に来ることは恥ずかしいことであり、まわりから浮いてしまうため、着替えてから登校する学生もいるという。ボーダーフリー大学では、勉強だけではなく、就職活動に励むことも難しいことが推測される。

　"ボーダーフリー・エリート"の中には、まわりの学生を否定的に評価しており、自分が彼らと同じように見られることさえ嫌だったと語る学生もいる。

> 学生LS10：（大学に）入って、まわりですごい当たり前ができていない人が中にはいるんですよね。それを見て、すごい、この人と同じところにいる自分が嫌だな、と思ったんです。（略）他の人よりもできると思ってたんです、自分が。なのに、同じ大学にいるから、第三者から見たら自分が同じ大学の一人でしかないので、そこに対しての自分の嫌気がさすというか、そこに置かれている自分の立場が嫌
>
> （2021年3月8日 学生LS10インタビュー逐語記録より）

学生 LS10 は、まわりにいる「すごい当たり前ができていない人」と、自分が同じ大学に所属しているという事実を嫌がるだけではなく、「他の人よりもできる」自分が「第三者から見たら自分が同じ大学の一人でしかない」事実に「嫌気がさす」と語っていた。葛城（2012）は、「学びの意欲の高い学生」が周囲の学生のことを「自分とは違う種類の蔑むべき存在」として嫌悪していたことを明らかにしているが、"ボーダーフリー・エリート"もまた、まわりの学生と自分は異なる存在だと認識していたことが明らかになった。

3-2　能動的な学習観と学習態度

"ボーダーフリー・エリート"たちは、能動的な学習観と自学自習の態度を身につけていた。学生 LS13 は幼少時代から暇な時間には教科書を読んで勉強する習慣があった。学生 LS14 は大学在学中に教員 LT4 の支援を得ながらも、基本的には独学で簿記2級とファイナンシャルプランナーの資格を取得している。学生 LS10 はエントリーシートの書き方や面接対策をウェブサイト上の動画で学ぶとともに、プレゼンテーションスキルをインターンシップ先で出会った人事担当者を模倣することによって身につけていた。

よって、彼らは厳格に管理され、教え込まれるような授業よりも、学習に対する主導権が持てる授業を好んでいた。学生 LS10 は教員 LT1 のゼミを選んだ理由を、「自由にやらせてくれる」からだと述べている。学生 LS12 もまた、教員 LT1 のゼミを選んだ理由について以下のように述べている。

> 学生 LS12：LT1 先生が一番、<u>自分がやりやすいように勉強させてくれる人だと思ったので。</u>ほかの先生は、（公務員試験の）勉強そっちのけで「ゼミの課題をやれ」っていう先生ばっかりなんですけど。LT1 先生は「<u>課題は出しておくけど、自分のことを優先してやっていい</u>」っていう人だったので。<u>これだと公務員試験に集中しながらゼミも頑張れる</u>（略）。<u>やらしてくれるから、僕もやってあげないと。</u>
>
> 　　　　　　　　　（2021年3月11日　学生 LS12 インタビュー逐語記録より）

学生 LS12 は、ゼミの課題に取り組むことを最優先事項として学生に課す教員が多い中で、教員 LT1 は「自分がやりやすいように勉強させてくれる人」

であると認識している。さらに、「自分のことを優先してやっていい」と言ってくれたからこそ「ゼミも頑張れる」「僕もやってあげないと」と思ったと語っていた。このことは、学生の主導権を尊重する教員LT1の対応が、学生LS12の課題への真面目な取り組みを促していたことを示唆する。

　学生LS10も、教員LT1が「自由にやらせてくれる」という点を肯定的に評価していた。X大学における学生の授業態度（第9章参照）を踏まえれば、学生に自由にやらせることは授業崩壊のリスクを伴う。実際、教員LT1の授業では3人グループで企業にビジネスプランを提案するという課題が出されたが、学生LS10以外の2人はまったく課題に取り組まなかったという（学生LS10の語りより）。しかし、学生LS10は一人で課題に取り組み、最終的には学内のコンテストで準優勝を獲得している。彼らはまわりの学生に影響されることなく、自律的に学習したり、課題に取り組んだりできるのである。

　さらに、彼らは自分で考える余地のある授業を好む。学生LS12は教員LT1の授業を「先生の考えをこうだって言って生徒に植えつけるんじゃなくて、本当に考えを生み出させる」ことから肯定的に評価していた。また、学生LS11は教員LT1のゼミを志望したのは、教員LT1が一方的に教え込むような授業を行うのではなく、学生に考えさせるような授業を行っていたからだと述べていた。以下に、学生LS11の語りを引用する。

> 学生LS11：（X大学の）先生のなかでLT1先生（の授業）が一番面白いなっていう印象があったので、そのままLT1先生のゼミに。
> 筆者：何が面白かったですか？
> 学生LS11：やっぱり考えることが多くて。他のゼミの先生だと、ずっと座学で話を聞いてたんですけど、LT1先生の授業はこういう課題だったり、問題に対してどう考えるのかを自分たちで考える授業。そういうのがやっぱりすごい私は好き
> （2021年3月9日 学生LS11インタビュー逐語記録より）

　学生LS11は、「ずっと座学で話を聞いて」いるだけの「他のゼミの先生」の授業とは異なり、「考えることが多くて」「課題だったり、問題に対してどう考えるのかを自分たちで考える授業」を行う「LT1先生（の授業）が一番面

白い」「すごい私は好き」だと述べている。第7章で示した通り、入試難易度の高低によって学生が肯定的に評価する授業は異なり、入試難易度の高い大学の学生は考える余地のある授業を、入試難易度の低い大学の学生は就職技法のように覚えればすぐに役立つような内容を扱う授業を肯定的に評価する傾向があった。また、第9章で示した通り、ボーダーフリー大学において授業を成り立たせる効果があったのは、思考をさほど必要としない内容で、覚えればすぐに使える就職技法教育であった。しかし、"ボーダーフリー・エリート"は自分たちで考える余地のある授業を好んでいたことが明らかになった。彼らは、本研究における入試難易度の高い大学の学生と類似した学習観を持っていた可能性がある。

3-3 非典型的なキャリア志向

　教員LT1によると、X大学の典型的な就職先は、地元・中小企業・サービス職である。教員LT2も、Y大学における典型的な就職先の具体例として「普通の飲食店」「不動産屋」「食品工場」「アミューズメント（パチンコ店）」「介護」「警備」を挙げており、事務系に就職する学生もいるが、その場合のほとんどは「派遣スタッフ」として「非正規で」働いていると語っていた。

　他方、"ボーダーフリー・エリート"の進路志望は、ボーダーフリー大学における典型的な学生とは異なるものであった。学生LS10、LT11は親の会社（LS10：マンション経営、LS11：建設機械・重機賃貸業）を継ぐために、関連する企業で経験を積みたいと思っていた。学生LS12は母子家庭で育ち、これまで自治体の支援を受けてきたことから、自分も公務員になって支援する側になりたいと思っていた。学生LS13は4か国語が話せる能力と複数の国で生活してきた経験を活かしてグローバル企業で活躍したいと思っていた。学生LS14は教員LT4の行うボランティア活動を通じて興味を持った金融業界で働きたいと思っていた。

　しかし、キャリアセンターの職員はボーダーフリー大学における典型的な就職先を妥当なものとして認識し、学生の支援を行っているため、非典型的な就職先を望む学生のニーズに応えることは難しい。以下に、学生LS13の語りを

引用する。

> 学生LS13：（キャリアセンターの人に相談しても）エントリーできる、こういう<u>今までの（卒業生就職実績）企業のリスト</u>とか、（大学が）<u>推薦できる企業</u>とか。<u>こういう会社だと採用可能とか（書かれた）リスト</u>（が）配られるんです。（リストの企業は）<u>全部、地元</u>（の中小企業）でした。
> 　　　　　　　　　　（2019年11月10日 学生LS13 インタビュー逐語記録より）

　学生LS13によると、キャリアセンターの職員に自分の進路希望（グローバル企業）を伝えても、紹介される企業は「今までの企業」「推薦できる企業」「採用可能」な企業ばかりであったという。学生が大学における典型的な就職先（地元の中小企業）を望まない場合、キャリアセンターから必要な支援を得ることは難しいことが示唆される。

　また、キャリア教育科目の授業や大学が行う企業説明会も彼らの希望に沿うものではなかった。

> 学生LS13：あれ、<u>全然意味ないですね</u>（略）。<u>Y大学の学生たちが行く方向でしか教えない</u>じゃないですか。だからそれの方向での学内の説明会だったり、<u>キャリア（の授業）</u>だったり<u>面接の授業</u>だったりとかあったんですけど。
> 　　　　　　　　　　（2019年11月10日 学生LS13 インタビュー逐語記録より）

　学生LS13によると、Y大学の学内企業セミナーに出展する企業は、地元の中小企業・サービス職ばかりであり、学生LS13が望むようなグローバル企業は出展しないため、大学におけるキャリア教育やキャリア支援は「全然意味ない」と語っていた。キャリア教育科目の授業も、「大学の学生たちが行く方向でしか教えない」、つまりY大学における典型的な就職先から内定を得るうえで必要となる知識・スキルを身につけることが目的とされた授業であった。具体的にはマナーや社会人としての心構えを説くような内容であり、学生LS13にとってはアルバイト経験があれば分かるような「基本過ぎる」内容だったという。よって、授業については、「全然覚えて」おらず、「興味がなくて」「出席しかしてない（真面目に聞いていない）」と語っていた。学生LS13だけで

なく、学生LS12、LS14もまた、キャリア教育科目の授業内容を「覚えていない」と語っていた。

学生LS10、LS11はキャリア教育科目の授業を肯定的に評価していたが、それは教員が授業の一環として一人ひとりのエントリーシートを添削してくれたからだという。つまり、個々のニーズに合わせた支援については記憶にのこっているものの、多くの学生を対象とするキャリア支援やキャリア教育の授業は、大学における典型的な就職先を想定した内容になるため、非典型的な就職先を望む学生たちにとっては役に立たなかった、もしくは記憶に残らなかったと考えられる。

このように、"ボーダーフリー・エリート"の特徴として、まわりの学生と自分は違うという認識や、能動的な学習観を有していたこと、大学における典型的な進路を望んでいなかったことが明らかになった。また、彼らが直面する困難として、勉強や就職活動に真面目に取り組むことが難しい状況にあったこと、大学における非典型的な就職先を希望しても、多くの学生に合わせたキャリアセンターの支援やキャリア教育科目では、期待する効果を得られなかったことが明らかになった。

しかし、彼らは退学することなく、大学に留まった。彼らは、入学したのだから「この大学で頑張るしかない」と思い（LS10）、とにかく大学を卒業しなければ就職さえできないと考え（学生LS13）、大学に4年間留まった。どこの大学に行くかではなく「その大学で自分がどう頑張るかが大事」と思っていた学生もいる（学生LS12）。

では、彼らはいかにして、ボーダーフリー大学に留まりながら、大学の主流文化に感化されることなく、希望する就職を実現したのだろうか。

4. "ボーダーフリー・エリート"のストラテジー

4-1 友人の選択的交流

学生LS11、LS13、LS14は、ボーダーフリー大学における不真面目な学生とは距離を置き、学内の真面目な学生と交流していた。学生LS14は、勉強し

ない学生が多い中で、「（熱心に勉強する）二人（の友人）がいなかったら、多分私も辛かったと思います」と語っている。学生 LS11 も「私のまわりは真面目な子ばっかりだったので、（自分も）ちゃんとやってたっていうのは大きかった」と述べている。彼らは、学内の真面目な学生と交流することによって、大学の中で自分の居場所を作り、真面目に勉強したり、就職活動に励んだりしていたのだと考えられる。

学生 LS12 は学内で一緒に公務員講座を受けている学生に加え、不真面目な学生とも仲良くしていた。しかし、彼らとの付き合いは授業時間外に限定していたという。

> 学生 LS12：授業の時はちょっと席、離れたりして。授業の時は席離れて。まぁ向こうも向こうで、授業中は僕、静かになっちゃうんでほっといてくれるんですけど。
> 　　　　　　（2021 年 3 月 11 日 学生 LS12 インタビュー逐語記録より）

学生 LS12 は、授業に対して不真面目な態度で臨む学生とは「授業の時は席離れて」座り、「静かになっちゃう」ことによって、友人が「ほっといてくれる」状況を作っていたという。授業の時とそれ以外の時で友人との付き合い方を変えるのは、学生 LS12 が授業を受けるためのストラテジーであったといえるだろう。

希望する就職をするために、他大学の学生を準拠集団とすることによって就職活動に対するモチベーションを維持していた学生もいる。以下に、学生 LS10 の語りを引用する。

> 学生 LS10：学内じゃなくて、学外で同じ就職活動をしている、インターンシップで出会った人とか。そっちを見て「あーうちの大学、全然動いていないな」とか。（略）大学（学内）を見るんじゃなくて、他の大学の、さらに意欲的な人を見てたんで。そこで自分をうまく加速、というか仕向けていったのかなって。
> 　　　　　　（2021 年 3 月 8 日 学生 LS10 インタビュー逐語記録より）

学生 LS10 は、X 大学の学生と同じような就職活動では希望する就職はできないと考え、「学内じゃなくて、学外」の学生、特に「意欲的な人」を参照す

ることによって、「自分をうまく加速」し、自分が就職活動に励むように「仕向けていった」と語っていた。

このように、"ボーダーフリー・エリート"は交流する友人を選んだり、交流する時間を授業時間外に限定したりすることで、ボーダーフリー大学における典型的な学生からは距離を置きつつも、学内で自分の居場所を確保して大学生活を送っていた。大学に留まるためには、まわりの学生との関わりを完全に断つのではなく、うまくやっていく必要のあることが示唆される。また、他大学の学生を準拠集団とすることによって、自大学の学生に感化されることなく、希望する就職を実現していた。学内で必要な資源を得ることが難しい場合には、学外で資源を得る学生もいることが明らかになった。

4-2 教員との積極的な関わり

"ボーダーフリー・エリート"は、一部の教員と授業時間外に積極的に関わっていた。例えば、授業時間外に履歴書の添削や面接の個別指導を受ける（学生LS10、LS13、LS14）、教員とともにボランティア活動を行う（学生LS11、LS13、LS14）、資格試験や学外コンテストに向けて指導を受ける（学生LS13、LS14）、教員の本を借りる（学生LS12）、などである。

彼らが積極的に関わっていた教員には二つの共通点があった。第一に、教員らは学生を厳格に管理し、教え込むのではなく、学生の意志を尊重し、必要であれば支援するという方針で教育・支援を行っていたということである。教員LT1は、学生の意志を可能な限り尊重しており、卒業論文のテーマや対象についても「そうじゃなきゃダメだというのはない」「こうじゃなきゃダメなんだということはしない」と語っていた。教員LT4もまた、「やる気がどんなに出なかったり、ほっぽり出しても、やる気を出してもう1回やって来たら対応する。だけど、そういう風になってない状態の子に色々ああしたらいいよ、こうしたらいいよっていう風に言って、やる気を出させようというのはしてない」と語っていた。

学生LS12によると、ボーダーフリー大学の中には学生を厳格に管理し、教員の考えを押しつけるような教え方をする教員は多い。しかし、彼らはそのよ

うなやり方を望まない。教員 LT1 のゼミには学生 LS12 を含む 3 名の特待生と、3 名の公務員内定者が在籍しており、「今年度に限って圧倒的にいい子が揃っている」「スター選手が僕のところにいっぱいいるんですよ」と語っていた。学生 LS13 によると、教員 LT4 のゼミ生のほとんどが簿記 3 級以上を取得していた上に、学生 LS13、LS14 を含む 3 名が成績優秀者として学長賞や学部長賞を受賞したという。このような学生が集まったのは、学生の主体性を尊重するような教育方針を"ボーダーフリー・エリート"たちは好むからだと考えられる。

　第二に、教員らはボーダーフリー大学に所属してからも、大企業や専門職集団、学会とのつながりを維持していたということである。教員 LT1 は大企業や自治体と連携して、課題解決型の授業を積極的に行っていた。また、教員 LT1 が理事を務めている学会で学生と発表したり[2]、学会誌の形式に沿って卒業論文を書かせたりしている。教員 LT2 は自らの企業勤務経験に基づくキャリア支援を行なうとともに、企業人を招聘し、キャリアについて語ってもらう授業を行っていた。所属するキャリアカウンセラー団体の勉強会にも積極的に参加し、大学でキャリア支援を行っている人たちと頻繁に意見交換を行っている。教員 LT4 は大学教員になってからも会計士の資格を活かして NPO 法人に対する会計支援や、勉強会を主催するボランティア活動を、希望する学生とともに行っていた。ボランティア活動終了後には、企業人や会計士と学生が一緒に食事する機会を設けていたという。

　このように、教員が大学に所属しつつ、学外の集団にも所属していることが、大学における典型的な教育方法を過度に内面化しないことにつながったと考えられる。さらに、教員は学生と大企業の人々関われる場を提供していたが、教員が学生と大企業をつなぐ「ブリッジ」（Granovetter 訳書 2006）の役割を担うことによって、学生は自大学における学生文化ではなく、大企業の文化や大企業の暗黙知を内面化していた可能性がある。

　もちろん、このような教員の支援をすべての学生が得られるわけではない。支援を求める学生だからこそ教員の支援を得られる。学生 LS10 は教員と学生の関係を次のように説明する。

> 学生LS10：（教員と学生の）距離はめちゃくちゃ近いのかなって。<u>距離を近くしたいという生徒だったら、近くなります</u>。そう思う生徒でなければ、「ただ授業を受ける」「授業をする」っていう関係だと思うんですが、生徒がちょっとなんか気になるな、とか、分からないなってなると<u>すぐ先生も手助け</u>してくれます。ほかの大学も同じだと思うんですけど。よりそれが近いかなと思います。
> 筆者：LS10さんはどうですか？
> 学生LS10：僕は、<u>最初は「ただ授業を受ける」（教員は授業を）「する」っていう関係だったんですけど、3年生くらいから近くなってきましたね</u>。
>
> （2021年3月8日 学生LS10インタビュー逐語記録より）

　学生LS10によると、X大学における教員と学生の「距離はめちゃくちゃ近」く「すぐ先生も手助け」てくれるが、それはすべての学生に当てはまるというわけではなく、「距離を近くしたいという生徒だったら、近く」なるという、条件付きのものである。さらに、学生LS10は教員と近い関係にあったが、それは入学当初からそうだったわけではなく、「3年生くらいから近くなってき」たと述べている。以上の語りからは、学生LS10の教員と関わろうとする姿勢が、教員の支援につながっているということ、このような姿勢は大学入学前から有していたというわけではなく、X大学における教員との交流経験を通じて身につけたことが推測される。

4-3　教員に対する個別支援の依頼

　前述のとおり、学生LS13はグローバル大企業というY大学では非典型的な就職を志望していたため、キャリアセンターでは期待する支援を受けることができなかった。そこで学生LS13は教員LT2に依頼し、授業時間外に個別で履歴書の添削や面接対策を受けていた。学生LS13に誘われた学生LS14も、教員LT2の面接指導を受けていたという。
　教員LT2はグローバル大企業に勤務し、新卒採用経験も豊富であったことから、大企業が面接の際に学生の何を重視するのか、学生はどのように答えればよいのかを熟知していた。よって、ボーダーフリー大学からグローバル大企

業に就職することの難しさを理解しつつも、学生LS13の志望を否定することなく受け入れ、支援していた。学生LS13がグループ面接を終えて落ち込んでいた時には、次のように励ましたという。

> 教員LT2：結局（応募者の出身大学は）ブランド大学ばっかりじゃん、まわりが。だから本人が自信を無くすわけよ。「こんな大それた会社に私なんかが応募していいですか」って。（略）「これからは多様性の時代だから、学生LS13さんみたいな人材は重宝されるぞ」って。（略）「LT2先生、私って何でもかんでもガンガン主張するけど、これっておかしい？」って言うから、「日本の場合、ガンガン行くのは奥ゆかしくないとは言われているけど、国際化に向けて当たり前だ」と（言った）。
> （2020年8月19日 教員LT2インタビュー逐語記録より）

　教員LT2は、外国で生まれ育った学生LS13に「これからは多様性の時代だから、LS13さんみたいな人材は重宝される」と述べることによって、学生LS13には他の人とは異なる長所があること（国際的であること）に自信を持つよう励ましている。さらに、自らの採用経験に基づいて、学生LS13の振る舞いが企業からどのように評価され得るのかも伝えたうえで（「奥ゆかしくないとは言われている」）、学生LS13の振る舞いこそが「国際化に向けて当たり前」と述べ、企業側に変わる必要があると主張していた。このようなコメントができたのは、教員LT2が大企業での採用経験があったからだと考えられる。ボーダーフリー大学から大企業への就職を実現するためには、ボーダーフリー大学における典型的な支援だけでは十分ではない。大企業の文化を熟知した人による個別の支援が必要になると考えられる。

5. ストラテジーの効果

5-1　周囲の学生への非同調と大学経験に対する肯定的な評価

　"ボーダーフリー・エリート"は、まわりの学生や厳格に管理する大学の典型的な授業を否定的に評価していたものの、大学経験については肯定的に評価していた。以下に、学生LS10の語りを引用する。

第 10 章 "ボーダーフリー・エリート"のストラテジー　201

> 学生 LS10：自分の大学だけを見るのではなく、まわりの大学を意識しながら入学したのも、今の結果につながっているかもしれないです。もし自分も、偏差値の高い大学に入学していたら、今の結果にはなっていないかもしれないです。
>
> （2021 年 3 月 8 日 学生 LS10 へのフォローアップ調査より）

　学生 LS10 は大学に不本意ながら入学し、周囲の学生のことを否定的に評価していた。だからこそ「自分の大学だけを見るのではなく、まわりの大学を意識」していたという。他大学の学生を準拠集団とすることによって、X 大学の学生文化に感化されることなく就職活動に励んできた。このことが、大企業総合職という自分の希望する就職を実現するうえで役に立ったと認識している。さらに、「偏差値の高い大学に入学していたら、今の結果にはなっていないかもしれない」と語っており、嫌悪していた X 大学のことを、就職活動を終えた今は肯定的に評価しているのである。
　学生 LS11 も同様に、X 大学が「F ランに近いくらいの大学だから」「インターン（シップ）とかちゃんと頑張ろうっていう気になった」と語っていた。学生 LS10、LS11 にとって、ボーダーフリー大学であるということが、就職活動でより一層努力する必要性を認識させていたということ、だからこそ希望する就職ができたと大学を肯定的に評価していたことが明らかになった。

5-2　大企業を就職先として認識

　学生 LS14 は大学 2 年生の時に、教員 LT4 との雑談の中で「うち（の大学）、＊＊（就職先企業名）の推薦枠あるよ」「ここ、どう？」と言われたことをきっかけに、金融で働くということが「なんとなく頭に残り」「ずっと気になって」いた。さらに、教員 LT4 が主催するボランティア活動への参加を通じて、金融業界で働くことの具体的なイメージを持てたことから、これまでは就職することを考えたこともなかった金融業界を志望するようになったという。以下に、学生 LS14 の語りを引用する。

202　第 3 部　偏差値序列への抵抗

> 筆者：(就職内定を得るうえで) 大学のこれが役立ったとかってありますか？
> 学生 LS14：<u>授業とかはそんなに覚えてなくて</u>。でも面接で言ったのは、本当にバイトのことと、あとは<u>大学でちょっとやっていたボランティア</u>とか。1 回、LT4 先生のゼミで NPO 法人に行って、本当にそこに融資をするかどうか、みたいな (ことを検討した)。(略) みんなで意見出して。「ここがいい」「ここがダメだとか」みたいな。「いくらなら貸せる」みたいな。そういう体験をさせてもらってて。(略) <u>自分の中でそれが大きな経験だった</u>ので、それを面接とかでしゃべったんです。
>
> (2021 年 2 月 18 日 学生 LS14 インタビュー逐語記録より)

　学生 LS14 は「授業とかはそんなに覚えて」いないが、教員 LT4 のボランティアについては詳しく覚えている。このボランティアでは、会計支援の一環として、NPO 法人の事業計画を検討し、融資を得られるように支援することがあった。学生 LS14 が教員 LT4 や NPO 法人とともに実際の事業計画について議論できたことは、「自分の中でそれが大きな経験だった」という。学生 LS14 はボランティア活動を通じて「金融って楽しそう」「そこ (融資先) が儲かったらうれしい」と思えたことから金融への就職を決めている。学生 LS14 がこれまで考えたこともなかった金融業界への就職を決めたのは、教員 LT4 が雑談中に発した何気ない一言や、ボランティア活動を通じて金融業界を垣間見た経験が影響を及ぼしていたことが明らかになった。

5-3　大企業文化の理解

　希望する企業に就職するためには、その企業が求める人材像を理解し、自分が企業のニーズを満たした人材であることを企業採用担当者に示す必要がある。しかし、学生 LS13 のまわりには「工場で仕事したりとか、通訳の仕事をしてる人」しかおらず、大企業の内実を知る人と接触できる機会は学外にはなかった。そのような中、教員 LT2 の存在は日本の大企業ホワイトカラー職の文化や、大企業ホワイトカラー職に就職するための暗黙知を教えてくれる貴重な存在であった。以下に、学生 LS13 の語りを引用する。

> 学生LS13：LT2先生と面接の練習もしたんですけど、すごい良かったんですね。(略) 一番大事だと思うのは、どのように会社を分析して、どのようにその人たち（企業人）が考えるか。どのように色々答えないといけないのか。自分の学生としての考え方だけではなく、相手の立場からの考え方を教えてくれたおかげで、やって行くことができたと思うんですよ。
>
> （2019年11月10日 学生LS13 インタビュー逐語記録より）

　学生LS13は、教員LT2の「面接の練習」を「すごい良かった」と評価している。それは、教員LT2との関わりを通じて、「どのようにその人たちが考えるか」「どのように色々答えないといけないのか」を知ることができたからである。その「おかげ」で、学生LS13は内定を得ることができたと認識していることが語られた。

　教員が直接的に大企業の文化を教えたというわけではないが、教員の働きかけにより、大学とは異なる大企業の考え方について知る機会を得た学生もいる。学生LS11は、教員LT1の勧めにより、友人とともに全国の学生を対象としたビジネスコンテストに出場した。コンテストは、学生のビジネスプランを大企業の幹部が評価し、優勝グループを選ぶというものである。学生LS13は学部での教育を通じて、ビジネスプランの作り方については知っているはずだったが、学外のビジネスコンテストで競えるほどの内容・発表スキルではなかった。そこで学生LS11は、友人とともに複数の教員に自分たちが考えたビジネスプランを見てもらったり、プレゼンテーションについてのアドバイスをもらったりしている。その結果、全国で準優勝を獲得することができた。このことは、学生LS11と友人にとって大きな自信につながったと考えられる。しかしそれだけではなく、自分たちのプレゼンテーションスキルの未熟さと、人に伝えることの難しさも実感したという。以下に、学生LS11の語りを引用する。

> 学生LS11：決勝の時に、審査員の方に自分たちの発表があんまり伝わってなかったのがきっかけで。これって、伝え方って重要なんだなっていうのと、自分たちの考えを頭ごなしに言っても伝わらない（ことが分かった）。
>
> （2021年3月9日 学生LS11 インタビュー逐語記録より）

学生 LS11 は、決勝で「審査員の方に自分たちの発表があんまり伝わってなかった」と思ったことをきっかけに、何を伝えるかだけではなく「伝え方って重要」であり、「自分たちの考えを頭ごなしに言っても伝わらない」ことが分かったという。学内では優秀な学生だったとしても、大学から一歩外に出ればいくらでも優秀な人はいる。学生 LS11 は、学外のビジネスコンテストで他大学の学生と競い、企業人である審査員から評価されたことによって自分のスキルの未熟さと、さらなる努力の必要性を認識している。大学では教員が学生の説明を理解しようとしてくれるため、曖昧な説明であっても伝わるが、社会に出れば曖昧な説明では伝わらない。また、伝わる発表とはいかなるものなのかを他大学生の発表を通じて知ったことにより、自分の未熟さをより実感したという。学生 LS11 の自己評価は、学内という狭い範囲で競うのではなく、より広い範囲で競い、他者から評価されたことによって「洗練されたものへと作り替えられた」(Neumann & Riesman 1980) と考えられる。"ボーダーフリー・エリート"は大学での経験を肯定的に捉えており、希望する進路に進めたのは大学や一部の教員のおかげだと認識していたことが明らかになった。

6. 考　　察

"ボーダーフリー・エリート"は、「友人の選択的交流」「一部の教員との積極的な関わり」「教員に対する個別支援の依頼」という三つのストラテジーを用いていたことが明らかになった。「一部の教員との積極的な関わり」や「教員に対する個別支援の依頼」は、彼らが、「異質」なネットワークを積極的に活用していたことを示している。

"ボーダーフリー・エリート"が積極的に交流していた教員は、ボーダーフリー大学における典型的な教育（一方的に教員の考えを押しつけ、思考を要しない授業を展開すること）や、肯定的に評価される教育（学生に対する厳格な対応）ではなく、学生の主体性を尊重した教育・支援を行っていた。また、教員は学生が企業人と接することができるインフォーマルな機会を積極的に設けたり（教員 LT1、LT4）、自らの企業経験を学生に伝えたりしていた（教員

LT2、LT4)。このような教育・支援があったからこそ、彼らはボーダーフリー大学を中退することなく、大学に留まったと考えられる。

　福島 (2021) は、在籍する大学に何らかの不満を持っており、より偏差値の高い大学を目指して大学間移動を試みる「仮面浪人」学生に対するインタビュー調査を行い、「仮面浪人」学生たちが受験にコミットするために、在籍大学や周囲の学生を下に見ることによって自身と在籍大学の学生とを差異化し、再受験へのモチベーションを保っていたこと、しかし仮面浪人の中にも指導教員との出会いによって在籍大学での生活に意義を見いだし、再受験を断念する学生がいたことを明らかにしている。福島の知見に鑑みれば、"ボーダーフリー・エリート"にとって、教員との交流はボーダーフリー大学からの退学を阻止するうえで重要な役割を果たしていたといえる。

　さらに、教員との関わりを通じて大企業総合職を就職先として認識したり、大企業文化を理解したりしていた。このような教員との「異質」なネットワークがあったからこそ、彼らは希望する就職を実現できたと考えられる。では、なぜ教員の支援・教育が大企業や公務員に就職するうえで有用だったのだろうか。Trow (訳書 1976, pp.163-166) は、マス高等教育機関の内部(学部教育)にもインフォーマルなエリート教育は存在しており、教員は授業時間外に希望者が参加できるインフォーマルな討論の機会を提供することによって、高い学習意欲を持つ学生を一般学生から区別し、彼らに対してエリート教育を行っていたことを明らかにしている。Trow はこのような「マス高等教育機関の内部で行われている学部レベルのエリート教育」(p.166) がマス高等教育機関の非人間性や没個性的傾向をうち破り、学生が教員といきいきとした個人的な関係を結ぶことを可能にするとともに、エリート的な学習環境がどのようなものであるのかについての感触をつかむことを可能にすると述べている。"ボーダーフリー・エリート"が積極的に交流していた教員も、「マス高等教育機関の内部で行われている学部レベルのエリート教育」と類似した教育を行っていたといえるだろう。彼らが積極的に交流していた教員は、成績には直接影響を及ぼさない正課外活動への参加機会を提供することによって高い学習意欲を持つ学生を一般学生から区別し、彼らに対してエリート教育を行っていた。このよう

な授業外の教員との関わりを通じて、大企業や公務員に適合的な価値観や態度を身につけた結果、彼らは大企業や公務員に就職できた可能性がある。

　もちろん、彼らの就職は大学入学前から有する能力の結果だと評価することもできる。実際、彼らの高校の学力レベルは低いというわけではないし、能力の高い学生が選抜性の高い大企業に就職することは妥当だと言えよう。しかし、ほとんど大学に通わない学生であっても、周囲の目や自己規定により、その大学の学生文化の特質を身につけてしまうと言われているように（武内 2008）、大学の文化にまったく感化されることなく卒業することは難しい。さらに、非所属集団の価値を積極的に志向することは、所属集団への非同調として内集団から排除される可能性もある（Merton 訳書 1969,p.209）。そのような中、所属集団の中で自分の居場所を確保しつつ、希望する非所属集団に参入するためには「同質」なネットワークを維持しながらも感化されないためのストラテジーが必要となる。

　ストラテジーの必要性は"ストリート・コーナー・ソサエティ"（Whyte 1993）における"チック"と"ドック"の社会上昇移動の過程を見ても明らかである。二人はともにアメリカのイタリア人移民が多く住むスラム街、"コーナーヴィル"で育ち、努力家で学業成績も良かった。しかし、"チック"と"ドック"のスラム街での過ごし方はまったく異なる。"チック"は将来のために貯蓄や投資を行い、常に自分の利益を考え行動していた。また、生まれ育ったスラム街の仲間集団に束縛されるのではなく、中流階級の人々と積極的に交流することによってその話し方や振る舞い方、価値観を学んでいた。さらに、イタリア人で学業優秀な者を中核とするコミュニティを組織化し、出世のための場として活用していた。そして最終的には、政治家としての一歩を踏み出すという社会的上昇移動を実現したのである。"チック"はスラム街の多数派である"コーナー・ボーイズ"とは距離を置き、少数派の"カレッジ・ボーイズ"のグループを結成するというストラテジーを用いることによって、スラム街の中での主流文化とは距離を置きながらも自分の居場所を確保していた。さらに、中流階級の人と積極的に交流することによって社会上昇移動のために必要な資源、具体的には話し方や知識を身につけていたのである。

他方、"ドック"は生まれ育ったスラム街の社会の底辺を構成している"コーナー・ボーイズ"の一員であり、仲間からの人望も厚かった。しかし、人間関係を円滑にするために金銭を使っていたこと、互恵的な義理関係によって所属集団（スラム街のギャング団）に縛りつけられていたことから、チャンスが来てもうまく活かすことができず、社会の底辺に留まり続けていた。"チック"と"ドック"の社会移動の過程は、上昇移動のためには知力や人望だけでは十分ではなく、現在の状況をどのように認識し、将来に何を望み、そのためにどのような行動をとるのか、どのようなネットワークを選択するのか、が重要であることを示している。

これらの知見を踏まえれば、"ボーダーフリー・エリート"が希望する進路に進めたのは、彼らがボーダーフリーにおける典型的な学生との付き合い方を選択し、一部の教員と積極的に交流するというストラテジーを用いていたからであり、ストラテジーが有効に機能したのは、彼らのニーズに応えるような教員の教育・支援があったからだと考えられる。

7. 小　　括

本章では、ボーダーフリー大学から大企業や公務員に就職した学生の大学経験を、〈ボーダーフリー・エリートのストラテジー〉として分析してきた。その結果、"ボーダーフリー・エリート"は、周囲の不真面目な学生たちや、厳格に管理し、教え込むような教育方針、非典型的な就職先を希望しても期待する支援を得られないことに不満を抱えていた。しかし、彼らは大学や大学教員に状況の改善を期待するのではなく、友人や周囲の学生との付き合い方を選択し、一部の教員と積極的に関わるというストラテジーを用いて、困難な状況に対処していたことが明らかになった。

本研究のボーダーフリー大学研究に対する意義は、ボーダーフリー大学が学生の特徴に合わせて行ってきた教育改革よりも、従来型の大学教育のように学生の主体性を尊重した教育支援や、学生の目を学内ではなく学外に向けさせるような取り組みが有用であったと"ボーダーフリー・エリート"が認識して

いることを示した点にある。従来のボーダーフリー大学研究では、大学における典型的な学生に目を向けるあまり、従来型の大学教育や大学教員像を維持する教員に変わることを求めてきた（松本 2015,p.61）。また第9章では、ボーダーフリー大学において学生に成人としての行動を期待する従来型の大学教育を行っても逸脱行為を抑制する効果はなかったことも明らかになっている。そのような中、従来型の大学教育や大学教員像を維持する教員は、〈変われない教員〉として非難されてしまう。しかし、"ボーダーフリー・エリート"は〈変わらない教員〉を肯定的に評価し、そのような教員がいたからこそ希望する進路に進むことができたと認識していた。大学内部での多様化が進んでいるボーダーフリー大学において、典型的な学生に合わせた画一的な対応や教育では、多様な学生のニーズを満たすことはできない。多数派の学生のニーズを満たしつつ、少数派の学生のニーズも満たすためには、教員の多様性の確保が重要となる。教員に変わることを求めるだけではなく、変わることで失われたものや、変わらないことで維持されるものにも目を配る必要があるだろう。

　本研究の理論的貢献としては、〈ボーダーフリー・エリートのストラテジー〉が教員のコントロールではなく、周囲の学生から自らを守るために用いられていたことを明らかにしたことである。教員に追従しない者だけがストラテジーを用いるわけではない。周囲の学生に追従しない者もまた、自分自身の意志を貫くためにストラテジーを用いていたことを明らかにした点に意義があると考える。

　本研究の限界としては、入学時点では優秀だった学生が大学における典型的な学生文化に適応することで、いかなる結果がもたらされるのかについては明らかにしていないことである。"ボーダーフリー・エリート"のストラテジーの効果を検証するためには、ストラテジーを用いなかったことによって生じた結果との比較が必要である。今後の課題としたい。

【注】
(1) 本研究では、実務経験に加えてアカデミック経験（修士・博士課程における研究経験）がある教員を、「ハイブリッド教員」と呼ぶことにする。教員LT4は修士課程修了後、約4

第 10 章 "ボーダーフリー・エリート"のストラテジー　209

年間の実務経験を経て、博士後期課程に進学し、学位を取得している。よって、実務家教員でもあり、アカデミック教員でもある。しかし、教員LT4は自分のことを「アカデミック教員」だと認識していた。それは、調査時点では実務から離れて10年以上になるということ、博士の学位を持っているということ、投稿論文を書いているということによるという（2019年11月28日インタビュー逐語記録より）。実務家教員でもあり、アカデミック教員でもあるハイブリッド教員は自分のアイデンティティをどのように定義するのか、その根拠は何なのか、ハイブリッド教員が行う教育には、アカデミック教員や実務家教員が行う教育と比べてどのような特徴があるのかなど、解明されていないことも多い。さらなる研究が求められる。

(2) 大企業ではなく、ベンチャー企業に就職したため本研究では分析の対象とはしなかったが、教員LT1と共同研究を行っていた学生の一人は、学会で発表した際に、「他の方の意見を聞くことによって自分たち（が取り組んでいる活動）は社会でこういう位置づけにあるんだということを実感」できたと語っていた。また、他の研究者から活動内容や発表を褒められたことにより「Fランなのにすごいだろ、みたいな感じで自信につながった」と語っていた（2021年3月19日 学生インタビュー逐語記録より）。教員が自分の研究活動に学生を参加させることは、学生が専門知識を習得するうえで役に立つだけではなく、大学での学びに自信を持ったり自分の知識や活動を社会という広い視野で評価したりすることにつながると考えられる。さらに、この学会は遠方で開催されたにもかかわらず、学部長や複数の教職員が応援に駆けつけている。また、発表での様子は、大学のウェブサイトにも掲載されている。このような大学の取り組みは、少数派の学生が自分らしく過ごすうえで有効に機能したと考えられる。

終　章

　本章では、第2部（第5章から第8章）と第3部（第9章から第10章）で行ってきた分析の結果から得られた知見を要約し、本研究における三つの問い、(1) キャリア教育はいかなるプロセスを通じて学生を大学の序列と対応した進路へと水路づけていくのか、(2) 教員や学生が水路づけに抵抗することはいかなる困難をもたらすのか、(3) 抵抗のために教員や学生が採りうるストラテジーとはいかなるものなのか、に答える。これにより、教員と学生の偏差値序列への適応と、抵抗のストラテジーとはいかなるものなのかを示す。次に、本研究のキャリア教育と高等教育政策に対する示唆と、理論に対する貢献を述べる。最後に、今後の課題と展望を述べる。

1. 得られた知見の要約

1.1. 大学の序列と対応した進路への水路づけ

　第2部（第5章から第8章）では、「キャリア教育はいかなるプロセスを通じて学生を大学の序列と対応した進路へと水路づけていくのか」という問いを、教員インタビュー、授業観察、学生インタビューから検討した。
　第5章では、教員に対するインタビュー調査から、入試難易度の高低によって学生に対する認識、授業実践上の工夫や配慮、大学における典型的な就職先の認識はどのように異なるのかを分析した。その結果、入試難易度の高い大学の教員は、自大学の学生のことを真面目で、教えなくても文献を読めば自分で

理解できると認識しており、授業を行うことに困難を感じていなかった。よって、授業では学生に授業内容を理解させるためだけではなく、考えさせるための工夫や配慮を行っていた。他方、入試難易度の低い大学の教員は、学生の学習意欲や自己肯定感は低いと認識しており、ボーダーフリー大学では授業を成立させることすら困難な状況にあると感じていた。よって、授業では学生に授業内容を理解させるための工夫や、自己肯定感を高めるための配慮を行っていた。また、入試難易度の高低によって卒業生の典型的な就職先に関する認識は異なり、入試難易度の高い大学の教員は大企業・総合職を、入試難易度の低い大学の教員は中小企業・営業／販売／サービス職を学生の典型的な就職先だと認識していたことが明らかになった。

　第6章では、入試難易度によって異なる教員の認識が、キャリア教育科目の授業においてどのように現れているのかを、入試難易度の高いA大学と入試難易度の低いX大学における授業観察から明らかにした。その結果、どちらの授業でも大学における典型的な就職先は直接的もしくは間接的に語られていた。しかし、授業の目的や内容は異なっており、入試難易度の高いA大学では学生に考えさせるための授業が、入試難易度の低いX大学では学生が就職活動で必要となる技法を正しく使えるようにするための授業が主に行われていた。これらは就職先の序列と対応した教育が大学で行われていたことを示唆する。大企業では「新たな課題や価値を作り出し、解決していく自律的な能力」が、中小企業では「真面目さや規律の遵守と結びついた能力」が求められる（麦山・西澤 2017）。大企業に就職することが自明視されているA大学では、大企業に求められる能力を育成するような教育が、中小企業への就職が自明視されているX大学では、中小企業に求められる能力を育成するような教育が行われていたといえる。

　とはいえ、すべての授業内容がそうだったわけではない。入試難易度の高いA大学でも就職技法的内容は教えられていた。また、入試難易度の低いX大学でも専門教育と関連づけながら学生に考えさせるための授業は行われていた。つまり、すべての授業内容が典型的な就職先に求められる能力と対応しているわけではない。対応していない内容も教えられていたことが明らかになった。

第7章では、入試難易度の高低によってキャリア教育科目に対する学生の評価はどのように異なるのかを学生に対するインタビュー調査から検討した。その結果、入試難易度の高い大学の学生は、経験の場や自分で考える余地のある授業・課題を肯定的に評価し、専門科目と関連付かず、自分で調べれば分かるような就職技法を扱う授業を否定的に評価していた。他方、入試難易度の低い大学の学生は、就職技法を扱う授業を肯定的に評価し、グループワークのように、答えが与えられない授業を否定的に評価したり、本来の目的とは異なる理由で肯定的に評価したりしていた。また、キャリア教育科目以外の授業でも、入試難易度の高い大学の学生は、主体的な活動や思考を重視するような授業を多く経験・記憶していた。他方、入試難易度の低い大学の学生は、主体的な活動や思考を重視する授業を受けた経験に乏しい、もしくはそのような授業が印象に残っていない一方で、具体的な手順を正確に記憶、再現することが求められるような授業を多く経験・記憶していた。さらに、本研究参加者の多くは大企業から内定を得ていたが、入試難易度の高低によって職種には違いがあり、入試難易度の高い大学の学生は総合職に、入試難易度の低い大学の学生はサービス職や営業・販売職から内定を得る傾向があった。学生は自分の将来の職業や、働くうえで必要となる知識やスキルを予期し、そのような知識・スキルを得られるようなキャリア教育科目を肯定的に評価している可能性がある。

　これらの結果を踏まえれば、大学の序列と就職先の序列はキャリア教育科目が特定の進路に水路づけた結果として対応しているというよりは、キャリア教育科目を通して学ぶ内容を学生が取捨選択した結果、キャリア教育科目は卒業生を再生産するように、もしくは、大学のチャーターを強化するように機能していたと考えられる。学生は教えられた内容をそのまま受け入れるという受動的な存在ではなく、これまでの社会化や予期的社会化によって形成された価値観に基づいて、学習する内容を取捨選択していたのである。また、多くの学生に適合的な授業を行うキャリア教育科目には、チャーターを強化する機能・効果はあっても、チャーターを乗り越える機能はないという限界が明らかになった。

　第8章では、学生が大学のチャーターを内面化するプロセスを学生インタ

ビュー調査から検討した。その結果、学生の進路選択に影響を及ぼした要因として、企業や親、大学の先輩や友人、学内企業説明会などが語られた。親の存在が進路選択に影響を及ぼしていたことは、入試難易度の高低にかかわらず語られたが、影響の強さには濃淡があった。入試難易度の高い大学の学生は、親だけではなく企業や大学の先輩・友人など複数の要因から影響を受けていた。他方、入試難易度の低い大学の学生は、親もしくは就職活動で出会った人事・採用担当者など少数の要因から影響を受けていた一方で、大学の先輩・友人を挙げた学生はいなかった。つまり、入試難易度の高い大学の学生は、様々な人から得た情報を多面的に検討し、進路を決定する傾向があるのに対し、入試難易度の低い大学の学生は、親や就職活動で出会った人事・採用担当者から得られたわずかな情報に基づいて進路を決定する傾向があるといえる。さらに、大学における典型的な就職先を望まない学生の語りを分析することによって、チャーターが学生の進路を拘束していたこと、チャーターと異なる進路を希望していても、最終的には希望進路に応募することなく断念してしまうことが明らかになった。

　以上が第2部各章において明らかになった知見である。そのうえで、本研究における一つ目の問い、「キャリア教育はいかなるプロセスを通じて学生を大学の序列と対応した進路へと水路づけていくのか」に対しては以下のように答えることができる。

　キャリア教育科目の授業内容は、①教員の学生に対する認識、②卒業生の就職実績、③教員の専門性の影響を受ける。その結果、授業内容は④学生の学習観と一致した内容、⑤チャーターと一致した内容、⑥その他（④⑤以外）、になる。しかし、学生はこれまでの大学の授業を通じて大学の授業とはいかなるものなのかという学習観や、大学における典型的な就職先（チャーター）を内面化しており、授業内容の中から学習する内容を取捨選択するため、結果としてチャーターと一致した進路を選択することにつながり、偏差値に基づく序列構造を維持・強化するのである（図終）。

　本研究において明らかになった知見は、一見、対応理論を大学に適応したかのように見えるかもしれない。対応理論とは、将来参入することになる社会の

キャリア科目に影響を及ぼす要因		
①学生に対する教員の認識	②卒業生の就職実績	③教員の専門性

↓

キャリア科目の授業内容		
④学生の学習観と一致	⑤チャーターと一致	⑥その他（④⑤以外）

↓

学生による学習内容の選択	
授業内容の受容・学習	捨象

↓

チャーターと一致した進路の選択

↓

大学の序列構造の維持・強化

図終　キャリア教育科目を通じたチャーターの維持・強化プロセス

序列と対応した教育が学校でなされることである（Bowles & Gintis 訳書 1986、竹内 2016）。この対応理論を用いた研究は、初等教育を対象に行われることが多い（例えば、Anyon 1980、Bowles & Gintis 訳書 1986）。それは、子どもたちの文化が教員＝大人の文化に支配される（麻生 1974）という受動的な存在であるからこそ成り立つ理論だといえる。

それに対して本研究が対象とした大学生は、教えられた内容をすべて受け入れる受動的な存在ではなく、学習内容を取捨選択する主体的な存在であったといえる。学生は大学の授業で教えられる内容を鵜呑みにするのではなく、教えられる内容を社会というより広い視点、つまりチャーターや、これまでの学習経験を通じて形成した学習観に基づいて評価し、学習内容を取捨選択する。大学生の社会化には大学の教育だけが影響を及ぼすわけではない。大学内外の様々な要因が学生の社会化に影響を及ぼす（Weidman 1989、武内 2008）。学生は様々な大学での経験を通じて、大学における典型的な就職先を妥当なものとして受け入れ、それに向けた予期的社会化がなされていたのである。

だからこそ、学生や教員がチャーターに抵抗することは難しい。チャーターは大学の学生文化に影響を及ぼし、学生の価値観やパーソナリティに影響を及ぼす（武内 2003）。そのような中、チャーターや学生文化に抵抗するということは、大学における主流文化から疎外されることにつながりかねない。

Merton（訳書 1969,p.206）によると、内集団は外集団規範への積極的志向に対して、あらゆる社会的拘束を加えようとする。竹内（2016）もまた、進学校のチャーターがない学校で、進学に熱心な授業をする教員や勉強に励む生徒は仲間集団から浮いてしまうことを指摘している。本研究においても、主流文化に抵抗する教員が同僚の教員から咎められていたこと（第9章）、チャーターと一致しない授業を展開しても学生は捨象してしまうことが明らかになっている（第7章）。また、採用側である企業が、大学の序列を学生の能力の代理指標として利用している以上、学生が所属する大学の序列を考慮せずに就職活動を行うことは効率的ではない。学生が内定を得るためには、企業が要求する価値観や態度を身につける必要があり（山口 2004）、求められる能力は企業規模や業種によって異なる（麦山・西澤 2017、岩崎・西久保 2012）。よって、大学に適応し、就職内定を得るためには、所属する大学のチャーターと一致した進路を望み、チャーターと一致した進路に進むために必要となる能力を身につけることが効率的・合理的だといえる。

1.2. 水路づけに対する教員と学生の抵抗

しかし、その一方でチャーターや自大学における主流文化を受け入れない教員や学生は少なからず存在する。本研究第3部（第9章・第10章）では、「教員や学生が水路づけに抵抗することはいかなる困難をもたらすのか」「抵抗のために教員や学生が採りうるストラテジーとはいかなるものなのか」という二つの問いを、授業観察・フィールドワーク、教員インタビュー、学生インタビューから検討した。

第9章では、ボーダーフリー大学において自らの専門ではないキャリア教育科目を担当している教員を対象とした調査を行った。その結果、調査対象としたボーダーフリー大学の教員は、授業中の逸脱行為が日常化しており、自らの専門性を十分に活かすことができないという困難な状況にあることが明らかになった。教員は学生を成人として扱い、自らの専門性を活かした教育を行うという理想の教育と、それが実現できない現実との間で葛藤を抱えていたのである。そのような中、教員は初等中等教員と類似したストラテジーを採り入れな

がらも、学生を大人として扱い、自らの専門性を活かした教育を行うというアカデミック教員特有の「スカラリー・ストラテジー」を用いて対応していたことが明らかになった。これは、厳格な対応や（葛城 2017）、初等中等教員と類似した教育（櫻田 2007、松本 2015）を採用することが肯定的に評価されがちなボーダーフリー大学において、そのような教育に抵抗しようとする教員のストラテジーだといえる。

　第 10 章では、ボーダーフリー大学から大企業総合職や公務員に就職した学生の大学経験を、＜ボーダーフリー・エリートのストラテジー＞として検討した。分析の結果、非典型的な就職をした学生たちは、まわりの学生たちに違和感を持ち、非典型的な進路を希望してもキャリアセンターからは十分な支援が得られないという困難を抱えていた。そのような中、"ボーダーフリー・エリート"は学内の真面目な学生や他大学の学生と交流し、一部の教員と積極的に関わるというネットワークの選択により、大学の主流文化から距離を置き、大企業に適合的な価値観や能力を身につけていた。これは、"ボーダーフリー・エリート"が、大学の主流文化に感化されることなく、希望する就職を実現するために採用したストラテジーだとみなすことができる。しかし、学生がストラテジーを用いるだけでは十分ではない。学生のストラテジーはそれに応える教員がいたからこそ機能したと考えられる。

　彼らが肯定的に評価し、積極的に交流していた教員には、三つの共通点があった。第一に、学生の主体性を尊重するような教育方針を採用していたということである。"ボーダーフリー・エリート"は能動的な学習観と自学自習の態度を身につけていたため、厳格に管理されなくても自律的に学ぶことができる。また、教え込まれるような授業よりも自分で考える余地のある授業を好む。このような学生にとって、学生の主体性を尊重するような教育は望ましいものであった。第二に、教員らはボーダーフリー大学に所属してからも、大企業や専門職集団、学会とのつながりを維持していたということである。学外とのつながりがあったからこそ、教員はボーダーフリー大学における教育文化を過度に内面化することなく、大学教育のあり方を内省できたと考えられる。また、学生が大企業や公務員に適合的な価値観や態度を身につけることを可能に

したと考えられる。学生の主体性を尊重し、学外とのつながりを有する教員の存在は"ボーダーフリー・エリート"を惹きつけ、大学中退を思い留まらせるとともに、"ボーダーフリー・エリート"が希望する進路に進むことを可能にしたといえる。第三に、教員らは意欲の高い学生に対してインフォーマルな教育を提供していたということである。このようなインフォーマルな教育を通じて"ボーダーフリー・エリート"は、「エリート的な学習環境がどのようなものであるのかについての感触」（Trow 訳書 1976, p.166）をつかみ、大企業・総合職や公務員というボーダーフリー大学では非典型的な進路に進むことができたと考えられる。

　以上が第3部で明らかになった知見である。そのうえで、本研究における問い、「教員や学生が水路づけに抵抗することはいかなる困難をもたらすのか」「抵抗のために教員や学生が採りうるストラテジーとはいかなるものなのか」に対しては、以下のように答えることができる。

　大学の主流文化に適応しない教員や学生は、大学における理想の教育と現実の教育との違いに葛藤を抱えていた。第9章で対象としたボーダーフリー大学教員は、授業中の逸脱行為を抑制すること、専門性を活かした授業を行うことに困難を抱えていた。そのような中、教員は初等中等教員と類似した教育方法を採用しながらも、授業の中に専門性を取り込み、学生を大人として扱うというスカラリー・ストラテジーを採用することによって抵抗していた。また、第10章で対象とした"ボーダーフリー・エリート"は、不真面目なまわりの学生に違和感を持ち、否定的に評価しているにもかかわらず、自分も同じボーダーフリー大学生であるということや、大企業総合職を希望しても必要な支援を受けられないことについて不満を抱えていた。そのような中、"ボーダーフリー・エリート"は、ネットワークを選択し、希望する就職を実現するために必要な資源を学外者や一部の教員から得ることによって「低位」同質的社会化（竹内 2016）から逃れていた。これらは主流文化を受容しない教員や学生による抵抗といえる。

　教員のスカラリー・ストラテジーには逸脱行為を抑制する効果はなかった。専門性を採り入れた授業を行っても多くの学生は捨象してしまううえに、学生

を大人として扱ってもその意図は伝わらない。しかし、学生の主体性を尊重した教育や、学外とのつながりを意識的に設けた教育活動は、ボーダーフリー大学における主流文化に馴染まない一部の学生を惹きつけ、学生の社会的上昇移動を支援するように機能していたのである。少なくとも"ボーダーフリー・エリート"はこのような教員の振る舞いを肯定的に評価していた。これらを踏まえれば、ボーダーフリー大学の主流文化に適合的ではない教育を行うことは、逸脱行為を抑制する効果はなくても、主流文化に抵抗を試みる一部の学生("ボーダーフリー・エリート")の社会的上昇移動を可能にする、つまりチャーターを乗り越えられるように機能する可能性がある。

2. キャリア教育に対する示唆

　第2部では、学生が大学における典型的な進路に求められるような能力を育成するような授業については受容する一方で、一致しない内容については捨象してしまうこと、第3部では大学における主流文化を受容しない教員や学生が困難な状況に置かれていたということ、非典型的な進路に進むためにはストラテジーが必要となることが明らかになった。

　教員が典型的な進路に進むうえで役立つキャリア教育を行うということは、授業を成立させ、学生の学習意欲を高める上に、学生の就職内定可能性を高めると考えられる。しかし、そのような授業を行うことによって、次のような意図しない結果がもたらされる可能性がある。第一に、学生の進路を規定してしまい、大学における典型的な進路を望まない、もしくは大学における典型的な進路に進めなかった学生に困難をもたらすということである。第二に、キャリア教育が学生の個別性ではなく、所属する大学の特徴に基づく教育になってしまうということである。チャーターは個人の属性ではなく、集団に対して付与されるものであることから、教員がチャーターを過度に内面化してしまうと、学生個人の能力や特性が軽視され、学生は集団の中の一人として扱われてしまう。これは、キャリア教育が本来目的とする「一人一人の社会的・職業的自立」のための教育（中央教育審議会 2011）、つまり学生の個別性を重視した教

育・支援を難しくしてしまう可能性がある。

　では、一斉授業という形式をとるキャリア教育科目において、学生をチャーターから解放するためには何ができるだろうか。ある教員養成大学では、教員という専門職を目指す学生が多数を占める一方で、企業・公務員などその他の進路を目指す学生がおり、両者のニーズに応えなければならないという難しさを抱えている。そのような中、この大学ではあえて教員にならなかった卒業生をゲストとして招き、学校教員以外にも道はあるということに気づかせるための取り組みを行っていることが報告されている（坂柳ほか 2015）。また、本研究では分析の対象としていないが、筆者がインタビューを行った専門職養成学部を有する大学では、社会人講話型の授業を行う際には多くの学生が希望する職業に就いた人を「あえて外して依頼している」と語っていた（2016 年 10 月 30 日 入試難易度中位大学キャリア教員インタビュー逐語記録より）。専門職養成学部では学生が当該職業に就くことを前提とした専門教育が行われているため、それ以外の職業を志望する学生を専門教育を担う教員たちは「白い目で見ることもある」という。そこで全学部の学生を対象としたキャリア教育科目では「資格系の学科でその資格以外の職を希望する学生をサポートすることも大切」だと考え、意図的に当該専門職以外に就いている人を招聘している。学部で行うキャリア教育と全学で行うキャリア教育では目的は異なり、全学のキャリア教育では、学部で行うそれとは異なる役割を持たせている。このような方針は、専門職養成学部の学生の視野を広げるという点で意義があると考えられる。さらに、ある入試難易度の高い工学系大学で行われているキャリア教育科目では、班ごとに教員が指定した企業を訪問し、職場や製品、技術について調べ、ポスター発表することを最終課題としているが、訪問先企業はあえて地元の中小企業に限定しているという。その理由として、この大学は「就活の時にはいろいろな企業からの情報やオファーがありすぎて、企業を選べる」立場にある。多くの学生は大企業を選ぶ傾向にあるが、「学生みんなが大企業に向いているわけではない。中小企業の方がむいている場合だってある。（だからこそ）そういったこと（自分が大企業に適しているのかどうか）を考えさせることは必要」だと、キャリア教育担当教員は語っていた（2016 年 7 月 28 日

工学系大学キャリア教員インタビュー逐語記録より）。学生が就職先として望
・・・・・・
んでいない企業をあえて訪問させることによって、学生の視野を広げさせる取
り組みを行っていると考えられる。このように、学生の進路選択がチャーター
によって拘束されているという事実を教員が認識したうえで、あえて大学の
チャーターとは異なる進路に進み、進路選択に満足している人をロールモデル
として提示したり、大学のチャーターとは異なる人の話を聞かせたり、企業を
調べさせたりすることは、チャーターによる進路の拘束から学生を自由にする
キャリア教育になり得ると考えられる。

　もちろんこのような戦略を用いても、学生がチャーターを乗り越えられるよ
うになるとは限らない。しかし、チャーターと一致した進路を望まないため、
大学で居心地の悪い思いをしている学生にとっては、このような取り組みは救
いになる可能性がある。また、チャーターと一致した進路を望む学生にとって
も、視野を広げ、より多くの選択肢があることを知ったうえで進路を選べるよ
うになるのではないだろうか。チャーターを乗り越えるためにはいかなる取り
組みが有効なのかについては、さらなる知見の蓄積が求められる。

3. 高等教育政策に対する示唆

　第9章では、ボーダーフリー大学では授業中の逸脱行為が日常化しており、
教員は逸脱行為を抑制するために多くの労力を費やしていたことが明らかに
なった。ボーダーフリー大学では教員が教育活動に多くの時間を割かざるを得
ない状況にあるにもかかわらず、一部の大学では研究活動に対する支援がない
状態で研究費を支給し、教員に研究活動を期待している。このことが教員を疲
労させてしまうため、大学の種別・機能分化が検討されるべきである、と葛城
（2016）は主張する。中央教育審議会（2021,p.11）では、大学教員が「教育」
と「研究」を両輪とすることの重要性を示しながらも、教育を重視する教員
と、研究を重視する教員などに役割を分化する可能性を示している。ボーダー
フリー大学教員を教育活動に専念させるということは、研究活動と教育活動の
両立に困難を抱えていた教員を救済することにつながる上に、学生によりきめ

細やかな教育と厳格な管理を提供できる可能性がある。

　しかし、ボーダーフリー大学教員を教育活動に専念させることによって、教員は学外とのつながりを失い、ボーダーフリー大学を社会から分断されたものにしてしまうのではないだろうか。教員が学外者とのつながりを失なうことは、大学の主流文化を過度に内面化してしまう可能性がある。その結果として、ボーダーフリー大学に存在する真面目な学生や学生文化に馴染まない学生たちは、他の進路に目を向ける機会や成長する機会を失ってしまい、大企業総合職や公務員といった非典型的な進路に進むことがますます難しくなってしまう可能性もある。隠岐（2015,p.129）は大学の機能分化を是とするような学問観、教育観が、ごく一握りの「エリート」と「その他大勢」を分ける視点を肯定していると指摘する。第10章で示した通り、"ボーダーフリー・エリート"が肯定的に評価していた教員は、ボーダーフリー大学に所属してからも、大企業や専門職団体、学会とのつながりを維持していた。このことは、ボーダーフリー大学の教員が大学における教育文化を過度に内面化することを防ぎ、一歩引いた眼で教育のあり方を考えたり、自分の教育を内省したりすることを可能にすると考えられる。また、本研究協力者の中には、学生が企業人と接する機会を積極的に設けたり、自らの企業経験を学生に伝えたりしていた教員もいた。これにより、一部の学生は大企業の文化や、大企業の暗黙知を内面化していたと考えられる。これらの知見を踏まえれば、ボーダーフリー大学教員が教育活動だけに専念するのではなく、研究活動などを通じて学外とのつながりを維持することは、学生の多様なニーズに対応するためにも重要であると考えられる。

　さらに、教員を研究活動ではなく教育活動に専念させることは、現在の多忙な状況から教員を救済することになるかもしれないが、ボーダーフリー大学教員をボーダーフリー大学に押し留めてしまう可能性がある。研究実績を持たない教員が研究活動を重視する大学に採用されることは難しい。教育や研究、管理運営、社会貢献など、大学の一部の機能を中心に担うポジションは増えつつあるが、その多くが任期付きであり、不安定な身分に置かれやすいことも指摘されている（両角 2019,p.34）。また、教育活動に専念する大学教員は、教育と

研究を両立する大学教員よりも低い評価を受けやすい。丸山ほか（2020）は、大卒者ウェブ調査の結果に基づき、教育あるいは研究を行わないタイプの大学教員の働き方が「大学教員にふさわしい」と判断されるか否かに焦点を当てた分析を行っている。その結果、教育と研究の両方を担う従来型の大学教員の働き方がより「ふさわしい」と判断される傾向が強かったことを明らかにしている。ボーダーフリー大学生の中にも教員の研究活動は必要だと認識している者は多く、「大学教員である以上、教育活動だけではなく、研究活動も行うべきだ」と考えている学生は全体の61.4%、「大学教員である以上、教育活動と研究活動は両立すべきだ」と考えている学生は全体の80.3%に及んでいる（宇田・葛城 2021）。これらを踏まえれば、ボーダーフリー大学であっても大学教員が教育活動と研究活動を両立することは社会から自明視されていることであり、教育活動と研究活動を両立させる環境を確保することは、大学教員であり続けるためにも、大学教員としてのアイデンティティを維持するためにも重要だと考えられる。

よって、高等教育政策に求められることはボーダーフリー大学教員に研究活動を期待しないことや、大学を種別・機能別に分化することではなく、ボーダーフリー大学においても教員が学外とのつながりを維持し、社会の中での大学のあり方、大学教育のあり方を内省する時間や、研究できる時間を確保できるようにすること、そのために教員の業務範囲や、教育・研究のあり方を見直すことではないだろうか。葛城（2017）は受講マナーを記した文書を配布することによって授業中の逸脱行為を防止しようとしていた大学があったことを報告しているが、教員LT2は受講マナーを記した文書を配布しても「ペナルティーがないので効き目はない」と語っていた（2019年11月3日インタビュー逐語記録より）。櫻田（2007）は、教員が出席率の低い学生や単位取得状況の悪い学生に対して電話やメールによるフォローを行っている大学があったことを報告している。しかし、職員ではなく教員がフォローすることによって学生の出席率や単位取得がどの程度向上するのかについては明らかにされていない。中央教育審議会（2021）では、大学内外の人的・物的リソースを様々に組み合わせ、総合的に教育研究機能の最大化を目指すこと（p.11）、教

員が行う管理運営業務の整理・検証を行い業務の効率化を図ること（p.21）の必要性が示されている。学生のフォローは教員でなければならないのか、教員以外の誰であれば学生のフォローを担い、教員が行うフォローと同様の効果を得ることができるのか、さらなる調査を行い、教員の業務範囲を見直す必要があるだろう。

　また、中央教育審議会（2021）は「研究」に基づく専門的知見が、「教育」に反映・還元されるように、教員は自身の研究成果を学問体系の中でどう位置づけられているかに留意しつつ、様々な学生に対して分かりやすく教授する必要がある（p.5）、と述べている。この答申で述べられているように、自分の研究で得られた知見を学生に教えることは重要である。しかし、研究活動を教育活動に活かすということは、それだけではない。第10章で示したように、教員のボランティア活動に学生を参加させることや、ゼミ生と共同研究を行うこと、学会誌のフォーマットに沿って卒業論文を書かせることは、教員が学外とのつながりを維持し、研究活動を続けていたからこそ可能な、研究活動を活かした教育活動であったと考えられる。さらに、これらの教員の取り組みは、"ボーダーフリー・エリート"から肯定的に評価されていたことも明らかになっている。今後は、研究を活かした教育活動とは具体的にどのようなものなのか、それは学生に対していかなる教育効果をもたらすのかについて、議論を重ねる必要があると考えられる。

4. 理論に対する貢献

　本研究の理論的貢献としてはまず、「スカラリー・ストラテジー」という新たな概念を提示したことが挙げられる。これまでのボーダーフリー大学教員に関する研究では、従来型の大学教育では授業が成立せず、教育方法や学生への対応を変えざるを得ないという困難な状況の中で、大学教員が初等中等教員と類似した方法を用いていたことを報告するに留まり、大学教員が困難を感じる背景にはどのような価値観や規範があるのか、大学教員特有の対応とはいかなるものなのかについては充分に考察されてこなかった。

それに対し、本研究では初等中等教員を主たる対象としてきたストラテジー概念を大学教員に適用することにより、初等中等教員とは異なる大学教員特有の規範・価値観と、大学教員特有のスカラリー・ストラテジーを明らかにした。

スカラリー・ストラテジーを明らかにしたことの意義は三点ある。第一に、大学教員には初等中等教員とは異なる規範・価値観があり、困難を感じる背景や採用するストラテジーは大学教員と初等中等教員とでは異なるということを示した点である。第二に、教員のストラテジーの効果は学生に依存するということを示した点である。ボーダーフリー大学ではスカラリー・ストラテジーを用いても授業中の逸脱行為を抑制する効果はなかった。しかし、チャーターや大学の主流文化への抵抗を試みる"ボーダーフリー・エリート"からは肯定的な評価を得ていたことが明らかになった。第三に、教員は主流文化やチャーターに沿って社会化されてしまう受動的な存在であるだけではなく、それらに抵抗し、大学教員らしくあろうとする主体的な存在でもあることを示した点である。スカラリー・ストラテジー概念は変わりゆく大学の中で、大学教員のあり方を検討する際の重要な視点を提供するものだと考えられる。

次に、「生徒のストラテジー」概念をボーダーフリー大学における真面目な学生（"ボーダーフリー・エリート"）に適用したことである。従来の「生徒のストラテジー」研究では、＜ヤンチャな子ら＞（知念 2012）をはじめとする反学校文化を有する生徒に対して適用されることが多かった。稲垣（1992,p.259）もまた、生徒の抵抗の対象は教員のコントロールであることが多いと述べている。それに対して本研究では"ボーダーフリー・エリート"が周囲の学生から自らを守るためにストラテジーを用いていたことを明らかにした。これは、「生徒のストラテジー」を用いて抵抗を試みる主体は反学校文化を有する学生だけではないということ、抵抗の矛先が教員ではなく反学校文化を有する学生や学生文化であることを示したという点において「生徒のストラテジー」研究に新たな知見を加えるものだと考えられる。

また、"ボーダーフリー・エリート"の振る舞いをストラテジーの枠組みで分析することにより、学生が大学における学生文化にただ感化されてしまう受動的な存在ではなく、大学の主流文化に抵抗しながらも、学内の資源（一部の

教員）や学外の資源（就職活動で出会った他大学の学生や企業の人々）を活用し、希望する進路を実現するという主体的な存在であったことを示した。本研究は、学生の社会化における主体的な側面を示したという点にも意義があると考えられる。

5. 今後の課題と展望

最後に、本研究における今後の課題と展望について述べる。

第一に、本研究が対象とした地域は大学が多く、産業が盛んな都市圏に位置している。大学の序列が機能するためには、通学可能圏内に複数の大学が所在し、偏差値によって序列化される必要がある。大学の少ない地域の場合、そもそも序列という概念自体が意味をなさない。就職先についても同様である。企業の少ない地域では、選択の余地がなく序列が付けられないことも考えられる。本研究は大学と就職先が豊富であり、序列が成立する地域で行ったからこそ可能であったと考えられる。今後は、大学や企業の少ない地域において、どのようなキャリア教育が行われているのか、キャリア教育は学生のキャリア形成に対していかなる機能・逆機能を有しているのかを明らかにする必要がある。

第二に、本研究は文系学部のみを対象としており、理系学部や特定の職業人の養成を目的とする学部は対象としていない。理系学部や職業人養成学部において大学の序列は影響を及ぼすのかどうか、及ぼすとすればキャリア教育科目の内容にはいかなる違いがあるのかについても分析する必要がある。

第三に、本研究ではキャリア教育の中でも、正課科目として行われているキャリア教育科目の授業実践に着目して分析を行ってきた。しかし、キャリア教育は授業のみで行われるものではない。キャリアカウンセリングや、インターンシップも重要な役割を果たしている。大学ではなく高校を対象とした研究ではあるが、Valli（1986）は学内の授業と学外（職場）での就労経験を組み合わせた教育プログラム（CO-OP）を対象とした研究を行い、いかにして生徒たちが事務員になっていくのか（becoming clerical workers）を分析した。その結果彼女たちは、職場における就労体験を通じて、女性に求められる

働き方（性別役割規範）や、事務スキルを高める必要性のないことを内面化していた。このような価値観を身につけることが、彼女たちをエントリーレベルの事務職に縛りつけ、結果的には既存の性別役割規範を再生産することにつながると主張している。Valliの知見は、教室での授業だけではなく（もしくはそれ以上に）、職場での就労体験が予期的社会化に大きな影響を及ぼしていることを示している。今後は、キャリアカウンセリングや、インターンシップが大学の序列によってどのように異なり、それが大学にふさわしい就職先を当然のものとして受け入れさせるうえでどのように機能しているのかについても明らかにする必要がある。

　第四に、大学におけるキャリアコンサルタントを対象とした研究の必要性である。就職実績は「大学の就職力」として評価され、大学経営に直結することが指摘されている（上西 2007）。令和2年度には国立大学法人運営交付金「成果を中心とする実績状況に基づく配分」の配分項目として、新たに「卒業・修了者の就職・進学の状況」も追加された（文部科学省ウェブサイト）。これは、大学教育による成果として、卒業・修了者がどれだけ就職、あるいは進学しているかについて、卒業・修了者数当たりの就職・進学等の状況に基づき、学系ごとに評価し、交付金の配分額を決めるというものである。そのような中、キャリアコンサルタントには内定可能性の高い企業へと学生を水路づける直接的な役割を担うことが期待されていると考えられる。しかし、キャリアコンサルタントには「相談者の利益を第一義として」、「相談者の自己決定権を尊重」しなければならないことが倫理綱領で定められている（特定非営利活動法人キャリアコンサルティング協議会 2024）。キャリアコンサルタントは、就職内定率を上げるという大学側の要求と、職業倫理との間で葛藤している可能性がある。組織人としての規範と専門職としての職業倫理の間で生じる葛藤にキャリアコンサルタントはいかなる葛藤を抱えどのように対応しているのか、コンサルティングの内容は大学の序列によってどのように異なるのか、入試難易度の低い大学では、Clark（1960）が指摘する「冷却」が行われているのかについても明らかにする必要があるだろう。

　第五に、本調査はコロナ禍前もしくはコロナ禍中に行なわれたということで

ある。コロナ禍を経て学生の就職状況や就職活動の方法は大きく変化した。人手不足により、大卒者の就職は「売り手市場」と言われる現在（リクルートワークス研究所 2024）、大学の序列がさほど重要な意味を持たない業種もあり得る。また、SNS の普及により、従来であれば難しかった「異質」なネットワークへのアクセスが容易になった結果（Field 訳書 2022）、第 10 章で示した「異質なネットワーク」はもはや特別なものでなくなっている可能性もある。さらなる調査が必要である。今後の課題としたい。

参考文献

<和文>

浅野誠（2002）『授業のワザ一挙公開』大月書店。

麻生誠（1974）「近代学校の社会的性格」麻生誠編『社会学講座10 教育社会学』東京大学出版会，pp.47-68.

阿部耕也（2011）「幼児教育における相互行為の分析視点－社会化の再検討に向けて－」『教育社会学研究』第88集，pp.103-118.

安部芳樹（2002）「学級集団と生徒の社会化」『長崎国際大学論叢』第2巻，pp.11-17.

天野郁夫（1984）「就職」慶伊富長編『大学評価の研究』東京大学出版会，pp.162-178.

荒川葉（2009）『「夢追い」型進路形成の功罪』東信堂。

荒牧草平（2022）「パーソナルネットワークの影響再考」『日本女子大学紀要』32, pp.1-13.

有田伸（2017）「新卒一括採用制度の日本的特徴とその帰結－大卒者の「入職の遅れ」は何をもたらすか？－」石田浩編『教育とキャリア』勁草書房。

安藤りか（2017）「大学におけるキャリア教育固有の専門性をめぐる試論－政策関連文書を用いた検討－」『名古屋学院大学論集』社会科学篇, 53（3）, pp.139-162.

居神浩（2015）「ノンエリート大学生のキャリア教育の課題」居神浩編著，『ノンエリートのためのキャリア教育論－適応と抵抗そして承認と参加－』法律文化社，pp.1-26.

居神浩（2010）「ノンエリート大学生に伝えるべきこと－「マージナル大学」の社会的意義－」『日本労働研究雑誌』52（9），pp.27-38.

居神浩（2014）「この国の高等教育政策の課題」三宅義和・居神浩・遠藤竜馬・松本恵美・近藤剛・畑秀和前『大学教育の変貌を考える』ミネルヴァ書房，pp.27-49.

稲垣恭子（1992）「クラスルームと教員」，柴野昌山・菊池城司・竹内洋編『教育社会学』有斐閣ブックス，pp.91-107，p.259.

今津孝次郎（1985）「教員の職業的社会化－教職の社会学－」柴野昌山編『教育社会学を学ぶ人のために』世界思想社，pp.166-182.

岩崎暁・西久保日出夫（2012）「大学新卒者採用における「求める人材像」の業種別傾向に関する研究－企業ウェブサイトの発信メッセージ分析を通して－」『コミュニケーション科学』（35），pp.179-207.

植上一希（2011）『専門学校の教育とキャリア形成－進学・学び・卒業後－』大月書店。

上西充子（2007）「大学におけるキャリア支援 その動向」上西充子編著，『大学のキャリア支援－実践事例と省察－』経営書院，pp.24-76.

浮村眞弓・浦坂純子（2019）「大学におけるキャリア教育が就業意識に与える影響－画一的なキャリア展望強化に関する一考察－」『キャリアデザイン学会』15, pp.73-86.

宇田響・葛城浩一（2021）「ボーダーフリー大学における「研究」は教育の質保証にいかなる影響を与えるのか－学生の視角からのアプローチ－」『兵庫高等教育研究』5, pp.137-148.

大澤早苗・内山久美・横山孝子（2005）「看護における職業的社会化と学生の意識－２年課程修了前の「看護者に必要な姿勢・態度」調査から－」『保健科学研究誌』(2), pp.69-78.

大多和直樹（2019）「大学生（学生）研究と高校生（生徒）研究の＜溝＞－＜溝＞を超える新しい大学生研究に向けて－」『教育社会学研究』第104集, pp.105-124.

隠岐さや香（2015）「簿記とシェイクスピア「人文社会科学系批判」言説によせて」『現代思想 大学の終焉－人文学の消滅』43 (17), 青土社, pp.122-131.

小方直幸（2008）「学生のエンゲージメントと大学教育のアウトカム」『高等教育研究』11, pp.45-64.

粕谷圭祐（2018）「児童の振る舞いの観察可能性－「お説教」の協働産出をめぐる相互行為分析－」『教育社会学研究』第102集, pp.239-258.

金子元久（2007）『大学の教育力－何を教え，学ぶか－』ちくま新書。

金子元久（2013）『大学教育の再構築－学生を成長させる大学へ－』玉川大学出版部。

川喜多喬（2007）「学生へのキャリア支援－期待と危惧と－」上西充子編著，『大学のキャリア支援－実践事例と省察－』経営書院, pp.193-229.

喜始照宣（2014）「美術系大学における学生の大学生活満足度の規定要因－学生を対象とした質問紙調査をもとに－」『大学教育学会誌』36 (2), pp.86-95.

清田洋一（2010）「リメディアル教育における自尊感情と英語学習」『リメディアル教育研究』5 (1), pp.37-43.

葛城浩一・西本佳代・宇田響（2018）「ボーダーフリー大学生の学習実態に関する研究－アクティブラーニング型授業を中心に－」『香川大学教育研究』15, pp.161-174.

葛城浩一（2012）「ボーダーフリー大学が直面する教育上の困難－授業中の逸脱行動に着目して－」『香川大学教育研究』(9), pp.89-103.

葛城浩一（2015）「ボーダーフリー大学生が学習面で抱えている問題－実態と克服の途－」居神浩編『ノンエリートのためのキャリア教育論－適応と抵抗そして承認と参加－』法律文化社, pp.29-49.

葛城浩一（2016）「ボーダーフリー大学における研究活動に対する期待と支援－教員の教育・研究活動に与える影響に着目して－」『大学教員学会誌』38 (1), pp.108-117.

葛城浩一（2017）「授業中の逸脱行為に対する大学の対応－ボーダーフリー大学に着目して－」『香川大学教育研究』第10巻, pp. 51-61.

葛城浩一（2018）「多様化した学生に対する大学と教員－『ボーダーフリー大学』に着目して－」『高等教育研究』第21集, pp.107-125.

紅林伸幸（2018）「社会化」教育社会学会編『教育社会学事典』, pp.82-83.

河野銀子（2003）「大学大衆化時代における'First-Generation'の位相」『山形大学紀要（教育科学）』13 (2), pp.127-143.

古賀正義（2001）『＜教えること＞のエスノグラフィー－「教育困難校」の構築過程－』金子

書房。

児島功和（2015）「ノンエリート大学生を対象としたキャリア教育の射程－生活実態に根差した＜キャリア教育／支援＞に向けて－」居神浩編，『ノンエリートのためのキャリア教育論：適応と抵抗そして承認と参加』法律文化社，pp.125-147.

児島功和・中村（新井）清二・乾彰夫（2008）「大学生の就職活動のインタビュー分析」『人文学報』396，pp.41-65.

児島功和・石川勝彦（2017）「『大衆化した大学』におけるキャリア教育実践の分析」『大学教育研究ジャーナル』14，pp.85-96.

小杉礼子編（2007）『大学生の就職とキャリア－「普通」の就活・個別の支援－』勁草書房。

児玉英明（2012）「教育情報公表の義務化とリメディアル教育（大学の情報発信力の視点から）」『リメディアル教育研究』第7巻（1），pp.60-67.

児美川孝一郎（2007）『権利としてのキャリア教育』明石書籍。

児美川孝一郎（2013）『キャリア教育のウソ』ちくまプリマー新書。

児美川孝一郎（2020）「大学におけるキャリア支援・教育の現在地－ビジネスによる侵蝕，あるいは大学教育の新しいかたち？」『日本労働研究雑誌』No.716，pp.89-100.

小山治（2019）「レポートに関する学習経験の職業的レリバンス」『大学教育学会誌』41（1），pp.61-65.

坂柳恒夫・高綱睦美・京免徹雄（2015）「教員養成系大学におけるキャリア教育教材の開発に関する研究」『2014年度 大学教育研究重点配分経費研究成果報告書』。

作田良三（1999）「大学生の社会化に影響を及ぼす学問的・社会的環境の研究」『広島大学教育学部紀要 第一部 教育学』（48），pp.21-28.

櫻田裕美（2007）「Fランク大学の学生の学習意識」『高等教育研究叢書』（90），pp.57-68.

柴田好章（2007）「名古屋大学におけるキャリア教育の体系化と評価のあり方－現代GP『専門教育型キャリア教育体系の構築－』」名古屋大学キャリア教育効果検討プロジェクト編『キャリア教育の効果をどう把握すればよいのか』pp.1-19.

柴野昌山（1969）「カレッジ・ソシアリゼーションのもたらす役割葛藤－feminine role研究から大学文化論へ－」『京都大学教育学部紀要』15，pp.180-193.

柴野昌山（1977）「社会化論の再検討－主体性形成過程の考察－」『社会学評論』27（3），pp.19-34.

柴野昌山（1985）「教育社会学の基本的性格」『教育社会学を学ぶ人のために』世界思想社，pp.3-22.

島一則（2021）「大学ランク・学部別の大学教育投資収益率についての実証的研究－大学教育投資の失敗の可能性に着目して－」『名古屋高等教育研究』第21号，pp.167-183.

志水宏吉（1987）「学校の成層性と生徒の分化－学校文化論への一視角－」『教育社会学研究』第42集，pp.167-181.

清水一（2013）「大学の偏差値と退学率・就職率に関する予備的分析－社会科学系学部のケース－」『大阪経大論集』64（1），pp.57-70.

清水睦美（1998）「教室における教員の『振る舞い方』の諸相－教員の教育実践のエスノグラフィー－」『教育社会学研究』第63集，pp.137-156.

白井章詞（2017）「業者に委託されたキャリア教育と大学側の関与－4人の実践事例からみた現状と課題－」『キャリアデザイン学会』13，pp.63-73.

新谷康浩（2016）「職業地位達成の問題構成－芸術系・人文系のキャリア教育に着目して－」『教育デザイン研究』7，pp.33-42.

杉谷祐美子（2015）「日本のユニバーサル化の担い手は誰か」『大学時報』pp.32-37.

杉山幸丸（2004）『崖っぷち弱小大学物語』中公新書ラクレ。

杉山成（2007）「アルバイト経験はキャリア意識の形成にどのような影響を与えるのか」『人文研究』，113，pp.87-98.

須田昂宏（2017）「リアクションペーパーの記述内容に基づく受講者の学びの可視化－大学授業の実態把握のために－」『日本教育工学会論文誌』41（1），pp.13-28.

関口倫紀（2010）「大学生のアルバイト経験とキャリア形成」日本労働研究雑誌，52（9），pp.67-85.

ダイヤモンド社（2011）「悩み深き大学教育の現場」『週刊ダイヤモンド』第99巻49号，pp.60-64.

ダイヤモンド社（2020）『週刊ダイヤモンド8月8日・15日合併号』「【特集】コロナで激変！大学 序列 入試 どうなる2021大学入試＆おトクな大学 高レバレッジ大学リスト」，pp.72-75.

高木光太郎（1995）「教室にいること、教室を語ること」佐藤学編『教育への挑戦1 教室という場所』国土社，pp.88-119.

武内清・岩田弘三・浜島幸司（2015）「現代の学生文化と学生支援に関する実証的研究－学生の「生徒化」に注目して－」『文部科学省科学研究費補助金研究成果報告書』（課題番号24531072，研究代表 武内清）。

武内清・岩田弘三（2011）『子ども・若者の文化と教育』放送大学教育振興会。

武内清（2003）『キャンパスライフの今』玉川大学出版部。

武内清（2008）「学生文化の実態と大学教育（特集 大学生論）」『高等教育研究』11，pp.7-23.

武内清（2011）「大学生のキャンパスライフ」武内清・岩田弘三編，『子ども・若者の文化と教育』放送大学教育振興会，pp.149-166.

竹内洋（2016）『日本のメリトクラシー－構造と心性【増補版】－』東京大学。

田中耕治（2008）『教育評価』，岩波書店。

知念渉（2012）「＜ヤンチャな子ら＞の学校経験－学校文化への異化と同化のジレンマの中で－」『教育社会学研究』第91集，pp.73-94.

椿明美・和田佳子（2020）「『人文・社会科学系大学の学び・経験と職業的レリバンス』調査」『九州大学教育社会学研究集録』（20），pp.11-20.

寺田盛紀（2014）『キャリア教育論－若者のキャリアと職業観の形成－』学文社。

東京大学大学院教育学研究科 大学経営・政策研究センター（2019）「第2回全国大学生調査（2018）第1次報告書」https://ump.p.u-tokyo.ac.jp/crump/cat77/cat82/22018.html（2024/10/29閲覧）

豊永耕平（2023）『学歴獲得の不平等－親子の進路選択と社会階層－』勁草書房。

中里弘穂（2011）「大学におけるキャリア教育実践の現状と今後の展望」『経済教育』30，pp.178-187.

中西祐子（1998）『ジェンダー・トラック－青年期女性の進路形成と教育組織の社会学－』東洋館出版社.

二宮祐・小島佐恵子・児島功和・小山治・浜島幸司（2019）「大学における新しい専門職のキャリアと働き方－聞き取り調査の結果から－」『大学評価・学位研究』（20），pp.1-25.

日本キャリア教育学会編（2008）『キャリア教育概説』東洋館出版社。

濱中義隆（1998）「就職結果の規定要因－大学ランクと「能力自己評価」に注目して－」『大学から職業へⅡ－就職協定廃止直後の大卒労働市場－』（高等教育研究選書52），pp.33-45.

濱中義隆（2007）「現代大学生の就職活動プロセス」小杉礼子編『大学生の就職とキャリア－「普通」の就活・個別の支援－』勁草書房,pp.17-49.

濱中義隆（2013）「多様化する学生と大学教育」濱中淳子編『大衆化する大学－学生の多様化をどう見るか－』岩波書店，pp.47-74.

樋口美雄（1994）「大学教育と所得配分」石川経夫編『日本の所得と富の分配』東京大学出版，pp.245-278.

平沢和司（2005）「大学から職業への移行に関する社会学的研究の今日的課題」『日本労働研究雑誌』No.542，pp.29-37.

福島由依（2021）「就学行動の多様化と学士課程間移動－仮面浪人の戦略と保険の逆説－」『大学教育学会誌』43（2），pp.21-30.

藤村正司（1995）『マイヤー教育社会学の研究』風間書房。

本田由紀（2004）「高校教育・大学教育のレリバンス」『JGSS研究論文集』3，pp.29-44.

本田由紀（2009）『教育の職業的意義－若者、学校、社会をつなぐ』ちくま新書。

本田由紀編（2018）『文系大学教育は仕事の役に立つのか－職業的レリバンスの検討－』ナカニシヤ出版。

松尾智晶（2013）「キャリア教育科目受講満足度とモチベーション向上に関する考察－2012年度「自己発見系」受講生アンケート結果より－」『高等教育フォーラム』（3），pp.21-30.

松塚ゆかり・白松大史（2010）「学生はキャリア教育に何を求めるのか－学生アンケートの定量分析から－」『大学教育研究開発センター年報』，pp.47-65.

松村淳（2021）『建築家として生きる－職業としての建築家の社会学－』晃洋書房。

松本浩司・人見泰弘（2016）「学生の実態をふまえたノートテイキングの指導方法と授業改善に対する提案－本学文系学部学生へのインタビュー調査に基づいて－」『名古屋学院大学ディスカッションペーパー』（113），pp.1-67.

松本美奈（2015）「やる気に火をつけろ！読売新聞「大学の実力」調査から」居神浩編著，『ノンエリートのためのキャリア教育論－適応と抵抗そして承認と参加－』法律文化社，pp.50-71.

丸山和昭・佐藤万知・杉原真晃・立石慎治（2020）「教育と研究の分業と大学教員としての「ふさわしさ」－大卒者ウェブ調査の結果から－」『名古屋高等教育研究』第20号，pp.91-110.

丸山文裕（1980）「大学生の職業アスピレーションの形成過程－チャーター理論による大学の効果分析－」『名古屋大学教育学部紀要（教育学科）』第27巻，pp.239-249.

丸山文裕（1981）「大学生の就職企業選択に関する一考察」『教育社会学研究』第36集,pp.101-111.

溝上慎一（2018）『大学生白書2018 いまの大学教育では学生を変えられない』東信堂.

三保紀裕（2013）「キャンパス外の活動が学修に与える影響について－アルバイトに着目した検討－」『京都学園大学経済学部論集』23（1），pp.107-118.

三菱UFJリサーチ＆コンサルティング（2011）『キャリア・コンサルティング研究会報告書』（厚生労働省委託事業）

三宅義和（2011）「大学生の学びへの姿勢と大学の入試難易度」『経済文化研究所年報』（20），pp.1-13.

宮田弘一（2018）「キャリア教育科目におけるシラバスの内容分析－テキストマイニングによるアプローチ－」『広島大学大学院教育学研究科紀要 教育人間科学関連領域』3（67），pp.245-252.

宮田弘一（2020）「授業者の認識変容プロセスに着目したキャリア教育科目の授業サイクルに関する質的分析－M-GTAを用いて－」『大学論集』（52），pp.51-66.

麦山亮太・西澤和也（2017）「大企業と中小企業が新卒者に求める能力は異なるか－求人情報サイトへのトピックモデルの適用－」『理論と方法』32（2），pp.214-227.

村上純一（2010）「中教審「接続答申」における「キャリア教育」の意味」『東京大学大学院教育学研究科紀要』50，pp.315-323.

村上純一（2014）「キャリア教育の初等中等教育と高等教育での差異の考察－政策文書の分析を中心に－」『実践女子大学人間社会学部紀要』10，pp.139-151.

望月由起（2021）『学生・教員・研究者に役立つ進路指導・キャリア教育論－教育社会学の観点を交えて－』学事出版。

森山廣美（2008）「大学におけるキャリア教育の検証（序章）」『四天王寺国際佛教大学紀要』

(45),pp.579-590.

両角亜希子(2019)「教育と研究をめぐる教員の意識」『IDE』No.615, pp.33-38.

安田雪(1997)『ネットワーク分析:何が行為を決定するか』新曜社。

山内乾史(2004)『現代大学教育論−学生・授業・実施組織−』東信堂。

山内乾史(2014)「大学生の学力と進路職業選択」『溝上慎一・松下佳代編(2014)『高校・大学から仕事へのトランジション−変容する能力・アイデンティティと教育−』ナカニシヤ出版,pp.63-90.

山口洋(2004)「4年で進路を決めて卒業するのはどんな学生か?−ある私大での追跡調査−」『社会学部論集』第38号, pp.49-62.

山田浩之・葛城浩一編(2007)「現代大学生の学習行動」『高等教育研究叢書』第90号。

山田礼子(2008)「学生の情緒的側面の充実と教育効果−CSSとJCSS結果分析から−」『大学論集』第40集, pp.181-198.

山田礼子(2010)「大学教育の成果測定−学生調査の可能性と課題−」『クオリティ・エデュケーション』3, pp.15-32.

山本和史(2016)「大学初年次におけるキャリア教育科目の授業設計と展開に関する一考察−実践型授業の内容とその効果分析−」『修道商学』57, pp.293-320.

山本美奈子・松坂暢浩(2020)「大学のキャリア教育の授業設計と運営−産学連携プログラムに着目して−」『キャリアデザイン研究』16, pp.61-74.

山本雄二(1993)「教育のドラマ−教師と生徒の社会関係−」柴野昌山編『新・教職教養シリーズ第8巻 社会と教育〜教育社会学的展開〜』協同出版, pp.57-83.

吉田航(2020)「国内大企業の新卒採用における学校歴の位置づけ−大学別採用実績データの計量分析から−」『教育社会学研究』第107集, pp.89-109.

米谷淳(2001)「第二章 探索としての実験授業」『大学授業のフィールドワーク:京都大学公開実験授業』京都大学高等教育教授システム開発センター編, 玉川出版部, pp.74-98.

渡邉雅子(2021)『「論理的思考」の社会的構築−フランスの思考表現スタイルと言葉の教育−』岩波書店.

渡邊有紀子(2017)「誰が大学におけるキャリア教育科目を担っているのか−『外部からの人材』に着目して−」『キャリアデザイン学会』13, pp.95-104.

<欧文>

Bowles, Samuel(1980, 早川操訳,「教育の不平等と社会的分業の再生産」J・カラベル＆A・Hハルゼー編,『教育と社会変動 上』東京大学出版会,pp.161-183.)。

Bowles, Samuel and Gintis, Herbert(1986, 宇沢弘文訳,『アメリカ資本主義と学校教育−教育改革と経済制度の矛盾−』Ⅰ岩波書店)。

Brim, O. G. Jr.(1966)"Socialization through the Life Cycle", Socialization After

Childhood, 0. G. Brim, Jr., S. Wheeler ed, New York: Wiley, pp.1-49.

Cicourel, Aaron V. and John I. Kitsuse（1980, 潮木守一訳,「選抜機関としての学校」『教育と社会変動 上』東京大学出版会, pp.185-203.）。

Clark, Burton R.（1960）"The "Cooling-out" Function in Higher Education", *The American Journal of Sociology*, Vol.65, No.6, pp.569-576.

Clark, Burton R., & Martin Trow（1966）"The Organizational Context of the American University", T. M. Newcomb and E.K. Wilson ed., *College Peer Groups*, pp.17-70.

Deil-Amen, R.& Rosenbaum, J. E.（2004）. "Charter Building and Labor Market Contacts in Two-Year Colleges". *Sociology of Education*, 77（3）, pp.245-265.

Denscombe, Martyn（1985）*Classroom Control: a Sociological Perspective*, Allen & Unwin.

Ehrensal, Kenneth N.（2001）"Training Capitalism's Foot Soldiers; the Hidden Curriculum of Undergraduate Business Education", Margolis, Eric ed., *The Hidden Curriculum in Higher Education*, Routledge, NY., pp.97-114.

Eodice, Michele, Anne Ellen Geller, Neal Lerner（2017）*The Meaningful Writing Project: Learning, Teaching and Writing in Higher Education.* Utah State University Press. Kindle版.

Field, John（2022, 佐藤智子, 西塚孝平, 松本奈々子訳,『社会関係資本－現代社会の人脈・信頼・コミュニティ-』明石書店）。

Giddens, Anthony（2009, 松尾精文・西岡八郎・藤井達也・小幡正敏・立松隆介・内田健訳,『社会学 第5版』而立書房）。

Granovetter, Mark, 1973, 'The Strength of Weak Ties.' *American Journal of Sociology*, 78, pp.1360-1380.（2006, 大岡栄美訳,「弱い紐帯の強さ」『リーディングス ネットワーク論・家族・コミュニティ・社会関係資本』勁草書房, pp.123-158.）。

Komarovsky, Mirra（1985）*Women in College Shaping: New Feminine Identities*, Basic Books, New York.

Lin, Nan（2001）Social capital: a theory of social structure and action, Cambridge: Cambridge University Press.（2008, 筒井淳也・石田光規・桜井政成・三輪哲・土岐智賀子訳,『ソーシャル・キャピタル：社会構造と行為の理論』, ミネルヴァ書房）。

Margolis, Eric, Michael Soldatenko, Sandra Acker, and Marina Gair（2001）"Peekaboo; Hiding and Outing the Curriculum", Eric Margolis ed., *The Hidden Curriculum in Higher Education*, Routledge NY., pp.11-30.

Merton, R. K.（1961, 森東吾・森好夫・金沢実・中島竜太郎訳,『社会理論と社会構造』, みすず書房）。

Merton, R. K.（1969, 森東吾・森好夫・金沢実訳,『社会理論と機能分析』, 青木書店）。

Meyer, J.W.（1970）"The charter: Conditions of Diffuse Socialization in Schools.", W. Richard Scott（ed.）, *Social Processes and Social Structures: An Introduction to Sociology*, New York: Henry Holt Co., pp. 564-578.

Meyer, J.W.（1972）"The Effects of the Institutionalization of Colleges in Society", *College and student*, Pergamon., pp.109-126.

Meyer, J.W., Ramirez, F.O., Frank, D.J., Schofer, E.（2015, 伊藤彰浩・橋本紘市・阿曽沼明裕訳,「制度としての高等教育」『高等教育の社会学』, 玉川大学出版部, pp.243-286.）。

Neumann, W.& Riesman, D.（1980）"The Community College Elite", *Questioning the community college role*, 8, pp.53-72.

Persell, Caroline H and Cookson, Peter W.（1985）"Chartering and Bartering: Elite Education and Social Reproduction", *Social Problems*, Vol.33, No.2., pp.114-129.

Rivera, Lauren（2016）*PEDIGREE: how ELITE STUDENTS get ELITE JOBS*, Princeton University Press.

Trow,M.（1976, 天野郁夫・喜多村和之訳,『高学歴社会の大学－エリートからマスへ－』東京大学出版会）。

Valli, Linda（1986）*Becoming Clerical Workers*, Boston, Routledge & Kegan Paul.

Weidman, J. C.（1989）"Undergraduate Socialization: A Conceptual Approach". in J. C. Smart（Ed.）, *Higher Education: Handbook of Theory and Research*, Vol. V, New York: Agathon Press, pp.289-322.

Whyte, William Foote（1993）*Street Corner Society*, The University of Chicago Press（2000, 奥田道大・有里典三訳『ストリート・コーナー・ソサエティ』有斐閣）。

Willis, Paul E（1996, 熊沢誠・山田潤訳『ハマータウンの野郎ども－学校への反抗・労働への順応』筑摩書房）。

Woods, Peter（1979）*The Divided School*, Routledge & K.Paul.

Woods, Peter（1980）"The Development of Pupil Strategies", Woods, Peter ed ,*Pupils Strategies*, Croom Helm, pp.11-28.

＜ウェブサイト＞

中央教育審議会（1999）「初等中等教育と高等教育との接続の改善について」https://www.mext.go.jp/b_menu/shingi/chuuou/toushin/991201.htm（2024/10/29 閲覧）

中央教育審議会（2011）「今後の学校におけるキャリア教育・職業教育の在り方について」https://www.mext.go.jp/component/b_menu/shingi/toushin/__icsFiles/afieldfile/2011/02/01/1301878_1_1.pdf（2024/10/29 閲覧）

中央教育審議会（2021）「教育と研究を両輪とする高等教育の在り方について～教育研究機能の高度化を支える教職員と組織マネジメント～（審議まとめ）」 https://www.mext.

go.jp/b_menu/shingi/chukyo/chukyo0/toushin/1411360_00002.html（2024/10/29 閲覧）

中小企業庁ホームページ「FAQ 中小企業の定義について」https://www.chusho.meti.go.jp/soshiki/teigi.html（2024/10/29 閲覧）

電通育英会（2020）「大学生のキャリア意識調査 2019」https://www.dentsu-ikueikai.or.jp/transmission/investigation/result/（2024/10/29 閲覧）

特定非営利活動法人キャリアコンサルティング協議会（2024）「キャリアコンサルタント倫理綱領」https://www.career-cc.org/files/rinrikoryo20240101.pdf（2024/10/29 閲覧）

日本学術会議（2010）「大学教育の分野別質保証の在り方について」https://www.scj.go.jp/ja/info/kohyo/pdf/kohyo-21-k100-1.pdf（2024/10/29 閲覧）

パスナビウェブサイト https://passnavi.obunsha.co.jp/（2024/10/29 閲覧）

Britannica ウェブサイト https://www.britannica.com/（2024/10/29 閲覧）

ベネッセ総合研究所（2007）「学生満足度と大学教育の問題点 2007」https://berd.benesse.jp/koutou/research/detail1.php?id=3171（2024/10/29 閲覧）

マイナビウェブサイト「総合職と一般職との違いは？キャリア選択で迷った際のポイントについても解説」https://mynavi-agent.jp/dainishinsotsu/canvas/2020/12/post-418.html（2024/10/29 閲覧）

松高政（2004）「第 5 回 日々の問題解決力育成との両輪でキャリア教育を「現代の教養教育」に」『Between』2004 年 12 月号 https://berd.benesse.jp/berd/center/open/dai/between/2004/12/05career_02.html（2022/2/21 閲覧）

文部科学省・厚生労働省・経済産業省（2015）「インターンシップの推進に当たっての基本的考え方」https://www.mext.go.jp/component/a_menu/education/detail/__icsFiles/afieldfile/2015/12/15/1365292_01.pdf（2024/10/29 閲覧）

文部科学省（2020）「平成 29 年度の大学における教育内容等の改革状況について（概要）」https://www.mext.go.jp/content/20200428-mxt_daigakuc03-000006853_1.pdf（2024/10/29 閲覧）

文部科学省ウェブサイト「令和 2 年度国立大学法人運営費交付金「成果を中心とする実績状況に基づく配分」について」https://www.mext.go.jp/content/20200722-mxt_hojinka-000008505_1.pdf（2024/10/29 閲覧）

初出一覧

序章　書き下ろし

第1章　菊池美由紀（2021）「大学のキャリア教育研究における成果と課題：授業内容に影響を及ぼす要因に着目して」『名古屋大学大学院教育発達科学研究科紀要．教育科学』67(2), pp. 69-80.

第2章　書き下ろし

第3章　菊池美由紀（2021）「大学における社会化研究の成果と課題：初等・中等教育との違いと予期的社会化に及ぼす要因に着目して」『名古屋大学大学院教育発達科学研究科紀要．教育科学』68(1), pp.107-115.

第4章　書き下ろし

第5章　書き下ろし

第6章　書き下ろし

第7章　菊池美由紀（2021）「文系学部の学生はキャリア科目をどのように評価しているのか：大学の入試難易度に注目して」『大学教育学会誌』43(1), pp.130-139.

第8章　書き下ろし

第9章　菊池美由紀（2020）「ボーダーフリー大学におけるキャリア科目担当教員のストラテジー」『教育社会学研究』107, pp.27-47.

第10章　菊池美由紀（2024）「大学生の就職に対する『異質』なネットワークの効果」『九州大学教育社会学研究集録』28号, pp.15-26.

終章　書き下ろし

あとがき

　本書は、筆者の博士学位論文『キャリア教育を通じた大学の序列構造の再生産プロセスと抵抗のストラテジー ―教員と学生の社会化に注目して―』を加筆・修正したものである。本研究は住友生命「未来を強くする子育てプロジェクト -女性研究者への支援-」の助成を得て行われ、愛知淑徳大学の出版助成を得て刊行された。感謝してここに記したい。

　書籍を手にしたとき、前から順に読み進める人、目次で全体像をつかむ人、結論から読み始める人など様々な読み方があると思う。私の場合、目次を読んだ後は必ずあとがきを読む。あとがきにはその人が研究に取り組んだ経緯（キャリア）、なぜそのテーマに関心があるのか（研究関心）、その研究に影響を与えた人や支えた人たち（謝辞）が書かれているからだ。決して楽ではなかった私の学位取得を、多くの博論本が支えてくれた。だからこそ、私自身もこれらについて記したい。

　就職氷河期に大企業総合職の内定を得て就職した私は、いわゆる「勝ち組」のはずだった。しかし、大企業の文化に馴染めず、わずか2年半で退職してしまう。その後、結婚や出産の度に職を転々とする私は、ジョブホッパーとしてあっという間に「負け組」になってしまった。一度正社員からこぼれ落ちるとなかなか正規ルートに乗ることができない（当時の）日本において、働き続けられる人にはどのような特徴があるのだろうか。これが、大学院に進学した理由である。ぼんやりとした研究テーマで大学院についてもよく分からない私を、名古屋大学大学院教育発達科学研究科職業・キャリア教育学研究室の寺田盛紀先生は受け入れてくださった。修士論文のテーマ案を提出するたびに「あかん」と言われ、何がどう「あかん」のかは説明されることなく突き返される寺田先生の指導方法は、大学院の最初の洗礼だったのだと今では思う。テーマは指導教員から与えられるものではなく、自分で探すものなのだから。寺田先生の「あかん」を何度も聞きながら書いたのが、修士論文「育児期女性のキャリア継続における仕事スキル習得に関する研究：学習方法及びその効果との関

連」である。大学院入学時に持っていたぼんやりした疑問を少しだけ解消することができた。これに味をしめて博士課程への進学を希望するようになったのだが、進学の条件として寺田先生から提示されたのが、「学校のキャリア教育を扱うこと」であった。修士論文とは大きく異なるテーマであった上に、私が修士課程を終えるタイミングで寺田先生自身が退職されたため、私は新たなテーマを新たな指導教員のもとで書かなければならなくなった。しかし、大学のキャリア教育を対象とした研究をしようと思ってはいたものの、キャリア教育の何をどのように見たいのかがこの時点では曖昧で、誰に指導教員になっていただくようお願いすればよいのかも決められない状態であった。紆余曲折を経て、博士課程2年目の夏に渡邉雅子先生に受け入れていただくことができた。ここからが本研究のスタートとなった。

　博士課程在籍中の状態について、誰かが「長いトンネルの中を通るような」と語っていたことを思い出す。博士課程に進むということは、先が見えない暗闇の中を進む、まさに暗くて長いトンネルに足を踏み入れるようなことなのだという。しかし、私にとっての博士課程は「蚊取り線香」のようであった。螺旋階段とは違って、ぐるぐる回るだけで少しも上に登れない。外側からどんどん火が迫り、最後は何も残らない、そんな感じだった。博士課程に進学してからの6年間は本当に苦しかった。

　先の見えない日々を何とか耐えることができたのは、私を支えてくれた多くの人たちのおかげだ。名古屋大学大学院教育発達科学研究科の渡邉雅子先生は、私が取り組みたいテーマを自分で見つけるまで、せかすことなく待ってくださった。先日、博士学位を取得した研究室の仲間が、「渡邉先生のご指導を受けて、教育とは相手を信じて待つことなのだと知った」と語っていたが、まさしくそうだと思う。また、研究をするということ、研究者になるということがどのようなことなのかを、身をもって教えてくださった。副査を担当してくださった伊藤彰浩先生からは、鋭いコメントだけではなく、温かい励ましもいただいた。博論が書けなくて投げだしそうになった時に心の支えとなったのは、先生方のお言葉だと思う。尊敬する先生方のおかげで、何とか博士課程に踏みとどまることができた。もう一人の副査の丸山和昭先生にも並々ならぬご

支援をいただいた。読書会を通じて論文を批判的に読む機会を与えていただいたこと、アルバイトとして私を雇い、雑談を通じて自分の考えを言語化できるよう手助けしてくださったことなど、丸山先生の支えなしでは博論を書き上げることは到底できなかったと思う。また、名古屋大学ライティングセンター（現在は情報学研究科所属）の笠木雅史先生にも大変お世話になった。英語で要旨を書くことを通して、そもそも論文を書くとはどういうことなのかを一から教えてくださったのは笠木先生である。笠木先生の指導を定期的に受けたことで、博論から逃げ出さずに立ち向かうことができた。また、笠木先生との雑談は、研究対象をキャリア教員という狭い範囲にとどめずに、第三の領域の教員という広い視野で見ることにもつながった。4名の先生への感謝の意をここに記したい。

　先生方だけではなく、カリキュラム研究室の皆さん、教育社会学研究室の皆さんにも大変お世話になった。研究室や院生室でコーヒーを飲みながら研究テーマについて何時間も話した日々が懐かしい。教育社会学という学問分野の下に集う者同士、忌憚なく議論できることの幸せは、再び働くようになりそれができなくなった今だからこそ痛感する。また、同僚の押山美智子先生に本書の校正をお願いできたことは幸いであった。お忙しい中、丁寧に見てくださっただけではなく、何度もくじけそうになる私を叱咤激励してくださったおかげで出版にたどりつくことができた。火曜日の授業終了後に、お茶を飲みながら本書のことやたわいのないことを話していた日々が懐かしい。

　最後に、私のわがままを許して大学院への進学を許してくれた家族に感謝したい。こっそり学費を出してくれたうえに、「やれるだけやったらいい」と励ましてくれた両親。私自身はちっとも母親らしいことをせず、子どもたちには我慢ばかりさせてしまった。「ママはパソコンばっかり見て、こっちを全然見てくれない」と泣かれた日々を思い出す。そんな子どもたちをなだめ、一人になれる時間を作ってくれた夫には感謝してもしきれない。修士進学から博士課程を修了するまでの8年間、本当にありがとう。そして、まだまだ迷惑をかける予定ですが、これからもどうぞ宜しくお願いします。

■著者紹介

菊池　美由紀（きくち　みゆき）

関西学院大学法学部卒業後、日本電気株式会社や公共職業安定所などでの勤務を経て、名古屋大学大学院教育発達科学研究科教育科学専攻博士課程満期退学。博士（教育学）。現在は愛知淑徳大学キャリアセンター助教

専　　門：キャリア教育、教育社会学

主な業績：「ボーダーフリー大学におけるキャリア科目担当教員のストラテジー」『教育社会学研究』（2020 年）、「リアクションペーパーから見る学びの実態と思考を促す要因：国立工科大学におけるキャリア科目を事例として」『大学教育学会誌』（2019 年）、「文系学部の学生はキャリア科目をどのように評価しているのか：大学の入試難易度に注目して」『大学教育学会誌』（2021 年）

大学におけるキャリア教育の社会学
―偏差値序列への適応と抵抗のストラテジー―

2025 年 3 月 31 日　初版第 1 刷発行

■著　　者 ── 菊池美由紀
■発 行 者 ── 佐藤　守
■発 行 所 ── 株式会社 大学教育出版
　　　　　　〒700-0953　岡山市南区西市 855-4
　　　　　　電話（086）244-1268　FAX（086）246-0294
■印刷製本 ── モリモト印刷㈱

Ⓒ Miyuki Kikuchi 2025, Printed in Japan

検印省略　　落丁・乱丁本はお取り替えいたします。

本書のコピー・スキャン・デジタル化等の無断複製は、著作権法上での例外を除き禁じられています。本書を代行業者等の第三者に依頼してスキャンやデジタル化することは、たとえ個人や家庭内での利用でも著作権法違反です。本書に関するご意見・ご感想を右記サイトまでお寄せください。

ISBN978-4-86692-356-7